놀이하는 인간

놀이하는 인간

노르베르트 볼츠 지음

윤종석·나유신·이진 옮김

놀지 못해
아픈 이들을 위한 인문학

문예출판사

차례

일러두기

1. ‘das Spiel’는 놀이, 게임, 경기로, ‘das Glücksspiel’는 행운의 놀이, 복권, 카지노, 도박 등 사행성 게임을 뜻하는 단어로 옮겼습니다.
2. 옮긴이 주는 〔 〕로 표기하고 ‘옮긴이’라고 밝혀두었습니다.

머리말
놀아라, 양심의 가책을 받지 말고!

    정말 가치 있는 모든 것, 예컨대 문화나 새롭고 창조적인 것, 삶에서 느끼는 즐거움 등 우리가 누리는 이 모든 것은 놀이Spiel하는 사람들 덕분에 가능하다. 아주 먼 옛날 우리는 이런 점을 이해하며 살았다. 그런데 기독교가 노동을 삶의 조건으로 설교한 19세기 이후부터 우리는 이 사실을 망각해 버렸다. 그런 점에서 볼 때 복지사회의 안락함은 우리의 삶에서 쾌락(Lust, 즐거움)을 완전히 추방한 대가로 얻은 것이다. 우리의 개인적 삶을 규제하려는 정치권의 청교도적 쾌락적대주의가 이에 가세하여 상황은 더욱 악화되었다. 정치인들은 아직도 우리에게 좋은 것이 무엇인지를 자신들이 더 잘 알고 있다고 믿고 있다. 그런 점에서 우리가 놀이를 한다는 것은 이러한 국가개입주의Paternalismus의 통제에 저항하는 혁명을 하는 것이라고도 할 수 있다.

    놀이는 우리를 매혹하고, 우리는 놀이에 빠진다. 왜냐하면 놀이가 우리를 본질적인 것의 낙원으로 유혹하기 때문이다. 그러나 본질적인 것이 곧 쓸모 있고 유용한 것은 아니다! 놀이의 공간은 울타리가 쳐진 생활 세계이고, 그 안에서는 모든 것이 규칙에 맞게 굴러간다. 놀이 규칙을 통해 좋은 질서가 보장되고, 그 질서 안에서 우리는 무엇을 해야 하는지를 정확히 안다. 그리고 바로 이 때문에 놀이의 세계는 현실의 세계보다 '더 나은 세계'다. 또한 놀이는 매력적이다. 사람들은 놀이할 때 온전히 집중하고 완전히 그 안에 몰입할 수 있기 때문이다. 놀이는 충족된 순간의 절대적 체험을 제공하고, 우리가 일상에서 결코 더는 갖출 수 없는 감정을 발산시킨다. 놀이의 즐거움은 우리에게 행복에 이르는 길을 가리킨다.

놀이를 단지 '건강'이나 '학습'의 맥락에서만 토론하는 것은 인간의 본성을 잘못 이해한 데서 기인한 광범위하게 퍼진 무지의 결과다. 물론 테니스가 건강에 좋을 수도 있다. 게임 〈월드 오브 워크래프트World of Warcraft〉를 하면 무언가를 배우는 데 도움이 될 수도 있다. 그러나 놀이 행위에서는 전혀 다른 것, 즉 삶에 대한 즐거움이 관건이다. 이것을 가장 잘 드러나는 것이 행운의 놀이(Glücksspiel, 문자 그대로 행복을 주는 놀이. 또는 운에 좌우되는 게임. 주사위 놀이에서부터 카지노 게임에 이르기까지 우연에 의존하는 놀이. 문맥에 따라 복권, 도박 등의 '사행성 게임'으로도 번역된다─옮긴이)다. 이런 놀이는 인간에게만 고유한 것이다. 행운의 놀이에서는 만인이 평등하고, 그 놀이가 지닌 매력은 '예측할 수 없는 우연Zufall'에서 나온다.

이러한 주제를 나는 다음 첫 4개의 장에서 다룰 것이다. 마지막 장들은 나로 하여금 이 책을 쓰게 한 세 가지 모티브에 할애했다.

첫 번째 모티브는 나 자신의 놀이에 대한 열광이다. 나는 원래 승패가 있는 놀이라면 무엇이든 몰두하는데, 특히 축구광이다. 그래서 '인간의 본성을 구출하자!'라는 신조 아래 스포츠에 장 하나를 할애했다.

두 번째 모티브는 나와 함께하는 연구조교 요한나 랑게Johanna Lange의 연구 작업이다. 그녀는 내가 오랫동안 죄의식을 느껴 등한시했던 미디어학 연구 영역인 컴퓨터 게임 연구에 몰두해 왔다. 컴퓨터 게임이 단순히 남아도는 여가 시간 때우기가 아니라 세계에 대한 완전히 새로운 관계 맺기라는 점을 나는 그녀의 연구 덕분에 비로소 깨달았다.

세 번째 모티브는 '게이미피케이션Gamification'이라 불리는, 진정으로 문화혁명적인 흐름이다. 여기서는 놀이의 세계와 일상 현실의 경계가 허물어진다. 해결해야 하는 현실적 문제를 놀이로 변환함으로써 그 문제의 해결을 시도할 수 있다. 이것은 비즈니스 영역과 교육의 영역뿐 아니라 군사 문제에도 적용된다.

이처럼 놀이가 현실로 침투해 들어간다는 사실 덕분에 결국 놀이하는 사람들에 대해 다시 한 번 주목하게 된다. 현대의 세계는 놀이하는 사람들에 대한 학문적 주목을 가로막아 왔다. 나는 그 작업의 첫 개척자로서 나 자신을 자리매김하고 싶다. 내가 여기서 제시하는 '놀이의 즐거운 학문die fröhliche Wissenschaft des Spiel'은 삶의 즐거움에 관한 이론이다. 그리고 이 책에서 내가 제시하는 메시지는 단순하다. "놀고 싶으면 놀아라! 양심의 가책을 받지 말고!"

제1장

호모 루덴스는 오늘날
어떤 상황에 처해 있는가?

놀이의 '즐거운 학문'을 위하여

놀이 행위는 삶의 즐거움을 가장 순수하게 표현하는 형식이다. 수백만 명이 매주 로또 복권 용지에 '자신을 위한 행운'의 숫자를 기입하고, 텔레비전에서는 게임쇼가 인기를 구가하며, 컴퓨터 게임이 할리우드 영화를 밀어제친 지 오래다. 그 결과 '게이미피케이션'이 우리 시대의 핵심 개념이 되었다. 이에 대해서는 이 책 말미에 다시 한 번 상세하게 다룰 것이다.

놀이 행위가 도처에 깔려 있다. 스마트폰 하나만 봐도 알 수 있다. 수십만 명이 정기적으로 분데스리가 경기장을 방문하며, 특히 국가 대항 축구 경기가 있는 날에는 적어도 독일 인구의 절반이 축구 경기를 시청한다. 이것이 의미하는 바는 분명하다. 사람들은 놀이하기를 원하고, 또 놀이하는 것을 보고 싶어 한다는 것이다. 왜냐하면 놀이는 인생의 큰 자극제이기 때문이다.

호모 루덴스homo ludens는 '놀이하는 인간'을 의미한다. 내가 여기서 이 라틴어 표현을 사용한 것은 기존의 학술적 의미를 반복하려는 것이 아니다. 그보다는 놀이꾼Spieler들에 반대하는 것을 낙으로 삼지만 알고 보면 그 자신 역시 놀이꾼이기도 한 이 놀이 반대자들도 호모 루덴스와 마찬가지로 인상적인 라틴어 어원의 이름을 달고 있기 때문이다. 호모 루덴스에 대조되는 그 이름은 먼저 호모 에코노미쿠스(homo economicus, 경제적 인간)다. 이들은 완벽하게 정보를 습득한 사람들, 비용과 효과를 따져 보면서 합리적으로 결정하는 시장 참여자들이다. 또 다른 유형은 호모 소시올로지쿠스(homo sociologicus, 사회적 인간)인데, 이들은 사회적으로 부여된 역할에 부응하면서 일생생활의 무대에서 연기하는 배우들이다. 그들의 행위는 다른 사람들이 기대하는 역할에 따라 규정되어 스스로 한평생 사회적 통제망에 얽혀 있다. 나의 테제는 아주 간단하다. 첫째, 삶의 즐거움은 이런 호모 에코노미쿠스나 호모 소시올로지쿠스 개념으로는 해명될 수 없고, 호모 루덴스의 개념으로 설명될 수 있다. 둘째, 삶의 즐거움을 이해하지 못하는 자는 결코 인간의 본성도 이해하지 못한다.

놀이에 아무 의미를 부여하지 못하는 사람들이 종종 애정 결핍증에 걸려 있다는 것은 누구든 한 번쯤 경험해 보았을 것이다. 이미 반세기 전에 최초의 미디어 이론가인 마셜 매클루언Marshall McLuhan은 심지어 다음과 같이 선언했다. 놀이가 없는 사회나 인간은 하나의 공허한 자동기계(로봇)와 같은 '좀비 상태Zombie-Trance'로 침몰한다. 만약 거기서 빠져나오려고 한다면, 우리는 놀이를 해야 한다. 오직 놀이의 즐거움만이 완전한 인간에 이르는 길을 가리켜 준다. 이 테제는 주지하다시피 프리드리히 실러Friedrich Schiller의 《인간의 미적 교육에 관한 편지Briefe über die ästhetische Erziehung des Menschen》의 이념으로 소급되는데, 나는 실러의 생각이 그 어느 때보다 지금 가장 현실적이라고 생각한다. 인간은 놀이를 할 때 비로소 완전한 인간이 된다는 생각은 오늘날 '몰입Immersion'이라는 개념, 말하자면 총체적으로 몰두하는 존재자ein total Involviertsein라는 개념으로 표현된다. 다시 말해, 여기서 중요한 것은 여가 시간에 하는 소일거리가 아니라는 점이다. 이런 태도는 "놀이가 삶의 일부분인가, 아니면 삶이 놀이 자체인가?"라는 말로도 표현할 수 있다. 나는 이 책의 마지막 장에서 컴퓨터 게임을 예로 들어 몰입의 마력이 마치 좀비처럼 공허하게 작용하는 사회적 기능에 대한 처방으로 어떻게 이용될 수 있는지를 밝히고자 한다.

이 시점에 우리는 놀이가 인간의 삶에 대해 갖는 중대한 의미가 정치가들에게 존중받고 학자들에 의해서도 분석되어야 한다고 기대할 법도 하다. 그러나 사정은 정반대다. 학문적 영역에서 놀이는 진지하게 취급되고 있지 않으며, 학자들은 오히려 '게임 중독'이라는 경고문만 양산하고 있다. 문화비평가들도 '빵과 놀이'(panem et circenses, 빵과 서커스. 로마 말기 시인 유베날리스가 공화정 당시 권력을 군인들에게 양도하고 탈정치화되어 오로지 먹고 즐기는 데만 관심을 가진 세태를 풍자한 표현으로, 오늘날 탈정치화된 사회를 비판하는 데도 유효하다—옮긴이)라는 로마 말기적 퇴폐 현상이라고 구시렁대고 있다. 정치가들도 사행성 게임(복권, 카지노 등 이른바 행운의 놀이)에 맞서 분투하고 있다. 그러면서도 그들은 이런 놀이들의 관리를 독점하면서 동시에 그로부터 돈벌이(세금

징수)도 하고 있다. 정치가들은 놀이를 관리하거나 적어도 놀이를 수단으로 부가적인 수익을 올림으로써 놀이에서 돈벌이를 하는 독점적 지위를 누린다. 그 이유는 쉽게 설명할 수 있다. 정치의 세계에서는 유권자들에게 주목을 받으려면 문제가 될 만한 것들을 고안해야 한다. 미디어의 세계에서 시청률과 구독률을 올리려면 재난이나 파국적 상황을 보도해야 한다. 학문의 세계에서도 연구비를 타내려면 문제가 심각하다는 식의 경보음을 울려야 한다. 그래서 일부 언론인들이 아직은 스스로를 계몽주의의 전통에 서 있다고 생각하고, 또 일부 대학교수들이 사이비 학자들이 흔히 하는 경보음을 울리는 연구의 유혹에 저항하고 있다는 사실은 오늘날 매우 중요하다.

간단히 정리하면, 언론인들은 남을 가르치는 것이 아니라 보도를 하는 것이 사명이다. 학자들도 경종을 울리는 것이 아니라 문제를 분석하는 것이 본분이다. 그러면 정치가들은 무엇을 해야 하는가? 이제 이에 대해 살펴보기로 하자.

아마도 학자들은 모든 종류의 놀이가 삶의 진지함과는 분명하게 구분된다는 이유 때문에 놀이의 세계에 접근하지 않는 것 같다. 그들에게 놀이란 단순히 여가 활동이나 저급한 오락 정도로 치부된다. 물론 놀이를 자유 시간에 하는 것이 사실이고, 놀이가 오락적이라는 지적 또한 정확하고 거의 상식적이다. 그러나 이런 생각이 사태의 핵심을 정확히 파악한 것은 아니다. 놀이가 왜 우리를 열광시키는지를 더 깊이 연구하면 이것이 분명하게 드러난다. 적어도 네덜란드의 문화사학자 요한 하위징아Johan Huizinga의 《호모 루덴스Homo Ludens》(1938)나 프랑스의 철학자이자 사회학자인 로제 카이와Roger

16

Caillois의 《놀이와 인간Les jeux et les hommes》(1958)이 들어갔던 깊이 정도로 파고들어야 한다. 이 두 사람의 저서 이래로 지금까지 놀이라는 주제에 대해 단 한 권도 제대로 된 단행본이 나오지 않았다는 점은 놀이의 세계를 기존 학문이 도대체 어떻게 대접했던 것인지 단적으로 말해 준다.

나는 이 책에서 놀이에 관한 '즐거운 학문'을 제시하고자 한다. 이런 시도는 놀이의 판타지에 대한 개념적 사고방식의 혐오감을 분명히 전제하는 것이기 때문에 굉장히 어렵다. 철학자 오이겐 핑크Eugen Fink는 심지어 다음과 같이 말할 정도였다. "놀이하는 인간은 사유가 정지된 인간이고, 사유하는 인간은 놀이하지 않는다." 그의 지적은 아주 정확한 것은 아니지만, 확실히 중요한 문제의식 하나를 제기하고 있다. 즉 대체로 철학자들은 놀이에 대해 전혀 알려고도 하지 않는다는 점이다. 그리고 놀이는 철학을 필요로 하지 않는다. 놀이를 하는 사람은 스스로를 정당화할 수 없기 때문에 그렇다고 한다. 그러나 몇몇 의미 있는 예외도 있는데, 이제 이에 대해 살펴보려 한다. '즐거운 학문'이라는 명칭을 선언하면 교양 있는 독자들은 물론 즉각 니체를 떠올릴 것이다. 그리고 실제로 나 역시 니체의 철학은 말하자면 '놀이의 이론'으로서 기능한다고 생각한다. 동일자의 영원회귀, 생성의 순진무구, 그리고 깊이의 피상성 등과 같은 테제는 '호모 루덴스'라는 개념과 관계시켜 볼 때 큰 의미가 부여된다.

놀지 않는 사람은 병든 사람이다

심리 분석은 노이로제 증상을 보이는 개인을 분석하고자 할 뿐
아니라 문명화 과정 전체의 병리학을 제시하고자 했다. 그리고 심
리 분석 분야에서 지그문트 프로이트Sigmund Freud가 1930년대에 발
표한《문화에서의 불안Das Unbehagen in der Kultur》은 이 주제를 다룬 연구
중에서 당시까지 거의 독보적인 위치를 차지했다. 그런데 그는 자
신의 연구를 담은 이 책의 제목을 당초 '문화에서의 불행das Unglück in
der Kultur'이라고 달았다. 내용을 보면 이것이 더 적확한 제목으로 보
인다. 이 책에서 말하고자 하는 것은 불안이 단순히 문명화 과정의
'부산물'일 뿐 아니라 문명화 과정 자체에 내재되었던 고유한 결과
물이라는 것이기 때문이다. 문화에서의 불행에 대한 근거를 추적
하면서 프로이트는 특히 성적 충동의 억압이라는 개념을 발굴했
다. 이 개념은 오늘날처럼 성에 대해 관대한 시대에는 아마도 성에
대해 억압적이었던 20세기 초의 비엔나에서만큼 설득력을 지니지
는 못할 것이다. 나는 그보다 다른 모티브, 고대인류학자 루돌프 빌
츠Rudolf Bilz가 말한 '자극의 빈곤 현상Stimulationsverarmung'을 더 강조하고
싶다. 우리가 불행한 것은 우리에게 자극이 부족하기 때문이다. 다
시 말해, 우리에게 오늘날 부족한 것은 충동의 자유도 아니고 복지
도 아니며, 바로 내적 동기부여다.

수세기 동안 진행된 문명화 과정에서 계몽과 과학은 세계를 탈마
법화해 왔다. 우리가 이제 이 탈마법화된 세계에서 생활할 수 있는
것은 그나마 오락거리가 있기 때문이다. 정치적 확실성, 기술적 진

보, 경제적 복지 때문에 세상은 무미건조해졌다. 우리가 이 무미건조한 세계에서 생활할 수 있는 것은 바로 오락거리가 있기 때문이다. 엔터테인먼트는 따라서 이 탈마법화되고 무미건조한 세계에서 그나마 우리 삶을 살 만한 가치가 있게 만드는 위대한 보상물이다. 그 오락거리의 핵심에 놀이가 있다. 이것이 이 책에서 내가 논의하는 근본 테제다.

문화에서 불행에 해당하는 병적 이미지, 즉 우울증에 대해 모두가 알고 있을 것이다. 놀이의 즐거움보다 이 우울증에 효과적인 치료제는 없다. 게임디자이너 제인 맥고니걸Jane McGonigal은 다음과 같이 말했다. "무미건조함과 고독, 불안과 우울증에 면역력이 있는 사람은 아무도 없다." 게임은 이 문제를 해결할 수 있다. 이것을 반대로 해석하면, 놀지 않는 사람은 병들어 있거나 병이 들 것이라는 뜻이다. 미국 사회학자 윌리엄 I. 토머스William I. Thomas는 우리의 삶을 추진하는 네 가지 근본적인 소망을 구분했다. 모험심, 안정감, 인정, 응답이 그것이다. 놀이는 이 모든 소망을 충족한다. 모험에 대한 소망은 컴퓨터 게임을 하든 카지노 도박을 하든 간에 스릴과 자극을 통해 충족된다. 안정감에 대한 소망은 놀이의 엄격한 규칙과 분명한 경계에 의해 충족된다. 인정받고 싶은 소망은 놀이의 경쟁을 통해 충족된다. 그리고 응답에 대한 소망은 우리가 놀이한 뒤 얻는 직접적 피드백을 통해 충족된다. 놀이는 그 자체가 스스로 보상을 주는 행위다.

오늘날에는 탈마법화된 세계에서 탈주한다고 해도 더는 유토피아로 이르지 않고, 대신 놀이가 선사하는 모험의 땅, 다른 말로 현대적 의미에서는 특히 행운의 게임이나 컴퓨터 게임의 영역에 닿는다. 이에 대해 특히 문화비평가들은 현실도피주의Eskapismus, 비겁한 도피 활동이라고 낙인찍는다. 그러나 현실도피주의라는 비판에 대해서는 두 가지 반박 논거가 있다.

첫째, 놀이하는 사람은 현실을 건드리지 않는다. 여기서 연상되는 것은 회의주의 철학자 오도 마르크바르트Odo Marquard가 마르크스를 재치 있게 패러디한 문구일 것이다. 마르크바르트 자신이 바로 정신의 세계에서 호모 루덴스를 구현했던 인물이기 때문이다. 그는 다음과 같이 말했다. "문화비평가들은 세계를 항상 단지 다르게 해석만 해왔다. 그러나 중요한 것은 그 세계를 건드리지 않는 것이다." 우리는 놀이를 함으로써 현실을 건드리지 않는다.

둘째, 놀이하는 유희적 가벼움보다 혁명적 전복을 꾀하는 것은 없다. 일간지의 문화예술면Feuilleton을 살펴보자. 먼저 그 이름 자체가 독일어로 '쪽지Blättchen'를 의미하는 가벼움을 뜻한다. 정신적 놀이의 형식은 풍자Ironie와 자기풍자Selbstironie이며, 이것들은 경고음을 울리는 이들(저널리스트나 학자들―옮긴이)이 구사하는 흐리멍덩한 산문을 훨씬 능가한다. 이제 '꼰대'가 된 68세대의 글을 오늘날 누가 읽는가? 68세대 중에서 오늘날에도 널리 읽히는 사람은, 이미 당시부터 마르크스주의를 통해 유희하고 풍자하는 정신의 자유를 지녔던 진정한 호모 루덴스 작가이자 비평가인 한스 마그누스 엔첸스베르거Hans Magnus Enzensberger뿐이다. 그리고 오늘날 정치적 공평함이라는 청교도적 비애에 대해 우리를 그나마 위로하는 것은 헨리크 M. 브로더Henryk M. Broder가 일간지 《벨트Welt》에, 얀 플라이슈하우어Jan

Fleischhauer가 주간지《슈피겔Spiegel》에, 그리고 미하엘 클로놉스키Michael Klonovsky가 주간지《포커스Focus》에 쓰는 유희적이고 가벼운 글이다.

왜 우리는 감정의 공백 상태에서 살아야 하나

놀이하는 인간에 대한 새로운 가치평가의 단초 중 가장 인상적인 것은 심리학자 카를 뷜러Karl Bühler에서 유래했다. 그는 1918년에 유아의 정신 발달에 관한 책을 냈는데, 그중 한 장의 제목이 〈즐기기, 놀이하기, 만들기〉다. 매우 흥미롭게도 세 가지로 구분했는데, 즐기기는 우리 일상에서 분명히 소비에 해당하고 만들기는 노동에 해당한다. 그러면 놀이하기에 해당되는 것은 무엇일까? 나는 뷜러의 구분법에서 하나의 단순한 테제를 발전시키고자 한다. 19세기는 생산자의 시대였다. 20세기는 소비자의 시대였다. 21세기는 놀이하는 사람의 시대일 것이다. 이 테제는 다음의 두 가지 관찰을 바탕으로 한다. 첫째, 대부분의 사람들에게 현대 세계는 분명히 단지 오락거리를 통해서만 지탱될 수 있다. 둘째, 놀이는 오늘날 창의적 잠재력으로서 현실에 침투하고 있다. 우리 사회를 제대로 이해하려면 놀이의 이론이 필요하다. 경제학자들은 생산자를 분석해 왔고, 트렌드 연구자들은 소비자들을 분석했다. 이제 놀이하는 사람들을 이해하면서 접근해야 하는 시대가 도래한 것이다.

비록 이 주제에 대해 인류학자들에게 아주 많은 것을 배울 여지가 있고 놀이 행위가 의심할 여지 없이 위대한 인간적 보편성에 속한다고 하더라도, 역사 속에서 놀이에 대한 문화적 의미 부여에는 큰 편차가 있었다. 놀이에 대한 평가에서 귀족들과 청교도들 사이의 상반된 평가만큼 편차가 큰 것도 없었다. 사회학자 막스 베버Max Weber는 주저《경제와 사회Wirtschaft und Gesellschaft》에서 이것을 분명하게 밝혀냈다. 봉건적으로 생활하는 사람들에게는 놀이가 큰 의미를 지녔는데, 놀이는 단순한 시간 때우기가 아니라 전체 조직을 활성화하고 윤활유처럼 작용하여 그 조직을 유지했던 일종의 훈련이었다. 귀족들의 놀이에서는 육체와 영혼, 정신과 물질이 아직 분리되지 않았다.

그런데 근대에 들어 생활의 합리화가 놀이를 배제하려고 한다는 것이 막스 베버의 결정적 통찰이다. 과거 유희(놀이)에 탐닉하는 귀족들의 생활 행위 대신에 등장한 것이 시민계급의 전문적 학습이다. 그 이후로 놀이는 "경제적으로 합리적인 모든 행위의 대척 지점"으로 간주된다. 다시 말해 쓸모없는 사치라고 여겨진다. 종교개혁과 자본주의가 양 전선에서 펼치는 공세를 생활 속의 귀족적인 놀이 형태로는 당해 낼 수 없었다. 우리의 자본주의 '정신'은 쾌락에 적대적인 청교도들 덕분에 가능했다. 막스 베버는 청교도들과 더불어 "가정생활과 공적 생활의 모든 단면 속으로 엄청난 속도로 침투해 들어가는 엄격한 규정들, 몹시 성가시고 진지하게 의도된 전체 생활 행위의 정밀한 규정들"이 시작된다고 말했다. 당시나 지금이나 청교도적인 독재자들에게 놀이란 따라서 쓸모없는 시간 낭비이자 중대한 죄악으로 간주되었다.

청교도주의는 실제로 우리 문제를 푸는 중요한 열쇠다. 1977년에 출간되었지만, 여전히 읽을 가치가 있는 사회학자 앨버트 O. 허시먼Albert O. Hirschman의 자본주의의 기원에 관한 저서를 한번 살펴보자. 얇은 소책자이지만, 《열정과 이해관계The Passions and the Interests》라는 적확한 제목이 달려 있다. 허시먼은 자본주의의 성공 비밀을 청교도적인 생활 기술에서 찾았는데, 청교도적인 생활 기술은 열정을 자기 이해관계로 합리화한다는 것이다. 이 책은 1617년 종기 제작자이자 출판업자인 페터 이젤베르크Peter Iselburg가 그린 동판화 〈엠블레마타 폴리티카Emblemata Politica〉로 장정되어 있다. 여기에는 강철 집게로 심장을 집는 모습이 그려져 있는데, 그 그림 위에는 라틴어로 'Affectus Comprime', 즉 '열정을 억제하라!'라는 표제가 달려 있다. 이 그림은 표제를 매우 정확하게 표현한다. 청교도적 자본주의는 인간을 '일차원적'으로 만들었다. 다시 말해, 인간을 억압하고 그 충동과 성향을 엄격한 자기규제에 복종시킴으로써 계산 가능한 존재로 만들었다.

허시먼은 완벽하게 '총체적인' 인간 생활의 구마 의식에 관해 말한다. 세계는 그럼으로써 공허하고 무미건조해지며, 그 이래로 우리는 감정의 공백 상태에 산다. 우리는 이것을 근대에 치러야 할 대가로 받아들여야만 했다. 그러나 우리는 이런 상태를 그저 수긍할 수밖에 없었는데, 문화가 우리에게 위대한 열정의 인위적 파라다이스를 대체물로 제공했기 때문이다. 사회학자 노르베르트 엘리아스Norbert Elias는 이런 맥락에서 감정들의 통제가 쾌락적이고 통제적으로 지양되는 것에 관해 말하고 있다. 다시 말해, 자극이 놀이의 테두리 안에 남아 있다. 놀이 행위의 즐거움은 통제된 통제 상실을 통해 생성된다. 이에 대해서는 나중에 상세히 논의할 것이다.

우리의 감정과 열정은 문명화보다 훨씬 오래된 것이다. 일단 한 번 물어보자. 과연 우리 감정이 거주하는 곳은 어디인가? 우리의 진화적 고향은 어디인가? 이 질문에 대한 대답은 역사학자나 사회학자들이 아니라 우리가 하는 놀이에서 찾을 수 있다. 놀이는 저마다 우리가 근대 사회에서 더 이상 살릴 수 없었던 순수하고 강력한 감정을 일깨운다. 위대한 자극은 오늘날 바로 두 개의 강력한 적대자들과 관계해 왔다. 먼저 일상생활을 합리화하고, 정량화된 자기 움직임 속에서 어떤 유령과 같은 극단적 가치에 도달하는 자기통제의 문화 테크닉이 그 하나다. 대중민주주의에서는 행위는 존재하지 않고 단지 태도만 존재한다. 그 때문에 경제는 지배적인 사회적 체계가 되었고, 통계학이 가장 중요한 과학이 되었다. 이 주제는 그동안 많이 연구되었다. 여기서 더 알아보고 싶은 사람은 막스 베버, 앨버트 허시먼, 노르베르트 엘리아스의 저작, 또는 프랑스 철학자 미셸 푸코Michel Foucault와 오스트리아 언론인 루디 클라우스니처Rudi Klausnitzer의 글을 읽어 보라. 다른 하나는 규제와 규범을 요구하는 국가다. 최근 몇 년 동안 그런 요구는 점점 더 분명하게 국민들의 일상에 대한 국가 개입주의의 특징을 나타내고 있다. 이 주제는 유감스럽게도 별로 연구되지 않았다. 그래서 나는 이와 관련한 몇 가지 테제를 발전시키려고 한다.

해방된 무의미의 쾌락

아이들은 양심의 가책을 느끼지 않고 놀이를 하지만 어른들은 그렇지 않다. 실제로 사람들은 놀이에 매혹당하며, 다른 사람들의 놀이를 보는 것을 즐긴다. 그러나 놀이의 즐거움에는 대개 양심의 가책이 뒤따른다. 예컨대 컴퓨터 게임에 빠져 있을 시간에 좋은 책을 읽었어야 하지 않느냐는 식의 가책을 느낀다. 카드게임장에 간다면 시간을 낭비하는 것이 아닐까? 카드게임장을 나서면서 우연히 회사 동료를 만난다면 얼마나 창피한 일일까? 놀이에 대한 우리의 태도는 이중적이다. 한편으로 우리는 놀이와 아이들의 행복을 연결하여 생각하는 반면, 다른 한편으로는 놀이하는 어른들을 손쉽게 유치하다고 폄하하거나 중독 위험이 있다고 우려한다. 놀이의 세계에서 멀리 떨어져 있을수록 진지하고 어른스럽다고 여긴다. 놀이하는 사람은 쓸데없는 일을 하는 사람이고, 따라서 그의 행동은 경제적이지도 합리적이지도 않다고 여긴다.

우리 사회가 놀이에서 쾌락을 얻으려는 어른들에게 허용하는 정당성은 고작 놀이가 일상의 스트레스 해소에 도움이 된다는 정도일 뿐이다. 물론 맞는 말이다. 그러나 이러한 논법만으로는 놀이 행위에 대한 양심의 가책에서 벗어날 수 없다. 더구나 우리가 왜 놀이 행위에 매력을 느끼는지를 설명하지도 못한다. 나는 이 책에서 전혀 다른 방식으로 이 주제에 접근하여 쾌락으로 가득한 놀이가 과연 어떻게 '이성적' 인간들의 비판에 맞설 수 있는지를 생각하고자 한다. 위트의 효과를 '해방된 무의미의 쾌락'이라고 정의한 프로이트의 말을 그 기치로 내걸 수 있다. 위트는 다시 말해 하나의 놀이이기도 하다. 위트는 말과 생각으로써 놀이의 쾌락을 준다. 그 때문에 놀이의 적들은 대개는 심각하게 유머가 부족한 자들이다. 웃음은 다시 말해 놀이를 현실로부터 구분짓는 경계와의 놀이다. 이 점은 놀이 방해꾼, 입법자들 그리고 청교도주의자는 절대로 웃지 않는다는 사실에서도 분명히 확인할 수 있다.

놀이는 유용하다. 놀이를 통해 돈을 벌거나 뭔가를 배울 수 있어서가 아니다. 내기, 슬롯머신, 카드게임에서 딸 수 있는 돈은 단지 승리의 상징물일 뿐이다. 그리고 우리가 컴퓨터 게임과의 맥락에서 학습 효과에 관해 말하는 경우에도, 학습은 단지 부수적 효과일 뿐이다. 극기주의적 철학자 임마누엘 칸트Immanuel Kant는 《판단력 비판Kritik der Urteilskraft》에서 다음과 같이 의미 있게 표현했다. "놀이는 유용하다. 왜냐하면 놀이는 '기분의 만족 상태'를 촉진하기 때문이다." 말하자면, 놀이 속에서 건강한 감정을 즐긴다고까지 말할 수 있다.

놀이는 진짜로 보편적이다. 그것을 우리는 모든 시대, 모든 문화에서 발견할 수 있다. 놀이는 일상의 한곳에서 도달할 수 있는 즐거움과 긴장의 황홀감이라는 예외적 상태로 우리를 옮겨 놓는다. 그리고 요한 하위징아는 다음과 같이 썼다. "놀이는 결코 부정되지 않는다." 심지어 청교도들도 어떤 형태로든 놀이를 허용했다. 물론 대개는 '독소를 제거한' 변형, 예컨대 스포츠와 같은 형태이기는 하지만. 그 때문에 나는 운동 경기에 한 장을 할애하고, 운동 경기에서 결코 '육체의 단련'이 중요한 것이 아니라는 점을 분명히 밝히고자 한다.

그들은 왜 도박과의 전쟁에서 질 수밖에 없는가

우리 어린 딸은 아직 학교에 다닌다. 그리고 나는 가끔 수학 숙제나 그리스어 숙제를 도와준다. 그녀에게는 성가신 숙제겠지만 내게 그것은 즐거운 놀이다. 수학 문제를 풀고 문법적 구조를 발견하는 것은, 학교에 갈 필요가 없는 한에서는 그저 즐겁기만 하기 때문이다. 숙제가 내게 너무 과중한 부담이 되지 않는 한에서는 도전이기도 하다. 나 자신이 학생이었을 때는 이런 과제물이 나를 괴롭혔다. 왜 그럴까? 나와 내 딸을, 그리고 워커홀릭과 '소외된' 노동자를 구분해 주는 것은 일에 대한 유희적 태도다. 내가 이러한 유희적 태도를 수긍하는 데 성공한다면, 4차방정식을 푸는 것이 스도쿠(數獨, 일본에서 개발된 숫자 퍼즐 게임 ─ 옮긴이)를 푸는 것, 또는 그리스어 문장을 구사하는 것만큼이나 즐거움을 선사할 것이다. 사람들은 물론 대부분 이러한 유희적 태도를 이른바 '자유 시간' 중에 즐기는 취미 활동에서나 겨우 인지할 수 있다. 사람들은 취미 활동을 하면서 그 속에서 그 무엇을 위한 것이 아닌 순수한 몰입을 즐긴다. 취미 활동 속에서 호모 루덴스는 호모 에코노미쿠스에 저항한다.

모든 놀이꾼은 노동에 대한 청교도적 숭배에 대항하는 경쟁자다. 노동을 '소외시키는' 것은 자본주의적 착취가 아니라 자극의 결핍이며, 노동이 자유 시간에 대립하고 있기 때문이다. 이에 반해 즐거움을 주는 노동은 유희적이다. 하나의 놀이처럼 즐거움을 주는 노동이 실제로 직업Beruf을 단순한 잡Job이 아니라 소명Berufung으로 변화시킬 수 있다. 이러한 사고는 노동윤리라는 고깃덩어리에 박힌 가

시와 같다. 호모 루덴스는 호모 에코노미쿠스를 화나게 한다. 호모 에코노미쿠스는 시장에서 자신의 합리적인 비용-효과 계산을 설정하고, 그가 수행하는 부지런하고 양심적인 노동의 대가로 적절한 임금을 받는다. 이에 반해 호모 루덴스는 시장의 규정이나 노동윤리를 전혀 지향하지 않는다. 놀이에서의 승리는 다시 말해 노동에서의 임금에 정확히 반대된다. 우리는 힘든 노동을 통해 임금을 받지만, 도박에서는 내기를 건 판돈으로 대박을 터트린다. 따라서 놀이의 세계에서는 빌 클린턴Bill Clinton의 "바보야, 문제는 경제야!"라는 말이 아니라 "바보야, 문제는 경제가 아니야!"라는 표현이 정확하다고 생각한다. 또는 도스토예프스키의 유명한 말을 도박꾼의 경우로 바꿔 볼 수 있다. "오, 돈이 내게 중요하진 않았어!" 중요한 것은 놀라움의 가능성이다. 슬롯머신을 돌리거나 로또를 뽑거나 주사위를 던짐으로써 모든 것이 달라질 수 있다는 놀라움의 가능성 말이다.

그러나 호모 루덴스가 화나게 하는 것은 호모 에코노미쿠스만이 아니다. 호모 루덴스는 세속 종교의 성직자들도 화나게 만든다. 강단 마르크스주의자들과 마찬가지로 청교도들은 노동에서 삶의 의미에 이르는 유일한 길을 발견했다. 그래서 사회학자 게르하르트 슐체Gerhard Schulze가 20년 전 동명의 베스트셀러에서 설파한 '체험 사회Erlebnisgesellschaft'는 그들에게 하나의 거대한 분노다. 호모 루덴스는 여기서 말하자면 탈마법화된 세계의 재마법화를 도모한다. 그들은 자신들을 유혹하는 매력적인 것들과 기회들을 추구한다. 도처에 범람하는 팝음악이 만족시키는 자극 또는 마취 욕구를 생각하기만 하면 된다. 체험 사회에서는 모든 것이 놀이와 오락, 행복과 우연, 경기와 쾌락의 절정을 중심으로 맴돈다.

비록 경제가 이러한 놀이의 세계를 먹잇감으로 삼고 그로부터 국가는 엄청난 세금을 거두지만, 놀이에 대한 청교도적 비판이 여론을 지배한다. 얼마 되지 않는 돈마저 슬롯머신 놀이에 탕진하는 젊은이들과 컴퓨터 게임의 '디지털 치매 증상'을 우려한다. 청교도적 복지국가에서는 놀이가 단지 교육적이거나 위생적으로 작용할 경우에만 수용된다. 이미 아리스토텔레스 시절부터 놀이는 문화적으로 가치 있는 중용과 아무 관계가 없었다. 아리스토텔레스가《정치학》제8장에서 구사한 논법과 오늘날 세속 종교 성직자들의 논리는 맥락이 같다고 할 수 있다. 다시 말해, 열심히 일하는 노동자가 긴장된 영혼을 이완시키려면 놀이의 쾌락적 휴식이 필요하다. 그러나 국가는 놀이를 일종의 의약품—어떤 의미에서는 대체의학적 처방—으로 활용하기 위해 놀이를 정확히 통제해야 한다.

미셸 푸코는 서양 도덕의 근원은 "행복한 쾌락의 세계로부터의 비극적 분리"라고 말한 바 있다. 이것은 놀이에 관한 도덕적 판결에도 그대로 적용된다. 그리고 특히 모든 놀이 중에서도 가장 유희적인 놀이이기 때문에 가장 중요한 놀이인 행운의 놀이에 적용된다. 우리 시대의 도덕론자들은 슬롯머신에서 놀이하는 것에 흡연이나 음주 또는 패스트푸드 음식점이나 섹스 클럽에서 실존적 욕구를 신속하게 해결하는 것과 거의 비슷한 등급을 매긴다. 이제 나는 놀이에 붙어 다니는 그런 부정적 딱지를 긍정적인 것으로 바꾸려고 하지만, 이는 사실 간단치 않은 문제다. 물론 쾌락에 적대적인 청교도이면서 사행성 놀이, 특히 슬롯머신 도박꾼을 멸시하는 사람에게 자유 시간이 허용되어야 한다. 그러나 진정으로 자유주의적인 정치가들은 이 대목에서 놀이를 패스트푸드, 음주나 마찬가지라고 말할지도 모른다. 취향에 관해서는 뭐라고 논박해서는 안 된다. 맥도날드 광고를 보라. "나는 맥도날드를 사랑한다!"

슬롯머신 앞에서 즐겁게 놀이하는 사람들이 있다. 빨리, 많이, 그리고 기름지게 나오는 메뉴를 좋아하는 사람들도 있다. 몇 시간이나 버스를 타고 달려와 타국에서 경기하는 자국의 대표팀이 경기에서 지는 모습을 기꺼이 감수하는 축구광들도 있다. 베를린에서 나는 늘 머리를 푸른색으로 물들이고 몸에 수십 개씩 피어싱을 하고 다니는 사람들과 자주 마주치곤 한다. 이에 관해서도 항상 똑같이 말한다. 취향에 관해서는 뭐라고 논박해서는 안 된다고. 취향의 문제에 관해서는 마치 '옳은 취향'과 '틀린 취향'이 존재하는 양 열심히 토론하는 것이 무의미하다는 말이다.

국가 개입주의자들이 중독이자 죄악이라고 공격하는 것이 실상 자유주의적인 사람들에게는 취향의 문제이고 소비 습관일 뿐이다. 1992년 노벨 경제학상을 받은 게리 스탠리 베커Gary Stanley Becker의 평가를 이와 관련지어 생각해 보자. 베커에게 취향은 인간 태도의 근본 원칙이다. 그것은 결코 토론될 수 없다. 개개인은 자신의 만족감을 자기 고유의 잣대에 따라 극대화하고, 그가 이로써 다른 사람의 만족감을 위협하지 않은 한에서는 아무도 이에 간섭하지 않는다. 이와는 다른 견해는 모두 비자유주의적이다. 그런데 이런 비자유주의적 태도가 오래전부터 공식 정책이 되었다. 녹색당은 물론 거의 모든 정당에서 쾌락에 대한 청교도적 정책이 확산되었다. 정치가들이 우리 국민에게 올바른 삶을 처방하기를 원하기 때문이다. 우리는 채식주의자처럼 먹어야 하고, 단지 맹물만 마셔야 하며, 적당히 운동하고 규칙적으로 건강검진을 받아야 한다는 것이다. 이것은 집권자들과 건강 예찬론자들이 다른 사람들의 쾌락에 대해 결정을 하려 하는 은폐된 쾌락주의Hedonismus다.

여기서는 물을 마시라고 교시하면서 딴 데서는 와인을 마신다는 사실은 오락 놀이에 대한 정치적 비판에도 정확히 해당된다. 그 옛날 지옥 불을 설교하던 성직자들이 구사했던 언어가 그랬듯이, 어떤 사람에게는 호평으로, 또 어떤 사람에게는 악담으로 들리는 인기 영합적인 언어폭력을 구사하면서 정치가들은 일상에서 넘쳐나는 전문가들의 말을 인용하여 슬롯머신 놀이에 대해 채찍질을 한다. 이 전문가들은 도박장을 운영하는 업자들이 설치한 게임기와 재정 확보를 위해 국가가 운영하는 카지노 게임기를 매우 그럴듯한 논리로 구분 짓는다. 다시 말해, 개인 업자들이 영리 차원에서 설치한 기계는 위험하고, 국가에서 운영하는 도박장 기계는 덜 위험하다는 것이다. 그런데 실제로는 정반대다. 입법가들은 사적으로 영업하는 슬롯머신에 대해서는 '팔 하나 달린 날강도einarmigen Banditen(슬롯 머신의 비유)'라는 종래의 분류 개념에 맞게 도박꾼들을 '거덜 내는 것'은 거의 불가능할 정도로 규제한다. 반면 국가가 영업하는 카지노 기계는 완전히 다른 차원으로 운영한다. 이 기계로는 전 재산을 거덜 낼 수 있게 되어 있다. 비판가들에게 왜 이 기계는 개인 도박장에 설치된 친척들보다 더 양호한 상태여야 하는지가 자명해 보인다. 게임기에서 고유한 승자는 국가 그 자신이며, 국가는 그 게임기로 돈을 잘도 번다. 그러나 비판자들이 구사하는 논법을 잘 살펴보면 헛소리에 지나지 않으며, 사태를 오도하는 것으로 들린다. 그들이 특정 게임과 도박을 금지하는 근거 법령은 소비자보호법이다. 그 이면에는 모든 가부장적 집권자들의 신앙, 즉 '시민들은 그들에게 무엇이 유익한지 모른다!'는 자만심이 자리해 있다. 사실 예나 지금이나 일정한 양의 복권은 늘 있었지만, 그 복권의 이윤 추구라는 목적은 정치가들에 의해 선한 목표로 둔갑되고 정당화되었다. 그래서 게임의 세계가 양분되었다. 존중받는 게임자는 의미와 생각을 가지고 좋은 목표를 위해 복권을 구입한다. 반면 경멸받는 게임자는 돈을 의미 없이 자동기계에다 퍼붓는다고 비난받는다. 의미 없다고 말하는 것은 그 기계가 국영 카지노가 아니라 개인 도박장에 설치되어 있기 때문이다.

만약 도덕을 역사적으로 국가에 약간 덜 충성하는 방식으로 규정한다면 결과는 완전히 달라진다. 게임자들에게 아주 불리하게 승률을 조작한 게임기의 국가 독점은 비도덕적이다. 국가가 사람들에게 위험한 게임 영업에 물꼬를 터주고 양성화하는 과제를 짊어지고 있다는 정치적 논법이라고 해서 더 나은 변명은 아니다. 이러한 '양성화' 논법은 정확히 들여다보면 국가의 독점적 지위에 대한 매우 취약하며 속이 훤히 들여다보이는 합리화에 불과하다. 게임자들의 이해타산이 바로 국가 독점에 의해 침해되기 때문이다. 로또 복권을 국가의 독점에서 풀면 게임자들이 돈을 딸 확률은 훨씬 높아질 것이다. 더욱이 공급자들의 시장경제 원칙에 따라 영업이 이루어진다면 승률은 더 높아질 것이다.

따라서 이미 국가가 자기 잇속을 채우는 독점 때문에 카지노 세계는 그 현실과는 달리 실존을 위협받고 있다. 우리는 오늘날 인터넷에서 도박 게임의 지구화를 본다. 엄청난 신장세를 보이는 이 지구화된 라스베이거스는 천문학적인 승부 금액으로 사람들을 유혹한다. 법적 회색 지대에서 일어나는 일이라 과거와 달리 국가는 규제와 조정이라는 방식으로 그 시장에 참여할 기회를 놓치고 있다. 이런 상태가 앞으로 변화될 조짐도 전혀 없다. 따라서 국가는 그나마 아직도 원활하게 영업하고 이윤을 챙기는 국영 카지노가 존재하고 있다는 현실을 다행스럽게 생각해야 한다. 그리고 정치가들도 도박에 대한 국가적 규제에서 게임자들의 숫자를 줄이는 데 급급할 것이 아니라, 게임자들이 규제라는 고삐가 풀린 인터넷 도박의 세계로 도망가는 지경을 염려하는 데 초점을 맞춰야 한다.

그러나 더 중요한 것은 구조적 논법이다. 정치는 행운의 놀이(도박)에 반대할 그 어떤 기회도 없다. 왜냐하면 정치는 행복을 증진하지도 못하고 지루함에 맞설 수도 없는 지경이기 때문이다. 행운의 놀이와 벌이는 전쟁은 바로 마약과의 전쟁이 실패하는 것과 같은 이유로 실패한다. 오늘날 게임기에 대해 내린 처분은 과거의 금주령과 마찬가지로 금지의 딜레마에 빠져 있다. 이렇게 비교하는 것은 물론 우연이 아니다. 사행성 게임에 대한 프로파간다가 특히 게임에 중독된 사람들의 흉한 몰골을 이미지로 내세우고 있기 때문이다. 게임의 중독성 위험이 지속적으로 환기됨으로써 오히려 게임의 일상화, 즉 독일인의 절반이 복권 놀이에 참여하고 있다는 사실이 감춰지고, 더 나아가 국가가 이로써 큰 돈을 벌고 있다는 점도 은

폐된다. 굳이 사회심리학자가 아니더라도 중독이 알코올이나 담배, 사행성 게임을 통해서 생기는 것이 아니라 불행, 스트레스 그리고 집단적 강제에 의해 발생한다는 점은 쉽게 이해할 수 있다.

도대체 게임 중독이란 무엇인가

오해는 하지 않았으면 한다. 게임을 하는 사람 중에는 당연히 게임에 중독된 사람도 있다. 그런데 도대체 중독이란 무엇인가? 형식적인 면에서 보자면, 중독에서 문제가 되는 것은 강력한 습관이다. 사회학자라면 이와 관련해 "한 사회에서 전통의 역할이 약하면 약할수록 그만큼 중독의 위험은 커진다"고 말할 것이다. 경제학자라면 "중독은 사회적으로 인정받지 못하는 소비 습관이다"라고 말할 것이다. 그러나 정상적인 소비 습관에서도 우리는 중독의 특징을 볼 수 있다. 사람들은 이제 더는 자신들의 쾌락을 즐기려고 하는 것이 아니라, 단지 금단 현상을 회피하려고 한다는 것이다. 이는 과도한 카페인 소비, 텔레비전 시청, 쇼핑에도 해당되는 이야기다. 다시 말해 우리는 중독을 소비의 형태로, 소비를 중독의 형태로 이해해야 한다. 이렇게 이해하면 게임이 중독과 어떠한 구조적 관계를 맺고 있는지가 명확해진다. 즉 게임과 마찬가지로 중독 또한 현재의 체험을 강조한다. 미래는 아예 전혀 고려되지 않는다. 다시 말해, 현재로부터 멀리 떨어져 있는 사안일수록 게임하는 사람에게는 덜 중요한 일이 된다는 것이다. 게임하는 사람의 자기만의 시간 체험에 대해서는 뒤에서 다시 다룰 것이다.

사실 이 주제에 대해서라면 우리는 사회학자보다는 인류학자들에게 더 많은 것을 배울 수 있다. 기호를 감각하는 기관은 수천 년 동안 변하지 않았기 때문이다. 맥도날드는 바로 이 점을 알고 있다! 그렇게 해서 태곳적부터 사용되어 온 마약이 지금도 생산된다. '마약'이라는 말을 들으면 우리는 살짝 겁을 먹는다. 곧바로 헤로인이나 그 비슷한 약물을 떠올리기 때문이다. 어쩌면 합법적 기호품인 알코올과 니코틴을 생각한 사람도 있을 것이다. 그러나 지방과 설탕도 마약이다. 따라서 우리는 다음과 같이 말할 수 있다. 모든 육체는 마약에 의존적이다. 이는 슈퍼마켓을 한번 둘러보기만 해도 입증된다. 슈퍼마켓의 성공 여부에서 관건은 고객들에게 새로운 중독을 일으킬 수 있느냐에 달려 있다.

중독의 이러한 일상적 형태에 대해 공개적으로 말하는 것은 금기다. 아마 이렇게도 말할 수 있을 것이다. 우리는 좋은 중독과 해로운 중독을 구분함으로써 마약 의존성이 도처에 퍼져 있다는 사실에 대해서 우리 자신을 속이고 있다고. 헤로인과 코카인 같은 마약이 해롭다는 것에 대해서는 이론의 여지가 없어 보인다. 하지만 한 잔의 포도주와 식후 담배 한 대는 청교도적인 사회에서도 '문화적인 것'으로 생각될 수 있다. 자기 일에 중독된 사람은 성공을 통해 보상받는다. 워커홀릭은 항상 자기 사무실에서 계속 일과 '놀이를 하는', 즉 일이라는 '놀이에 중독된 사람'이다. 그에게 사회적 평가는 양가적이다. 미친 듯이 자기훈련을 하는 사람들에게서 중독은 완전히 긍정적으로 평가받는다. 전 국가대표 골키퍼 올리버 칸은 광적인 훈련으로 대성공의 기초를 닦았다. 또 베스트셀러 작가인 말콤 글래드웰Malcom Gladwell은 《아웃라이어Outliers》에서 세계적으로 히트 친 저 단순하면서도 천재적인 명제, '1만 시간 연습하기!'를 주창했다. 그러나 이것은 중독된 사람들만 할 수 있는 일이다.

놀이하는 사람들이 삶에서 느끼는 기쁨이 쾌락에 대해 적대적인 사람들에게는 중독으로 보일 수 있다. 여기서 나는 관점의 근본적인 전환을 제안하고자 한다. 중독 행태는 오늘날 도처에 존재한다는 부인할 수 없는 사실에 근거해서 말이다. 이 주제는 뒤에 다시 다룰 것이다. 부자는 자신의 중독에 드는 비용을 지불할 수 있고 정신병으로 진전되거나 범죄에 빠지지 않는다. 이에 반해, 행운으로 좌우되는 오락 기계에 동전을 넣는 사람은 두루두루 보살피고 미리 대비하는 우리의 사회복지국가Sozialstaat에 의해 도움이 필요한 사람이라고 판정받을 수 있다. 종교적 광신도들은 어떤가? 그들도 중독자가 아닌가? 또는 복지국가의 보조금에 기대어 사는 사람들이나 정보에 미쳐 있는 스마트폰 세대도 중독자가 아닌가? 중독은 끝도 없이 많은 얼굴을 지니고 있다. 그러나 어떤 것이 중독으로 낙인찍히느냐 마느냐는 결국 돈의 문제이거나 각각의 '중독'에 대한 사회적 용인의 문제인 경우가 많다.

방금 말한 것을 바탕으로 이제 우리는 게임 중독이라는 현상에 대해 좀 더 느긋한 눈으로 바라볼 수 있게 되었다. 먼저 아주 사소한 관찰부터 시작해 보자. 마약 중독과 달리 게임 중독은 유해 물질의 체내 주입이라는 의미의 약물 중독과는 무관하다. 화학적 작용으로 쾌감을 자극하는 외부 물질이 신체에 투입되는 것은 아니라는 것이다. 그럼에도 게임 중독과 약물 중독의 비교가 의미 있는 것은 오로지 마약과 게임이 근원적으로 공통된 목적을 가진다는 점 때문이다. 마약과 마찬가지로 게임도 사람들을 도취 상태에 이르게 한다. 물론 늘 성공하는 것은 아니다. 그러나 프로 축구팀 바이에른 뮌헨이 베르더브레멘에 7대 0으로 이겼을 때 스포츠 평론가가 바이에른 뮌헨이 무아지경에 빠져 뛴 경기라고 한 말은 옳은 말이다. 비근한 예로 2014년 월드컵에서 독일이 브라질을 7대 1로 이긴 경기는 전 국민은 아니더라도 국민의 절반 정도가 어떻게 도취 상태에 빠질 수 있는지를 확실히 보여주었다.

지그문트 프로이트는 널리 알려진 논문《문화에서의 불안》에서 이런 현상을 분석한 바 있다. 이 논문에 따르면, 도취는 우리에게 직접적인 쾌락적 감각을 줄 뿐 아니라, 불쾌감을 일으킬 수 있는 모든 자극에 대해서도 우리를 보호해 준다. 우리는 도취 상태에 빠져 있는 한에서는 외부 세계로부터 독립적이다. 따라서 도취제는 '행복을 쟁취하기 위한 투쟁에서' 문화가 가진 가장 중요한 무기다. 그러나 바로 이 지점에서 약물을 하는 것과 자동오락기에 돈을 투입하는 것은 매우 큰 차이를 가지고 있다는 것을 알 수 있다. 게임은 그 자체가 마약이 아닌데도 우리가 "더 나은 상태를 유지하면서 독자적인 세계에서 피난처를 찾는 것"(프로이트)을 가능케 한다.

문화비평가들이 '게임 중독'이라는 말을 쓰는데, 이는 게임에 매료된다는 것이 무엇을 뜻하는지를 그들이 전혀 모른다는 것을 보여준다. 게임 중독이라고 푸대접을 받는다는 사실은 게임이 사실상 유혹적인 힘을 가지고 있다는 것 외에 다른 뜻이 아니다. 스트레스를 받고 심지어 고통스러운 감정 상태에 있는 사람들이 이 힘과 마주쳤을 때 이 힘은 더욱 유혹적이다. 유혹적인 것은 무엇이든 중독될 수 있다. 이에 대해 토마스 만Thomas Mann의 소설《고등 사기꾼 펠릭스 크룰의 고백Bekenntnisse des Hochstaplers Felix Krull》에는 다음과 같은 아주 훌륭한 문장이 있다(펠릭스 크룰은 여기에서만이 아니라 다른 곳에서도 우리 주제와 아주 잘 맞는 인물이기 때문에 뒤에 또 나오게 될 것이다). "유혹에 몸을 맡기겠다는 이 좋은 의도에 이렇게 모두 한마음일 수가!" 정확히 말하자면 이 장면은 배우의 마술에 속는 연극 관객에 관한 것으로, 관객들은 자신들이 속고 있다는 것을 알고 있고 더 나아가 기꺼이 속고자 한다. 여기서도 우리는 다시 한 번 놀이의 즐거움은, 다시 말해 삶의 즐거움은 유혹에 몸을 맡기고자 하는 좋은 의도를 전제로 한다는 것을 확인하게 된다. 일종의 중독만이 들뜬 환희의 경험에 이르게 한다. 우리의 심리적 보상 시스템은 쾌락으로 우리를 유혹한다. 이 보상 시스템은 일종의 자연스러운 중독 메커니즘이다. 이 메커니즘을 알지 못하는 사람은 진정으로 삶을 사는 것이 아니다.

놀이가 우리를 매혹하는 것은 뇌의 보상센터로부터 보상을 뽑아내기 때문이다. 놀이의 보상은 현실의 삶보다 훨씬 함축적이다. 병적 상태의 게임 중독이란 것은 의료 기술적 측면에서 보면 단순히 몰입을 뜻할 뿐이다. 즉 게임이라는 자기만의 현실에 완전히 빠져드는 것이다. 이때 인간은 놀이 속에서 자신을 잃어버리고, 이런 상태를 쾌락이라고 경험한다.

놀이 행위가 쾌락을 유발하기 때문에, '게임 중독'이라고 진단할 때 주의를 기울여야 한다. 놀이는 목표와 보상을 그 안에 지니고 있는 행위다. 놀이는 삶을 그 순수한 현재에서 정당화한다. 도박장에서든 축구장에서든 우리가 목격하는 것은 열렬한 쾌락주의의 한 형태다.

정치와 학문의 세계에서 놀이를 방해하는 사람들

이에 반해 건강을 설교하는 사람들, 과거의 페미니스트들, 광적인 환경 보호주의자들이 쾌락에 대해 보이는 적대적 태도는 점점 더 공격성을 더한다. 중독과 질병 예방이라는 명분 아래 쾌락에 대한 청교도주의적 정치가 행해지고 있는 것이다. 도취제, 술, 패스트푸드, 포르노와의 중단 없는 전쟁이 계속된다. 우리는 천천히 자동차를 운전해야 한다. 아니면 아예 운전을 하지 않는 게 낫다! 우리는 고기를 적게 먹어야 한다. 그렇게 해서 등장한 '채식주의자의 날〔일주일에 한 번 공공 식당에서 채소로만 이루어진 식단만을 제공해야 하는 날—옮긴이〕'이라는 환경보호 아이디어는 정치권의 광적 통제가 한도 끝도 없다는 것을 보여준다. 그래도 이 채식주의자의 행복 강요 프로그램이 저항에 부딪혔다는 것은 그나마 희망의 표시다. 그러나 더욱 정밀해진 오밀조밀한 지시 사항들이 모든 개인 위에 존재하면서 작은 부분까지 규정하고, 삶의 가장 단순한 일조차 늘 미리 예방하는 사회복지국가의 규정에 의해 정해져 있다는 점만큼은 현재에도 여전히 유효하다.

어떻게 이렇게까지 될 수 있었을까? 18세기의 계몽된 절대주의의 가부장적 복지국가는 백성(신민)을 위해 사회적 정의를 원했고, 그 사회적 정의라는 이름으로 개인의 권리를 경시했다. 이미 당시 국가는 백성을 돌보는 것을 인간의 개인적 자유를 보장하는 것보다 중요시했던 것이다. 그러나 19세기 초의 시민들은 국가가 이처럼 복지 정책을 통해 보호자 역할을 자처하는 데 저항하면서 여전히 자신들의 권리를 주장했다. 이러한 주장의 논거는 빌헬름 폰 홈볼트Wilhelm von Humbolt가 뛰어난 논문인《국가의 작용에 한계를 설정하고자 하는 시도에 관한 소견Ideen zu einem Versuch, die Grenzen der Wirksamkeit des Staates zu bestimmen》(1792)에서 펼친 바 있다. 홈볼트의 핵심적 주장은 다음과 같다. "국가는 시민의 긍정적 안녕을 도모하기 위해 존속하며, 외부의 적들에 대해서는 물론이거니와 국가 자신의 부당함에 대항해서 시민의 안전을 지키는 데 필요한 그 이상 단 한 발자국도 더 나아가서는 안 된다. 그 어떤 궁극적 목적을 위해서도 시민의 자유를 제한해서는 안 된다." 참으로 분명한 메시지가 아닐 수 없다.

그러나 오늘날 이러한 자유의 정신은 조금도 느껴지지 않는다. 사실상 '시민의 이익을 위해서'라고 후견인을 자처하는 가부장적인 국가 행위야말로 바로 시민의 이익을 완전히 무시하는 행위다. 19세기의 위대한 자유사상가였던 막스 슈티르너Max Stirner는 이미 이를 분명히 간파했다. "평등한 관청에서 내가 얻을 수 있는 것은 오로지 평등함이 규정하고 있는 것, 즉 모든 사람에게 골고루 베풀어지는 따뜻한 배려뿐이다." 이 말은 오늘날에도 여전히 문제의 핵심을 찌른다. 모든 개입주의(보호주의)는 인간을 물질로 다룬다. 이는 좋은 의도를 가진 개혁자들에게도 마찬가지로 해당된다.

　이런 사회공학은 공식적으로 어떻게 정당화되는가? 미리 장래를 대비하는 사회복지국가는 시민의 자유를 개선하고 지킨다는 명분으로 국가의 시민들에게서 자유를 탈취한다. 개입주의(보호주의)는 인간은 자신의 의지박약으로부터 보호되어야 한다고 믿는 사람들에게 정당한 것으로 생각된다. 개입주의자들은 개인의 자유는 사회와 개인 자신을 위해서도 해로우며 무능한 자들에게서는 이를 제한된 선택의 자유로 대체해야 한다고 생각한다. 이 생각은 새롭게 '넛지(Nudge, '옆구리를 슬쩍 찌른다'는 뜻으로 강요하지 않고 유연하게 개입하여 선택을 유도하는 방법이다. 부드러운 개입으로 타인의 선택을 유도한다는 뜻이다―옮긴이)'라는 멋진 이름을 얻었다. 이 생각에 따르면, 시민들은 계몽된 태도의 '올바른' 방향으로 나아가도록 살짝 압박을 받는다. 적어도 리처드 H. 탈러Richard H. Thaler와 캐스 R. 선스타인Cass. R. Sunstein의 책에 따르면 그렇다. 그러나 《넛지》에서 요구하는 것은 성숙이라는 탈을 쓴 일종의 사회적 개입주의에 다름 아니다.

　탈러와 선슈타인은 시카고 대학에서 교편을 잡고 있으며, '자유주의적 개입주의libertarian paternalism'를 선전하고 있다. 이들은 '자유주의적'이라는 형용사 덕분에 득의만만한 개입주의에서 받는 충격이 완화된다고 한다. 즉 일반적인 개입주의와는 달리 자유주의적 개입주의에서는 자기 자신의 길을 가는 것이 언제나 보장되어 있다는 것이다. 앞날을 대비해 주고 보살펴 주는 아버지들의 충고를 반대하면서까지 자신의 길을 가고자 할 때에도 그 길은 보장되어 있다고 한다. 그러나 '자유주의적 개입주의'의 전제가 되는 사고는 대부분의 인간은 그들에게 좋은 것이 무엇인지 모른다는 확신이다. 이 사고에 따르면 자신에게 무엇이 좋은지 모르는 사람들에게는 그들의 결정에 긍정적으로 영향을 미치는 아버지, 모성애와 부성애를 모두 지닌 능력 있는 아버지가 필요하다.

'넛지'라는 개입주의에 입각한 문제 해결 방안은 쉽게 이해할 수 있다. 탈러와 선스타인이 그들의 '자유주의적 개입주의'에서 어떻게 이에 대한 근거를 대고 있는지 한번 살펴보자. 이들의 논리는 다음과 같은 구조를 갖고 있다. 건강·교육·연금의 기본적 문제에서 시민들에게 필요한 것은, 다수의 선택 가능성이 아니라 자신들에게 방향을 제공하고 길을 제시하는 사용자 친화적인 설계다. 상황이 복잡할수록 시민들과 고객들을 올바른 방향으로 떠밀어 주는 사회 설계가 더 중요해진다. 개입주의는 의지박약과 비합리성으로부터 개인을 보호해 준다. 내가 올바른 정신을 가졌을 때 스스로 했을 법한 행동을 다른 사람들이 나를 위해 해준다는 것이다.

현대의 개입주의자들은 따라서 사람들이 더 오래, 더 건강하게, 더 잘 살 수 있도록 그들의 행동에 영향을 줄 정당한 권리가 있는 사람들이 소수 존재한다고 전제한다. 이들이 정말로 목표하는 것은 사회적인 것을 이용자 친화적으로 설계하는 것이다. 이런 기획은 구체적으로 다음과 같은 모습으로 나타난다. 정치적으로 올바른 태도에 대한 보편적 합의를 전제한 뒤 그로부터 벗어나는 행동은 구체적으로 어떤 태도인지 명확하게 표명된다. 예컨대 '나는 착한 사람들의 이성적인 삶에 참여하기 싫다', '나는 리스터 연금〔공적 연금액 삭감에 따라 노령 빈곤층에게 보조하는 개인연금. 이를 도입한 독일 노동장관의 이름을 땄다—옮긴이)을 받지 않겠다.' '나는 사망한 뒤 장기를 기증하지 않겠다'는 식이다. 원래 법학자였던 선스타인은 '넛지' 이론을 개발한 공로로 오바마 행정부에서 한자리를 차지했다.

미국 조직사회학자들은 지금까지 '넛지' 이론의 문제를 '프로파간다'와 같은 차가운 개념, 또는 번역하기 너무 어려운 '소셜 엔지니어링'과 같은 개념을 가지고 토론해 왔다. 여기서 제기되는 주요한 문제는 우리가 어떻게 인간의 삶을 '좋은 것'으로 변화시킬 수 있겠느냐는 것이다. 어떻게 남자들로 하여금 '타인을 돌보는 마음'을 갖게 할 수 있을까? 어떻게 교육받은 여자들이 아이를 낳게 할 수 있을까? 어떻게 사람들이 죽은 뒤 장기를 기증하게 할 수 있을까? 이런 질문에 대한 답은 매우 간단해 보인다. 쾌락의 정치는 표준적 태도의 변화를 통해 작동한다. 마지막 예를 한번 생각해 보자. 지금까지 당신은 자기 자신을 장기 기증자로 정의해야 했다. 미래에 당신은 당신의 장기를 적출하는 데 반대한다고 분명한 의사를 표명해야 한다. 모든 것을 알고 모든 것을 마련해 주는 국가는 좋은 의도를 가진 폭군의 모습으로 나타난다. 오늘날 전방위적 복지란 시민의 행동에 대한 감시를 포함하기 때문이다. 국가는 모든 사람들에게, 심지어 그들의 육체와 영혼에 관련된 세세한 부분까지 개입한다. 더 나아가 국가의 일상생활에 대한 배려는 사전 예방적이 된다. 다시 말해 도움을 전혀 필요로 하지 않는 사람들도 도움을 받게 된다. 또는 도움을 전혀 받고 싶어하지 않는 사람들도 마찬가지다. 이렇게 이제 정치는 행복을 강요하는 프로그램이 된다.

유감스럽게도 이 분야에서 특히 독일인들이 두각을 보이고 있다.

독일인은 좋은 방면에서만 세계 챔피언일 뿐 아니라 불안을 부추기는 데에서도 가장 앞선 아방가르드다. 메르켈이 후쿠시마 원전 사고 이후에 추진한 드라마틱한 '에너지 전환' 정책이 보여주었듯이, 우리 독일인은 리스크를 금지(터부)로 퇴행시키는 중이다. 다시 말해 합리적인 태도에서 마술적 태도로 회귀하는 중이다. 이는 '미리부터 겁을 먹는' 사전 예방의 원칙Precautionary Principle에서 명확히 드러난다. 즉 이 원칙에 따르면 아직 인지되지 않은 위험이 문제다. 사전 예방의 원칙은 어떤 새로운 것이 '리스크와 부작용'이 없음이 증명될 때에만 세상에 나타날 수 있게 한다. 이렇게 해서 불안의 정치가 새로운 개입주의를 정당화한다. 그리고 이 불안의 정치는 텔레비전과 시사 잡지에서 종말론을 상품으로 팔고 있는, 즉 불안을 부추기는 것을 업으로 삼는 미디어 산업에 의해 뒷받침된다.

다시 한 번 요약해 보자. 미리 대비하는 복지국가의 개입주의는 '넛지', 즉 쾌락의 정책을 정당한 것으로 본다. 왜냐하면 인간은 자신의 의지박약으로부터 보호되어야 하기 때문이다. 이 가부장주의적 국가에서는 특정한 사람들이 '우리라는 이름으로' 행위할 자격을 부여받는다. 이들은 우리가 이성적으로 생각하고 결정할 수 있을 때 우리 스스로 행해야 할 것을 행할 권리를 부여받는다. 개입주의적 국가는 우리라는 개인들에 대해서는 아는 바가 전혀 없지만 우리가 '어쩌면' 원할지도 모르는 것들을 미리 대비하고 있다. 이것은 우리가 정말 원하는 것과는 아무 상관이 없을 수도 있다. 미리 대비하는 사회복지국가의 개입주의는 시민을 아이, 환자 또는 시설의 원생처럼 다루며, 이들을 즐거운 로봇이나 행복한 노예로 서서히 변형한다. 자유와 책임 대신 평등과 배려가 들어선다. 이 민주주의적 전제주의는 보호자들의 지배다. 다시 말해서 많은 사람들의 삶을 감시하고 보호하며 편안하게 만들어 주는 후견인들이 가지는 막대한 권력이다.

이런 점에서 우리는 미리 대비해 주는 사회복지국가를 무력한 자들을 위한 통치기관이라고 정의할 수 있다. 복지의 세계는 이제 노동자와 자본가로 나뉘는 것이 아니라 돌봄을 받는 자와 돌보는 사람으로 나뉜다. 양쪽 편에서는 각기 자기들만의 불온한 움직임이 형성된다. 돌보는 보호자들과 사회복지사들은 고객들의 무기력함에 관심이 있다. 다른 편에서는 스스로를 무기력하게 느끼도록 배운 사람들이 '사회 비판'에만 몰두한다. 토크쇼에서라면 이들은 사회 비판을 해도 된다. 유권자들을 사회보조금으로 낚아서 후견인에게 의존케 하는 우민화 정치Entmündigungspolitik는 단지 대중매체의 센티멘털한 배경음악을 통해서만 지배에 필요한 감정적 지지를 얻을 수 있다. 괴테는 '환자들의 포에지Lazarettpoesie'에 대해 비웃은 바 있다. 오늘날 텔레비전을 통해 전파되고 있는 것이 바로 이것이다.

정치는 사회의 통제 센터로 오인되지 않을 때라야 비로소 능력 있는 정치다. 강력한 국가는 만능 해결사가 아니다. 국가는 사회에 대한 책임을 전적으로 지고자 해서는 안 된다. 그럴 경우 국가는 너무 많은 부담을 지게 될 것이기 때문이다. 이것은 사람들이 정치에 거는 기대는 정치가 사회에서 지도적 역할을 맡기를 바라지 않을 때에만 충족될 수 있다는 것을 의미한다. 강력한 국가는 정치를 원래의 기능으로 축소하는 것을 전제로 한다. 국민을 보호하고 미리 대비하는 사회주의식 복지국가는 이제 공동의 안녕에 만족하지 못하고, 시민의 행복을 미리 대비하면서 보장하려 한다. 그러나 이런 사회주의식 복지국가와는 달리 강력한 국가는 개인의 삶이 나아지게 하는 데는 그 어떤 본질적인 것도 기여할 수 없다는 사실을 안다.

우리는 사회국가에 한계 범위를 지움으로써만 사회국가를 강화할 수 있다. 사회복지국가가 법치국가보다 우위에 놓이면 사회복지국가는 곧바로 전체주의적 복지국가로 변질된다. 이런 국가는 개인에게 원하지 않는 배려를 베풀게 되는데, 그럼으로써 개인이 성인으로서 갖춰야 할 삶의 주도권을 국가가 대신 가져간다. 그렇게 국가는 개인을 약화한다. 전체주의적 복지국가에 대한 나의 비판은 보살핌을 받으려는 정신적 경향, 즉 학습된 무기력을 타깃으로 한다. 자유에 대한 최근의 위협은 무엇보다 다른 사람들을 위해 가장 좋은 것이 무엇인지 안다고 생각하는 사람들이 있다는 데 있다. 이것은 선의를 가장한 폭군 행위다. 이를 이해하기 위해 철학자가 될 필요는 없다. 건강한 이성, 열린 마음이면 충분하다. 그들은 또 우리에게 말할 것이다. 각자가 자신의 행복을 만들어도 된다면 자신의 불행도 스스로 만들 수 있다고. 우리는 그 누구에게도 그 행동이 그에게 더 좋을 것이라는 이유만으로 특정한 태도를 강요해서는 안 된다. 담배를 피워서는 안 된다든지, 다이어트를 하라든지 하는 식으로. 결국 다른 이들이 옳다고 생각하는 대로 살도록 강요하는 삶을 사는 것이 아니라 우리가 살고 싶은 대로 살게 할 때 우리에게 더 많은 이득이 돌아올 수 있다.

제 2 장

놀이는 어떻게 우리를
매혹하는가

놀이 행위가 주는 기능쾌락

정치권과 학계에서 놀이를 비방하는 사람들과 함께 놀이의 뜻과 의미에 대해 논하는 것은 별 의미가 없다. 아직 유쾌하게 놀아보지 못한 독자(정말 그런 사람이 있을까?) 또한 놀이의 세계에 대한 다음의 설명이 생소하기만 할 것이다. 여기에는 그럴 만한 이유가 있다. 놀이의 매력은 그냥 지켜본다고 해서 이해할 수 있는 것이 아니기 때문이다. 놀이는 직접 해봐야 한다. 단조로운 놀이일지라도 보는 사람에게만 단조롭게 느껴지는 것이다. 확률 계산을 배우는 학생들은 종종 동전을 100번 던져서 동전 앞면과 뒷면이 각각 몇 번씩 나오는지 기록하는 숙제를 한다. 이런 숙제는 정말이지 지루하기 짝이 없다. 그러나 이 숙제가 놀이가 되면, 그러니까 두 학생이 게임을 하는 식으로 던질 때마다 돈을 약간 걸게 되면 상황은 완전히 달라진다. 그러면 단조로운 놀이가 갑자기 흥미로워지며, 그야말로 단어의 의미 그대로 행운의 놀이가 된다. 놀이의 세계는 그 경계선이 매우 뚜렷하여 내부에서만 이 세계를 인식할 수 있다는 것은 매우 중요한 관찰 결과다. 놀이에 참여하지 않는 사람은 이 세계를 제대로 인식할 수 없다. 물론 직접 놀이에 참여하지는 않고 구경만 하는 사람들도 있다. 그러나 이들이 제대로 놀이를 관전할 줄 아는 사람이라면 이들도 '함께 노는 것'이라고 할 수 있다.

나는 이 장에서 놀이의 본질에 대해 감히 몇 마디 하고자 한다. 비록 20세기의 중요한 철학자였던 루트비히 비트겐슈타인Ludwig Wittgenstein이 바로 이 점을 경고한 바 있지만. 비트겐슈타인은 우리가 사용하는 언어에는 공통적인 본질이라곤 전혀 없고 다만 그 쓰임에서 유사성만 있다고 보았는데, 그 예로 '놀이'를 들었다. 그는 모든 종류의 놀이〔줄넘기, 가위바위보, 악기 연주, 운동 경기 등─옮긴이〕를 결합하는 하나의 공통된 본질 같은 것은 존재하지 않는다고 지적한 바 있다. 그러나 놀이들 사이에 일종의 가족 유사성Familienähnlichkeit이 존재하는 것은 확실하다고 한다. 놀이는 서로 연관되어 있다는 것이다. 비트겐슈타인은 《철학 탐구Philosophischen Untersuchungen》에서도 다음과 같이 말했다. "우리는 서로 얽히고설킨 유사성의 복잡한 그물을 본다." 그러나 이것이 우리가 놀이에 대한 정의를 분명히 내릴 수 없는 이유가 되지는 못한다. 그래서 나는 일단 놀이의 정의를 다음과 같이 내려 보고자 한다. 놀이는 분명한 목표를 가지며, 이 목표는 자기 내부에만 존재한다. 놀이는 놀이 규칙을 통해 이해하기 쉽게 조직되며 모든 움직임이 간접적인 피드백을 일으킨다. 놀이는 실수에 너그러우며 '긍정적인' 스트레스를 만든다. 여기서 긍정적인 스트레스라고 말하는 이유는 놀이를 하는 사람은 자발적 의지에서 놀이를 하기 때문이다. 이 본질 규정이 꼭 들어맞지 않는 놀이가 있다고 하더라도 우리는 이것만큼은 말할 수 있다. '놀이는 이 정의와 비슷한 어떤 것이다!'라고. 우리가 '놀이'라는 말을 가지고 하는 이 언어놀이Sprachspiel에도 사실 특별한 규칙을 부여할 수는 없을 것이다. 그러나 이것이 놀이인가 아닌가 하는 의심을 하게 되는 경우는 전혀 없다. 모든 놀이는 경계선이 분명하기 때문이다. 하지만 '놀이'라는 개념을 위한 뚜렷한 경계선이 존재하지 않는다. 엄밀히 말하면 '놀이'라는 개념은 정의할 수 없다. 놀이가 무엇을 의미하는지는 누구나 알고 있음에도 불구하고.

그럼에도 우리가 놀이 개념에 대해 학문적이면서도 보편적으로 이해할 수 있는 정의를 찾고자 한다면, 우리는 다시금 요한 하위징아가 놀이하는 인간에 대해 쓴 고전적 저서와 만나게 될 것이다. 이 책은 문화 전체가 놀이에서 비롯된 것이라고 서술한다. 하위징아의 놀이에 대한 가장 훌륭한 정의는 다음과 같다. "놀이는 정해진 범위의 시간과 공간 내에서 행해지는 자유로운 행위 또는 활동으로서, 이때 자발적으로 정했지만 확실한 구속력을 지니는 규칙을 따른다. 놀이의 목표는 놀이에 내재적이며, 놀이에는 긴장과 즐거움의 감정 그리고 '일상생활'과는 '다른 어떤 것'이라는 의식이 동반된다." 놀이에 대한 이 정의는 매우 훌륭하지만 너무 함축적이다. 그래서 나는 이제 이 정의의 의미를 풀어 보고자 한다.

긴장, 즐거움, 한가로움. 이는 놀이하는 사람의 기본 정서를 잘 표현하는 말이다. '일상생활과는 다른 어떤 것'이라는 이 의식을 좀 더 구체적으로 이해하자면 먼저 노동과 놀이를 간단히 구분할 수 있어야 한다. 철학자 임마누엘 칸트에게 놀이는 '여유 속에서 하는 일'인 반면 노동은 '의무에서 하는 일'이다. 가장 원초적인 놀이일지라도 이는 자유시간을 여유로, 즉 삶의 즐거움으로 변환하려는 시도다. 그러나 여기에서 놀이는 자기 자신 이상의 목적을 갖지 않는다는 것이 전제된다. 놀이는 그 자체로 만족하는 활동이어야 한다. 놀이는 비생산적이고 순수한 낭비이며, 항상 원점에서 시작한다. 박수나 남녀 간에 주고받는 농담이 그렇듯이 놀이 역시 공회전의 메커니즘을 갖는다. 그 때문에 청교도적으로 놀이를 비방하는 사람들에게는 놀이가 눈엣가시다.

모든 순수한 놀이는 아무것도 남기지 않는다. 다시 말해, 부가가치를 생산하지 않으며 남는 것이 없다. 놀이는 더 많은 가치 대신 더 많은 쾌락을 남긴다. 이 더 많은 쾌락의 핵심이 바로 심리학자 카를 뷜러가 '기능쾌락Funktionslust'이라고 불렀던 것이다. 이 쾌락은 아이들이 놀이를 할 때 시작된다. 아이들은 쾌락을 유발하는 작용을 발견하고 이를 가능한 한 반복하려고 한다. 이 행위는 목적이 없으며, 자기보상적이다. 이 행위는 그냥 재미가 있다. 여기서 쾌락을 일으키는 요소는 세 가지다. 첫째는 쾌락을 일으키는 기능 자체다. 둘째는 작용을 일으켰다는 것에 대한 만족감이다. 셋째는 이 작용을 또다시 일으킬 수 있는 힘이다. 한마디로 기능쾌락은 남아도는 힘이 성공적인 행위를 통해 방전될 때 발생하는 쾌락이다. 여기서 우리는 놀이 충동에서 '힘의 잉여'라는 표현이 사용되고 있음을 본다. 헬무트 플레스너Helmut Plessner는 "우리 존재의 모든 층위는 놀이와 위험을 필요로 한다"라고까지 생각했다.

기능쾌락에서 즐거운 만족감은 그 행위를 계속 하게 하는, 즉 계속 놀이하게 하는 동기가 된다. 이 동기를 작용 유발의 동기라고 부른다. 즉 어떤 것을 유발하는 원인이 되는 데서 오는 즐거움이다. 기계에 동전을 집어 넣기만 하면 놀이의 마술이 시작된다. 또 디지털 카메라를 '찰칵'하고 누르는 것에도 견줄 수 있다. 작동 단추를 누르기만 하면 내 모습을 담은 완벽한 셀카 사진을 얻을 수 있다. 이와 비슷한 작동 효과는 오늘날 새 스마트폰을 갖고 놀아 본 사람이라면 누구나 경험할 수 있다.

놀이가 주는 기능쾌락은 어떤 결과를 유발하거나 무언가를 할 수 있고, 하고 싶다는 욕구에서 비롯된다. 비행기 안에서 아내가 실용서를 읽는 동안 나는 심심풀이로 스도쿠 문제를 푼다(고백하자면 나는 중급의 난이도 정도를 풀 수 있다). 나는 스도쿠를 뇌를 훈련하기 위해서가 아니라 숫자로 된 수수께끼를 풀면서 큰 만족감을 느낄 수 있어서 한다. 모든 놀이에서 중요한 것은 바로 이 성공적인 행위에서 느끼는 즐거움이다. 놀이의 쾌락은 그렇기 때문에 그 과정 자체의 쾌락이다. 다시 말해 사람들은 잘하는 것을 하기를 좋아하고, 가능한 한 계속 이를 반복하려고 한다. 이런 행위는 아주 사소한 것일 수도 있다. 예를 들면 거의 모든 흡연자가 담배 피우는 데 능숙하지 않은가!

누가 축구 팀 바이에른 뮌헨을 꺾을까

그러나 스도쿠의 예 때문에 잘못된 길로 들어서면 안 된다. 당연히 문제를 해결해야 하는 놀이도 많고, 나는 이를 컴퓨터 게임에 대한 장에서 상세히 다룰 것이다. 그러나 교육자들이 즐겨 그러듯 좋은 놀이라는 것을 단지 문제 해결 놀이로만 국한해서는 안 된다. 놀이를 하는 사람이 기능쾌락이 동기가 되어 어떤 놀이를 새로 숙달하게 된 경우를 두고 사회적 합리성을 훈련한 것이라고 오해해서는 안 된다는 말이다. 놀이에서의 쾌락은 승패에 좌우되지 않는다. 놀이를 하는 사람은 그저 계속 놀고 싶을 뿐이다.

재미있는 놀이가 거의 모두 승리/패배라는 코드로 조절되는 시스템을 갖고 있다는 것은 지극히 당연하다. 사람들은 경쟁자를 상대하는 놀이를 하기도 하고 장애를 극복하는 놀이를 하기도 한다. 또 자기 자신을 상대로 놀이를 하기도 한다. 놀이를 하는 사람은 이기려고 하며, 심지어 이기고 싶어 해야 한다. 그럼에도 승리가 일차적으로 중요한 것은 아니다. 놀이를 하고 싶어 하는 사람에게 중요한 것은 승패와는 전혀 다른 어떤 것이다. 다시 말해, 놀이를 계속 반복해서 하고 싶어 하는 사람은 상대방의 전력이 자신과 비슷한지 관심을 기울일 수밖에 없다. 축구팀 바이에른 뮌헨이라고 해도 매년 독일 프로 리그 챔피언이 되기를 바랄 수는 없다. 법 앞에서처럼 놀이 앞에서도 누구나 평등하다. 룰렛이나 주사위 던지기처럼 행운(우연)에 좌우되는 게임에서는 이러한 평등이 항상 보장된다. 자연스럽게 성적의 차이가 생기는 스포츠 경기에서는 이 놀이 앞의 평등을 지키기 위해 약간의 보조 수단을 사용해야 한다. 예를 들어 나라마다 여러 단계의 리그가 있는 까닭은 누가 이길지를 미리 분명히 알 수 없는 축구팀들끼리만 시합을 하도록 하기 위해서다. 이것이 얼마나 중요한지는 그 반대의 사례를 보면 잘 알 수 있다. 예컨대 DFB포칼(독일축구협회장배) 경기에서 제비뽑기라는 우연의 법칙에 따라 보루시아 도르트문트가 홈 경기장에서 분데스리가 2부 리그 팀을 상대로 경기를 한다고 생각해 보자. 보지 않아도 결과가 뻔한 이 경기에서 승리한다고 해도 도르트문트 응원단은 전혀 기뻐하지 않을 것이다.

게임이 사람들을 홀리고 도취시키려면 가능한 한 오랫동안 누가 이길 것인지 그 결과가 분명하지 않아야 한다. 이를 위해서는 게임 참여자들의 실력이 비슷하거나 동등해야 한다. 게임 등급이나 핸디캡 같은 장치는 이러한 균형을 위한 장치다. 체스 고수가 초보자를 상대로 경기를 할 때 퀸을 떼고 하는 것이 그 예다. 소년들이 즉흥적으로 팀을 나눠 축구 시합을 할 때 잘하는 아이들을 골고루 양 팀에 나눠서 배치한다든지, 더 잘하는 팀에서 선수를 한 명 빼는 식으로 하는 것도 마찬가지 이유에서다. 현재 분데스리가의 바이에른 뮌헨처럼(2014년 5월 기준으로) 어떤 팀이 혼자 너무 잘나가는 경우 시합의 긴장감은 확 떨어진다. 그렇다 보니 다른 팀의 감독들과 선수들 사이에서 바이에른 뮌헨이 '다른 리그'에서 뛰었으면 좋겠다는 소리가 자주 나오는 것도 어찌 보면 당연하다.

누가 이길지 경기의 예측이 어려울수록, 그리고 이 불확정성이 오래 지속될수록 관중들은 게임에 더 많은 재미를 느낀다. 예컨대 테니스와 체스 사이에는 커다란 차이가 있다. 테니스 시합은 마지막 공격이 끝나야 승패가 결정된다. 항상 역전의 기회가 있기 때문이다! 이를 잘 보여주는 명경기가 많았는데, 그중 하나가 바로 1984년 프랑스 오픈 결승전에서 맞붙은 이반 렌들Ivan Lendle과 존 매켄로John McEnroe의 경기였다. 3대 6, 2대 6으로 지고 있던 렌들은 마지막 세 세트에서 6대 4, 7대 5, 7대 5로 승리를 거뒀다. 그러나 그 역시 정반대의 경험을 하기도 했다. 1989년 프랑스 오픈 4강에서 이미 6대 4, 6대 4로 이기고 있었던 렌들은 신인이었던 마이클 창Michael Chang에게 패배했다. 이 경기를 지켜봤던 사람들 가운데 이 시합을 잊을 사람은 아무도 없을 것이다.

그러나 체스에서는 사정이 다르다. 체스 선수들은 상황이 구제 불능이라고 생각되면 포기한다. 이는 당연히 체스가 다른 게임보다 훨씬 더 '논리적 필연성'을 갖고 있기 때문이다. 어떤 선수가 더는 어떻게 해볼 수 없는 상황이 되면 상대 선수도 마지막 가능한 수까지 자기의 승리를 음미해 보는 기쁨이 사라진다. 따라서 체스에서는 중도 포기가 허용될 뿐만 아니라 이의 없이 받아들여진다. 사실 게임 시간이 확정되어 있을 때가 더 문제다. 바이에른 뮌헨 팀이 DFB 포칼에서 함부르크SV 팀에 5대 0으로 이기는 경우를 생각해 보자. 모두 이 경기를 지루하게 느끼기 시작하고 함부르크 팀의 사기가 땅에 떨어진다고 하더라도 경기는 끝까지 계속되어야 한다. 지루한 게임, 이것이야말로 호모 루덴스가 유일하게 참을 수 없는 것이다.

놀이하는 사람은 두 세계를 동시에 산다

놀이의 가장 단순한 형식적 특징에는 놀이가 지니는 가장 중요한 의미가 들어 있다. 신화가 그렇듯 놀이도 인간에게 닫힌 공간을 만들어 준다. 놀이는 시간적·공간적으로 분명하게 경계 지어진다. 놀이는 일상 세계에서 쉽게 손 닿는 곳에 있지만, 그와 동시에 일상 세계와 엄격히 단절되어 있기도 하다. 놀이의 의미는 놀이 그 자체에 있으며, 놀이를 하지 않는 사람은 이 의미를 이해할 수 없다. 일상 세계의 관점에서는 놀이가 의미 없어 보이지만, 놀이하는 사람들의 내적 관점에서 보면 의미가 충만한 합목적성을 갖는다. 이런 점에서 다음과 같은 정의가 가능하다. 놀이는 자유롭게 선택된 비생산적 행위로서 분명한 규칙을 가지고 있으며 현실과 확실하게 구분된다. 현실로 나가는 출구는 불확실하며, 보통 그로 인한 결과 또한 남지 않는다.

이 형식적인 특징을 더 자세히 살펴보면 '놀이하다'라는 말이 우리 행위와 제도의 더 넓은 영역을 포괄한다는 것을 바로 알게 된다. 요한 하위징아는 이 분야에서 여전히 권위 있는, 호모 루덴스에 관한 책에서 다음과 같이 기술했다. "경기장, 게임 테이블, 마법의 원, 사원, 무대, 영화 스크린, 법원, 이것들은 모두 형태와 기능에서 볼 때 놀이의 장소다. 다시 말해 축성된 땅이며 별도로 분류되고 울타리가 쳐진, 특별한 규칙이 적용되는 신성한 지역이다. 이곳들은 일상 세계 안에 한시적으로만 존재하는 세계이며 그 자체로 완결적인 행위를 하는 데 이용된다." 이 장소들은 또한 모두 쉽게 즉흥적으로 만들어질 수 있다. 아이들이 공원에서 축구를 할 때 골대 두 개를 만드는 데는 윗도리 네 벌이면 충분하다. 여자 아이들이 아스팔트 위에서 하늘과 지옥을 그리고 싶을 때는 백묵 하나면 된다. 가끔 길거리에서 볼 수 있는 모자놀이(모자나 컵, 그릇 등 용기 세 개 중 어느 곳에 물건이 들어 있는지 맞추는 놀이―옮긴이)는 거의 무와 다름 없는 것에서 마법의 원(게임을 구경하기 위해 사람들이 둥글게 모여 있는 모양―옮긴이)을 만들어 낸다.

놀이는 오늘날 우리에게 예전에 신화가 했던 역할을 한다. 즉 놀이는 우리의 삶의 지평에 유익한 경계선을 그어 준다. 사회학자 알프레드 쉬츠Alfred Schütz는 꿈과 환상, 예술과 학문, 종교와 광기를 '닫혀진 감각 영역'이라고 특징지은 바 있다. 그리고 이는 놀이에도 정확히 적용된다. 이런 영역에서는 하나의 영역에서 다른 영역으로 가는 연결 과정이 없이 늘 비약만 있기 때문이다. 나는 꿈에서 깨어난다. 무대의 막이 열린다. 의식이 거행된다. 놀이가 시작된다. 옛날에는 신화가 이러한 외부에 닫혀 있는 의미 영역을 제공해 주었다. 그 다음에는 이야기와 소설이 현대 세계로 신화를 들여왔다. 가장 매혹적인 이야기들은 영화로 만들어졌다. 오늘날 성공적인 영화는 컴퓨터 게임에 판타지 배경으로 사용된다. 영국의 소설가이자 판타지 장르의 대가이며 오늘날 전 세계의 대중을 사로잡은 신화의 창시자 존 R. R. 톨킨John R. R. Tolkein은 이와 관련하여 '제2의 세계Secondary Worlds'라는 용어를 사용한다. 이는 세심하게 창조된 판타지 세계를 가리키는 말인데, 이 세계는 자신들의 엄격한 논리와 법칙성을 따른다. 일상 세계의 사실성에 반해, 이 세계들은 상상 가능한 것의 가능성을 인간적인 것의 가능성으로 보여준다. 특히 좋은 예는 톨킨의 소설에 근거해 만들어진 피터 잭슨의 영화 〈호빗The Hobbit〉이다.

종교적 초월과 예술적 허구처럼 놀이도 현실을 이중으로 만든다. 우리는 이 두 세계의 시민이다. 우리는 일상이라고 하는 경험적 현실에서뿐만 아니라 놀이라고 하는 가상현실에서도 살고 있기 때문이다. 이 가상현실은 환상의 삶이 확장된 것이다. 여기서 내가 매우 흥미롭다고 생각하는 것은 사회학자 니클라스 루만Niklas Luhmann의 지적이다. 그는 현대의 통계도 이와 같은 이중적 현실을 만들어 낸다고 생각했다. 다시 말해, 통계는 개별적 사건이라고 하는 경험적 현실 외에 '통계적 집단이 갖는 허구적 현실'을 만들어 낸다는 것이다. 이런 점에서 놀이에 통계가 동반된다는 사실도 설득력을 얻는다. 룰렛 게임에 푹 빠진 사람은 구슬이 정하는 숫자의 빈도에 대해 개인적으로 통계를 낸다. 축구 팬들은 신문의 스포츠 면에서 통계를 본다. 텔레비전 시청자는 심지어 축구 중계 중간에 이미 통계를 보게 된다. "클로제 선수 슛 12회, 유효 슈팅 8회, 득점 1골."

모든 놀이는 현실을 이중화한다. 놀이는 일상에서 분리되지만 일상을 부인하지는 않는다. 지금 인디언 놀이에 흠뻑 빠진 아이라도 엄마는 저녁 먹으라고 이 아이를 부를 수 있다. 심판은 신호탄이 터지면 게임을 중단시킬 것이다. 그렇게 한다고 해서 인디언 놀이나 축구 경기가 망쳐지는 건 아니다. 다시 말해 놀이를 통해 이중화된 현실 때문에 놀이 참여자가 이중의 삶을 살아야 하는 결과가 생기지 않는다는 것이다. 분명한 시간적 경계 구분이 그렇게 되지 않도록 막기 때문이다. 이에 대해 니클라스 루만은 "놀이는 짧은 삽화다"라고 매우 간단히 정리한다. 삽화挿話적인 것은 시작과 끝이 있다. 그렇기 때문에 흥미를 끈다. 게임 또한 정해진 기간이 있고, 그 후 영향을 미치는 결과가 없기 때문에 실망감을 느끼지 않는다. 몇 초 만에 주사위가 바닥에 떨어지고, 구슬이 칸에 놓이고, 게임기에 결과가 표시된다. 모든 축구 시합은 90분 뒤에(연장전은 별개로 하고) 끝난다. 반대로 모노폴리 게임〔부동산 투자 보드게임 ─ 옮긴이〕의 경우 언제 끝날지 예측하기 힘든 경우가 잦다는 것이 이 훌륭한 게임의 최대 약점이 된다. 원래 게임은 항상 삽화적이며 이후 영향을 미치는 결과를 만들지 않는다. 계속 게임을 하고 싶다면 게임을 다시 반복해야 한다. 카드 게임을 할 때도 한 판이 끝난 뒤 새로 카드를 섞는 것은 매번 마치 첫 판인 듯 게임을 하고자 하는 것이다. 놀이는 기억하지 않는다. 모든 놀이는 끝나면 다시 처음으로 돌아간다!

철학자 한스 게오르크 가다머Hans-Georg Gadamer는 아주 중요한 것을 발견했다. 놀이 참여자들이 스스로 놀이를 운영하는 것이라기보다는 놀이가 진행되도록 돕는 역할을 한다는 점이다. 놀이는 스스로 되어지는 것이며, 이때 놀이 참여자는 그 안으로 끌려 들어간다. 놀이에서는 대개 엄청난 상황의 변동이 따르지만 바로 이 때문에 놀이는 놀이 참여자가 해방감으로 느끼게 되는 저 가벼움을 획득하게 된다. "놀이의 질서 구조는 놀이 참여자들이 (말하자면) 자신 안에 몰두해 들어가도록 하여 자기주도적이 되어야 한다는, 현존재의 본래적 고달픔인 저 부담감을 덜어 준다." 놀이 참여자들은 다시 말해 그 놀이 속에 엮여 있다.

놀이의 영향권에 발을 들여놓게 되면 매 순간 내려야 하는 결정을 일종의 리스크가 주는 짜릿함을 느끼면서 즐길 수 있다. 놀이는 우리가 놀이에서 이길지 질지, 한번 해보게끔 유혹한다. 이런 점에서 보면 가다머의 다음과 같은 말은 옳다. "모든 놀이는 놀려지는 것이다. 놀이의 짜릿함, 그것이 내뿜는 매혹의 힘은 놀이가 놀이 참여자들 위에서 군림한다는 점에 있다." 바로 이것이 놀이를 바깥에서만 보는 사람들이 이해하기 힘든 자동오락기(슬롯머신)의 매력이다. 이 놀이가 나의 주인이 될 것인가? 이것이 팔 하나 달린 날강도 슬롯머신에 던져진 물음이다.

내가 다음 장들에서 더 상세히 다룰 현대의 컴퓨터 게임 이론가들은 가다머가 여기서 묘사하는 이 경험을 몰입Immersion이라고 부른다. 놀이에 완전히 빠져들었다는 의미다. 놀이에 의해 놀려지는 사람, 놀이 속에서 자기 자신을 잃어버리는 사람, 도취 상태에 도달하는 사람, 이 사람은 자율성을 포기한다. 그러나 이러한 포기는 손실이 아니라 즐거움으로 가득 찬 자기초월로서 경험된다. 그 행복감에 도취되어 이 사람은 자기 자신을 놓아 버린다. 놀이가 놀이 참여자의 주인이 됨으로써 놀이는 참여자로 하여금 '해냈다'는 가벼움을 느끼도록 해방시키며, 이때 이 가벼움은 그에게서 행복으로 경험된다. 이런 점에서 모든 놀이는 문자 그대로 행복을 느끼게 하는 '행운의 놀이'다.

놀이의 네 가지 기본 형식 :
행운의 놀이, 경쟁하는 놀이, 보여주는 놀이, 공포를 즐기는 놀이

나는 앞서 여전히 권위를 지니고 있는 로제 카이와의 놀이와 인간에 대한 저서에 대해 언급한 바 있다. 이 책에서 그는 놀이 세계의 모든 형태를 네 영역으로 나눈 도표를 제안했다. 카이와의 이런 구분이 성공적이었느냐는 문제는 여기서 다루지 않겠다. 우리에게는 이 도표를 가능하게 했던 관찰만으로도 충분하다. 카이와는 이 네 분야를 라틴어와 그리스어로 된 개념으로 지칭하고 있지만, 나는 이러한 개념으로 내용을 더 어렵게 만들고 싶지는 않기 때문에 간단히 독일어 번역으로 정리하겠다. 알레아Alea는 라틴어이며 '주사위'를 뜻한다. 아곤Agon은 그리스어로 '대항'을 뜻한다. 미미크리Mimikry는 생물학과 심리학에서 흔히 쓰이는 개념으로 그리스어 미메오마이mimeomai에서 나왔다. 이는 '모방하다', '베끼다', '흉내 내다'라는 뜻이다. 일링크스Ilinx도 그리스어이며 '소용돌이', '여울', '현기증'을 뜻한다.

'알레아'의 고전적 예는 물론 주사위 놀이나 룰렛이다. 이 놀이는 순전히 행운의 놀이로 운명의 우연에 거는 놀이다. 이때 우연을 통제할 수 있다는 환상이 큰 역할을 한다. 놀이 참여자는 무차별적인 운명에 기회가 있을 것이라는 막연한 추측으로 상대하려고 한다. 이때 수학적 확률은 고려되지 않는다. 내가 생각하기에 이러한 우연에 좌우되는 행운의 게임은 놀이의 가장 순수한 형태다. 그래서 이 게임에 독자적으로 한 장을 할애했다. 이런 점에서 나는 프랑스 철학자 알랭과 의견을 같이한다. "성인들이 하는 모든 놀이는 결국 마지막에 가서는 우연에 의한 놀이 형태를 띠고 있다. 이는 모든 놀이의 영혼이라 할 수 있다."

나는 '아고날agonal'이라는 개념이 중요하다고 생각하지만, 이에 걸맞은 산뜻한 번역어를 찾지 못했다. 그래서 카이와의 네 가지 기본 개념 가운데 이것만 그냥 원어를 쓰려 한다. 이런 '경쟁'이 주로 관찰되는 곳은 스포츠 경기다. 월드컵이든 올림픽이든 참가하는 것이 전부가 아니라 경쟁을 해야 한다. 여기에서는 성적이 가장 중요한 논리다. 선수들은 뛰어나고자 하는 의지에 의해 추동되고 승리감을 맛보고자 한다. 뛰어나다고 하는 것은 두 가지 차원에서 이야기될 수 있다. 하나는 좁은 의미에서 전투력의 차원이고, 다른 하나는 노련함의 차원이다. 다시 말해, 최고이면서 또 최상의 모습이고자 하는 것이다. 나는 다른 사람과 우열을 다툼으로써 나 자신을 표현한다. 대결에 돌입한 투사는 다른 경기자들과 자신을 구분하려고 한다. 그는 뛰어난 활동을 통해 다른 투사들보다 두각을 나타내려고 한다. 그리스 사람들이 아곤이라고 불렀던 싸움과 대항은 적대적 감정이 동반되지 않는 대결이다. 아곤은 생존을 놓고 벌이는 싸움을 자유로운 대결이라는 인간적 수준으로 격상한다. 승자는 패자를 능멸하는 것이 아니라 자신의 행복을 현재화한다. 이것이 바로 물질적 가치로만 볼 때는 흔히 전혀 값어치가 안 나가는 우승 트로피가 그렇게 중요시되는 이유다. 트로피는 뛰어남을 증명한다. 예컨대 독일 축구 선수들이 환호하는 팬들에게 들어 보이는 우승패가 그렇다. 비록 그보다 작긴 해도 동네 볼링 대회 우승 기념으로 받아 거실을 장식하는 우승컵도 비슷한 역할을 한다.

　게임에서 라이벌의 대등함은 완벽한 시합을 위한 기본 조건이다. 이는 문명화 효과라는 측면에서 매우 중요하다. 게임은 적을 상대편으로 생각할 수 있게 한다. 상대편은 강해야 한다. 그래야 게임이 재미있을 수 있다. 이는 특히 힘과 속도가 승패를 거의 결정짓는 시합에서 중요시된다. 그러나 운과 우연이 중요한 역할을 하는 시합도 많고, 그것이 심지어 더 재미있기까지 하다. 늘 잘하는 팀이 이긴다면 축구 시합이 재미없을 수도 있다. 구경하는 것도 재미없을 것이다. 그러나 다행히도 운으로 들어가는 골도 있고, 크로스바를 맞고 빗나가는 슛도 있다. 종료 휘슬이 울리기 직전에 찬 공이 안 들어가는 경우도 있고, 불리한 풍향 조건이 한몫을 하는 경기도 있으며, 결정적인 순간에 구장 잔디가 고르지 못할 때도 있다. 그럴 경우 약한 팀이 본래의 제 실력보다 더 잘할 수 있다. 이런 운이 작용하지 않는다면 토토 같은 스포츠 복권은 없었을 것이다. 토토에서도 큰 행운을 거머쥐는 경우는 운이 좌우한다. 축구는 원래 능력 위주의 스포츠인데도 운이 큰 역할을 하기도 한다. 왜냐하면 운동장에서 어떤 수비수가 위협적이지 않은 슈팅의 진로를 우연히 변경하여 경기에 결정적인 행운의 골이 들어가게 될지는 아무도 알 수 없기 때문이다. 복싱처럼 신체적 능력에 크게 의존하는 종목에서도 '행운의 펀치'라는 우연으로 반전이 일어나곤 한다. 1994년 11월 5일 있었던 시합이 그런 경기였다. 조지 포먼은 세계 챔피언 마이클 무어에게 도전한 경기에서 더는 가망이 없을 정도의 열세였고, 점수에서도 훨씬 뒤처져 있었다. 그러나 10라운드에 KO승을 거두며 마흔다

섯 살의 나이로 복싱 역사상 최고령 헤비급 챔피언이 되었다.

로제 카이와는 가면 마술, 보여주는 놀이(Schauspiel, 연기), 역할 놀이 등의 놀이 세계를 '미미크리'라는 개념으로 불렀다. 이 경우에도 축구를 예로 들 수 있다. 프로 선수들의 시합은 경기장이나 텔레비전 앞의 관객들을 위한 연기다. 여기서 구경한다는 것은 실제로 미미크리, 즉 경기에서 동작을 가상적으로 함께 체험하는 것이다. 그렇기 때문에 직접 경기를 해보지 않은 사람은 관전하는 데서 별로 재미를 느끼지 못한다. 왜냐하면 경기가 이루어지는 공간은 같이 느껴야만 하는 가상적 움직임의 공간이기 때문이다. 오늘날 이러한 가상현실로 설명될 수 있는 분야는 이 분야의 고전 격인 연기에서 컴퓨터 게임에 이르기까지 그 폭이 넓다. 놀이 세계의 이 분야는 가장 잘 연구되어 있는데, 그것은 표현 예술의 모든 영역과 연결이 용이하기 때문이다. 또 연기와 연기자에 대한 매우 훌륭한 이론들도 있다. 1990년대부터는 '게임학Ludologie'이라는 좀 과장된 이름 아래 컴퓨터 게임에 관해 분석한 유용한 연구도 여러 편 찾아볼 수 있다. 따라서 나는 미미크리의 원래적이고 고전적인 형태를 여기에서 더는 다루지 않으려고 한다.

마지막으로, 카이와가 일링크스라고 부른 놀이 세계를 살펴보자. 여기서 다뤄지는 것은 무아지경과 도취의 경험, 흥분과 통제를 상실하려는 욕구다. 모든 공포 영화가 증명해 주듯, 사람은 충격을 소비할 수 있다. 센세이션은 충격이 상품의 형태를 띤 것이라고 할 수 있다. 놀이의 성립 조건상 공포와 전율은 결국 재미있는 것으로 경험되어야 한다. 재미없는 충격은 사라질지어다! 우리가 스릴의 경험을 찾아 깜짝 놀라는 충격을 경험하게 될 때 이 경험은 흥미의 원칙에 따라 손에 땀을 쥐는 긴장감을 만들어 낸다. 인류학자들은 이를 잘 설명한다. 충격의 놀이적 소비의 배후에는 완전히 새로운 경험을 원하는 욕구가 숨어 있다. 이런 경험에서는 사냥꾼들이 아주 오랜 옛날 태고에 느꼈던 체험, 즉 흥분·모험·열광이 반복된다. 패닉 상태의 욕망, 혼란의 즐거움, 공포의 만끽이 존재한다. 심리분석가 미하엘 발린트Michael Balint는 이 비밀을 캐냈다. 그의 이론에는 그리스어 어원의 곡예acrobateo라는 단어가 나온다. 아크로바테acrobate는 그리스어로 '발가락 끝으로 걷다'라는 뜻이다. 발가락 끝으로 걷는 사람은 추락할 각오를 한다. 곡예사는 자유의지로 안전한 바닥을 멀리하는 사람이다. 이는 서커스의 공중그네 곡예사뿐 아니라 올림픽 경기의 평행봉 선수에게도 해당한다.

로제 카이와의 일링크스 개념은 영어로는 '스릴', 독일어로는 '무서운 것을 즐김Angstlust'이라고 번역할 수 있다. 이는 통제가 상실되는 무아지경의 상태다. 마약에 의한 도취 또는 매우 빠른 속도의 운동이 일어날 때 겪는 상황과도 비슷하다. 현기증, 어지러움이 없이는 재미도 없다. 고대인류학자 루돌프 빌츠는 이에 대하여 "복종하고 통제받고자 하는 태곳적 경험에 대한 준비 자세"라고 언급했다. 일링크스는 자신이 그 속에서 무서워하는 역할을 맡는 놀이다. 무서워하는 것을 즐기면서 우리는 긍정적 충격을 경험한다. 그런 긍정적 충격은 자기통제를 잃어버리는 데서 오는 황홀함을 만들어 낸다. 노르베르트 엘리아스가 이미 보여준 바 있듯이, 이 자기통제의 상실은 이 또한 통제를 받음으로써 재미있고 오락적으로 된다. 이 경우 대부분 수동적 통제가 적극적 통제를 대신한다. 놀이 참여자들은 아무것도 할 수 없지만 어떤 일이 일어날지 예측할 수는 있다. 롤러코스터나 번지점프가 좋은 예다. 알레아 놀이 범주에는 우연에 몸을 맡겨야 하는 카지노 자동게임기가 있듯이, 크리스마스 장터에는 일링크스 범주에 해당하는 놀이기구, 즉 쇼크에 몸을 맡기고 무서움을 즐기게 하는 놀이기구가 있다. 물론 표도르 도스토옙스키Fyodor Dostoevskii의 소설에 나오는 룰렛 게임 도박사는 행운의 게임에서도 일링크스, 즉 '빙빙 도는 현기증 상태'에 도달한다.

놀이의 깊이는 그것의 피상성에 있다

나는 이 책에서 '우리는 왜 놀이에 매혹되는가?'라는 질문에 답을 하고자 한다고 했다. 우리는 벌써 그 첫 번째 답을 말할 수 있는 지점에 이르렀다. 놀이가 우리를 매혹하는 이유는 그것이 현실보다 시각적으로 더 함축적이기 때문이며, 우리 의식이 일상의 혼잡한 인상들보다 놀이를 더 잘 받아들일 수 있기 때문이다. 우리를 매혹하는 것은 단순하면서도 있을 법하지 않은 것들이다. 리듬, 대칭, 순수함이 좋은 예다. 그리고 이것이 바로 예술이 갖고 있는 비밀이기도 하다. 그러나 이는 가장 단순한 놀이에도 해당된다. 놀이는 장난감의 리듬, 경기장의 대칭, 놀이 규칙의 순수함으로 우리를 매료한다. 우리는 어떤 상황이든 단번에 파악하며, 무엇을 해야 하는지 늘 알고 있다. 놀이를 할 때 불명확성은 존재하지 않는다. 놀이는 분명한 규칙을 가지고 마지막에 결과가 분명히 나오는 싸움을 인위적으로 조직하는 시스템이다. 공이 골라인에 걸려 있다고 해도 그것을 반쪽짜리 골이라고 할 수는 없다. 카드 게임에서 상대편이 하트(♥)를 내면 나는 '고백'해야 한다. 상대가 '장군'을 부르면 '멍군'을 불러야 한다. 지금 주사위를 던져 다섯 개의 점이 나오지 않으면 다른 사람이 이길 것이다. 이처럼 놀이에서만큼은 순간적인 명료함이 존재한다. 이 명료함은 일상의 우연성, 즉 일상의 현실에서 일어나는 모든 것이 사실 꼭 그래야만 했던 것은 아니었다는 저 기분 나쁜 사실을 받아들일 수 있게 해준다. 놀이는 우리를 매혹한다. 놀이는 우리를 예측할 수 없는 불투명한 세계에서 해방시켜 이상적인 곳으로 데리고 간다.

놀이가 현실보다 시각적으로 더 함축적이기 때문에 우리를 매혹한다는 것은 오늘날 월드 테마관이라고 부르는 거대한 놀이공원에 가보면 분명히 확인할 수 있다. 이 월드 테마관들은 초현실적 경험의 집약이다. 사람들은 이 세계의 연출된 결과를 현실보다 '더 현실적인 것'으로 경험한다. 이는 우리 일상의 현실성에는 이들 테마가 주는 함축적 명료함이 없다는 것을 의미한다. 월드 테마관은 전혀 대용물처럼 느껴지지 않는 대체 경험을 제공한다. 이 경험은 현실보다 더 농축적이고 방해 요소가 없기 때문에 더 집약적이다. 그 때문에 미국의 도시사회학자 마크 고트디너Mark Gottdiener는 이 월드 테마관을 인간의 상호작용을 위한 컨테이너라고 정의했다.

여기서 청교도주의자가 호모 루덴스에게 가하는 세 가지 비난이 새로운 국면을 맞이한다. 이들이 하는 비난의 내용은 놀이하는 사람은 어떤 성과물도 만들어 내지 않으며, 무비판적이고 피상적이라는 것이다. 우선 놀이를 할 때 거기에서 아무것도 '나오지 않는다'는 것은 당연히 맞는 말이다. 좋은 성적과 노련함이 전제 조건인 놀이에서도 구체적인 것은 아무것도 생기지 않는다. 놀이를 하는 사람은 일을 하는 것이 아니라 한가로움을 즐긴다. 이쯤 되면 청교도들은 이미 고개를 설레설레 흔든다. 한가함은 모든 악덕의 시초이니 말이다. 한가함이 한때는 추구할 가치가 있는 삶의 태도라는 긍정적 개념이었다는 것이 오늘날에는 언뜻 이해하기 힘들 것이다. 왜냐하면 우리의 판단 기준은 산업사회와 그에 걸맞은 양심적 노동이기 때문이다. 놀이를 노동의 관점에서 바라보면, 놀이는 여가 시간 영역, 다시 말해 일하지 않는 시간 영역에 해당된다. 그러나 여가 시간이 곧 한가로움은 아니다. 여가 시간에는 소비가 한가로움을 대체한다. 오락은 억압된 한가로움이 산업사회 속에서 다시 나타난 기형적 형태를 뜻한다. 지루함을 느끼지 않으면서 한가롭다는 것은 귀족적이다. 지루함을 쫓기 위해 오락거리를 찾는 것은 대중민주주의적이다. 그러나 놀이에는 한가로움의 핵심이 남아 있다. 한가롭다는 것은 무엇인가를 생산해 내지 않는 시간을 보낸다는 뜻이기 때문이다. 놀이를 하는 사람들의 성공이란 일에서의 성공이 아니다. 따라서 놀이하는 사람은 양심적 노동이라는 관점에서는 기생충처럼 보인다. 사치가 돈의 낭비라고 비난받듯이, 놀이는 시간 낭비라고 비난받는다. 그러나 낭비란 항상 바깥에 있는 사람만이 할 수 있는 것이다.

청교도의 두 번째 비난, 즉 놀이하는 사람은 무비판적이라는 비난은 맞는 말이다. 그러나 여기에서도 우리는 가치판단의 평가 기준을 반대로 생각해 볼 수 있다. 놀이가 순응적인 것은 맞지만, 기존의 사회에 대해서가 아니라 삶에 대해서 그렇다. 놀이는 '예'라고 말하는 것이다. 놀이 세계에 대해서는 어떤 회의도 불가능하며, 남김 없는 동의만 가능하다. 놀이를 하는 사람은 주사위 하나, 또는 공 하나, 또는 하나의 규칙 그 이상은 아무것도 필요 없는 완벽한 질서를 음미하는 사람이다. 주사위나 공은 우리에게 우연을 선사하며, 놀이 규칙은 필연성을 선사한다. 그렇게 우리는 놀이에서 필연성을 사랑할 수 있고, 우연을 기꺼워할 수 있다. 놀이는 현실적인 자유다.

이제 청교도들이 호모 루덴스에게 양심의 가책을 느끼게 하려고 하는 세 번째 비난을 살펴보자. 이들에 따르면 놀이는 피상적인 넌센스다. 이것도 맞는 말이다. 그러나 피상성에 대한 부정적 가치판단은 문화의 부재와 삶에 대한 적대감을 드러내는 것일 뿐이다. 니체는 놀랍도록 분명하게 이를 간파했다. 니체는 고대 그리스인들이 피상적이었다는 점에서, 그것도 '깊이 있게' 피상적이었다는 점에서 이들이 삶을 어떻게 살아야 하는지 터득했다는 것을 깨달았다. 문명화된 삶은 깊이가 없는 사회적 피상성을 전제로 한다. 관습, 예의, 의례, 요컨대 일상생활을 원활하게 하는 섬세한 감정을 전제로 한다. 미학자 막스 벤제Max Bense는 이와 관련해 "모든 것을 위로, 밖으로 내보내는, 외양과 표면을 중요시하는 문명의 표피 효과"라는 멋진 개념을 발견했다. 인간이 표면의 자극 유형에 반응할 뿐이라는 이런 생각은 원칙적으로 볼 때 아주 타당성이 있다.

여자, 패션, 섹스 어필의 거부할 수 없는 복합 작용이 어떻게 나타나는지를 이해하면, 유혹이란 피상성의 효과라는 것을 잘 알 수 있다. 이는 놀이의 유혹적인 힘에도 마찬가지로 해당한다. 모든 놀이는 깊이 있게 표면적이다. 달리 표현하자면 놀이의 깊이는 그 피상성에 있다. 그것은 무거운 짐을 덜어 준다.

위에서 정리한 '놀이는 현실적 자유'라는 테제는 구체적으로는 해방감을 느끼고, 휴식하며 긴장을 완화하는 형태로 나타난다. 놀이는 근심을 잊게 하고 우리를 천진난만한 세계로 인도한다. 놀이는 그러니까 작은 축제와 같다. 모든 놀이는 자아를 위한 축제가 되며, 마음에 예외적 상태를 만들어 준다. 니체가 발견한 그리스인들의 지혜는 인상 좋은 유혹자이자 사기꾼인 펠릭스 크룰의 깨달음이기도 하다. "허상이 더 이상 통하지 않고 표면이라는 감각들의 장이 더 이상 통하지 않는다면 삶은 어디에 있을 수 있겠는가? 그리고 그것 없이는 삶도 없을 그런 즐거움은 또 어디에 있을 수 있겠는가?" 아마도 이보다 잘 표현된 삶의 지혜는 없으리라.

규칙을 통한 열정적인 의무 이행

당연히 모두가 가능한 한 능수능란하게 게임을 하려고 한다. 그러나 무엇보다 중요한 것은 공정하게 게임을 하는 것이다. 이 요소 때문에 게임의 형태를 바꿀 수 있는 가능성이 대폭 줄어든다. 그리고 바로 이 때문에 게임하는 사람이 기존 규칙에 맞게 게임을 하면서 새로운 수를 계발할 수 있는지 지켜보는 것이 더욱 흥미로워진다. 체스 챔피언은 바로 이런 것을 할 수 있는 사람이다. 팀 스포츠 종목에서도 감독(그는 원래 게임 자체에는 속하지 않는 사람이다)은 새로운 전략을 궁리한다. 더 문제가 되는 것은 기존의 게임에 새로운 게임 규칙을 적용하는 경우다. 테니스 경기에서 6대 6일 때 먼저 한 게임을 얻는 선수에게 해당 세트를 내주는 타이 브레이크는 1970년에 도입되었는데, 이 규칙은 의미 있는 새로운 규칙이라고 인정된다. 그러나 축구에서 논란이 많은 오프사이드 규칙, 이른바 소극적 오프사이드라는 규칙은 사정이 완전히 다르다. 이 규칙에 따르면, 선수는 경기 진행에 개입하지 않는 한 오프사이드 위치에 있는 것이 아니다. 이 새 규칙은 대부분의 선수들과 모든 감독들이 반대하고 있는데도 여전히 통용되고 있다. 논란은 덜 하지만 골키퍼가 얼마나 오래 볼을 손에 쥐고 있어도 되는지, 페널티킥에서 어느 정도로 수비할 수 있는지 등에 관한 규칙도 계속해서 바뀌고 있다.

불명확한 규칙보다 나쁜 것은 없다! 그렇기 때문에 새로운 놀이는 분명한 규칙을 가지고 있을 때라야 설득력을 얻을 수 있다. 마이클 더글러스Michael douglas가 주연을 맡은 데이비드 핀처David Fincher 감독의 영화 〈더 게임The Game〉(1997)에서는 바로 이 문제가 대두된다. 이것은 게임인가? 규칙은 무엇인가? 게임에서 도달해야 할 목표는 무엇인가? 현실과의 경계는 어디에 있는가? 영화는 현실과의 거리가 너무 가까워질 때 게임이 어떻게 무너지는지를 아주 훌륭히 보여준다. 진짜 그런 것이 아닌 마치 그런 것처럼 해야 하는 게임의 특징은 분명한 규칙을 통해 잘 지켜질 수 있다.

언제 어디서, 누구와 함께 게임을 하는지는 게임 규칙을 통해 정해지지 않는다. 아이들은 쉬는 시간을 운동장에서 노는 데 보낸다. 전철을 타고 가는 동안 컴퓨터 게임을 할 수도 있다. 나는 인디애나에서 객원교수로 있는 동안 학생들과 축구를 한 적이 있다. 그때 나는 스포츠에서 성별의 장벽이 어떻게 극복될 수 있는지를 경험했다. 여학생들이 골대 위로 슛을 쐈을 때 친절한 남학생들은 조금도 비아냥거리지 않고 "나이스 슛!"이라고 외쳤다. 그러나 관객을 염두에 둔 게임의 경우에는 외부로부터 규칙이 부과되어야 한다. 심판이 토요일 오후 3시 30분 휘슬을 불어 게임의 시작을 알리는 곳이 대규모 축구 경기장이라면 이 경기는 당연히 축구에 재미를 느끼는 사람들이 아니라 축구를 가장 잘하는 사람들만이 할 수 있다.

게임은 규칙을 지닌 넌센스(무의미)이며, 이 무의미를 우리는 마음 깊이에서 거부할 수 없다. 게임에 참여하는 사람은 자신을 스스로 추동하는 사람이다. 다시 말해, 그는 임의적 규칙을 따라야 한다는 의무를 받아들인다. 스위스의 발달심리학자인 장 피아제Jean Piaget는 도덕적 판단의 성립을 논한 유명한 저서에서 다음과 같이 말했다. 아동들은 "마음에서부터 인간 존엄을 잘 나타내는 미덕을 행하려고 한다. 아이들이 놀이 규칙을 정확히 따르려고 하는 것이 그 미덕이다." 여기서 규칙에 부합했다는 데서 오는 단순한 기쁨은 점차로 규칙에 대한 복종으로 발전한다. 후자는 의무에 대한 의식을 포함한다. 이렇게 해서 사람들은 규칙을 지키는 조건하에서만 게임에 이기려고 하게 된다.

놀이는 이렇듯 일차적으로 질서와 규칙이다. 놀이의 질서는 사회적이지 않고 인위적이다. 놀이 규칙은 또한 신성불가침이다. 놀이 참여자 가운데 규칙에 회의를 품을 사람은 아무도 없을 것이다. 놀이는 현재 모습 그대로 존재한다. 놀이 규칙을 바꾸자는 모든 제안 (예컨대 앞서 언급한 축구의 오프사이드에 관한 변경된 규칙이나 골이 더 많이 들어가게 골대를 더 크게 만들자는 전형적인 미국 스타일의 제안을 떠올려 보자!)은 진정한 팬들에게는 알레르기 반응만 불러일으킬 뿐이다.

이런 점에서 놀이의 질서와 규칙을 제의祭儀에 비교하는 것은, 비록 양자가 중요한 점에서는 차이가 있다고 해도 올바른 비교가 될 것이다. 놀이는 제의와 마찬가지로 언어적 의사소통을 해야 하는 수고를 덜어 준다. 나는 비록 독일인이지만 FC바르셀로나 홈구장 경기를 관전할 수 있고, 또 카탈루냐 사람들만큼이나 경기에서 벌어지는 일을 잘 이해할 수 있다. 덴마크 체스 챔피언은 러시아 체스 챔피언과 서로 말이 통하지 않더라도 게임을 할 수 있다. 무슨 말을 하는지 이해할 필요가 없다. 규칙에 따라 게임만 하면 된다. 모든 놀이는 성공적인 동작이 만드는 독자적 세계다. 물론 카드 게임에서 점수를 걸고, 제일 높은 점수를 부르며, 몇 가지 게임 용어를 말로 해야 하는 것은 사실이다. 축구 경기 중에도 동료 선수들이 불평불만을 토로하고 감독들이 경기장을 향해 큰 소리로 지시를 내리는 것 역시 당연한 일이다. 그러나 정작 게임에 들어가서는 어떤 의사소통도 대부분은 불필요하다. 지각하는 것만으로 충분하다. 이는 바로 모든 제의에 특징적인 것으로서, 엄청난 해방감을 느끼는 기회다. 게임을 하거나 제의를 집행하는 동안 사람들은 말을 걸거나 서로 대화하는 것을 피한다. 교회에 갈 때도, 가족들끼리 놀이를 할 때도 마찬가지다.

놀이와 제의를 구분하는 것은 예기치 않은 순간의 존재 여부다. 또는 반대로 표현하면, 제의는 예기치 않은 순간이 없어져 버린 놀이라고 말할 수 있다. 이에 대해서는 곧 다시 다룰 것이다.

놀이, 구속됨으로써 자유로워지리라

놀이의 자발성에 대해 알아보자. 놀이를 억지로 해야 하는 사람은 놀이를 할 수 없다. 이는 너무 당연한 소리처럼 들릴지 모르지만 매우 중요한 의미를 지닌다. 다른 누군가에게 놀이를 하라고 강요할 수 있는 사람은 아무도 없다. 그러니까 놀이 규칙을 지켜야 한다고 하는 규칙은 없는 것이다. 놀이 규칙은 놀이 참여자가 그것을 원할 때에만 유효하다. 교통 규칙은 놀이 규칙이 아니다. 나는 교통 규칙을 지키고 싶은 마음이 조금도 없고, 아무도 나를 보고 있지 않다고 느끼면 빨간 불일 때도 길을 건넌다. 이에 반해 놀이 규칙은 기꺼이 따른다. 미국의 종교사학자 제임스 P. 카스James P. Carse는 놀이 참여자들은 놀이의 자발성을 스스로 숨겨야 한다는 매우 뛰어난 관찰을 했다. 이론적으로 나는 언제든지 카드를 테이블 위로 던지고 일어나서 나갈 수 있다. 놀이에서 진 아이들은 정말 그렇게 하기도 한다. 그러나 진정으로 놀이를 하는 사람들에게 이 이론적 가능성은 결코 현실이 되지 않을 것이다. 이런 현상으로부터 여기에는 모순이 있다는 것을 알 수 있게 된다. 나는 자유롭게 게임에 임한다. 그러나 게임을 하겠다고 함으로써 나는 자발적으로 자유를 포기한다.

위험한 상황에 처했을 때 나는 이를 진지하게 받아들이는 것 말고는 선택의 여지가 없지만, 놀이는 나의 자유의지로 진지하게 받아들인다.

놀이 규칙은 토론의 대상이 아니다. 이 때문에 놀이 규칙은 우리에게 가장 확실한 버팀목이다. 모든 놀이는 '당신의 삶을 단순화한다'는 약속을 한다. 규칙을 지켜라! 놀이를 하는 자는 규칙에, 다시 말해 명령에 따른다. 모노폴리 게임에서 '감옥으로 가시오'라는 지시가 적힌 카드를 집었다면 어떨까. 이 놀이 규칙은 우리를 의심으로부터 보호하고, 여기에서 우리는 또한 커다란 해방감을 느낄 수 있다. 놀이를 한다는 것은 아무것도 의심할 필요가 없다는 뜻이다. 일상 세계에서 사람들은 의심하는 태도를, 즉 살면서 받게 되는 여러 제안들에 의심이라는 유보 조건을 가지고 접근할 것을 권유받는다. 놀이는 바로 이 의심이라는 힘겨운 삶의 지혜로부터 참여자를 해방시킨다. 놀이는 우연적이면서 질서를 가지고 행해진다. 놀이할 때 사람들은 무엇을 해야 할지 알고 있으며, 모든 것이 질서 속에 있다는 것을 안다. 놀이 규칙은 무엇이 중요한지를 정의해 주며, 그 밖의 다른 모든 환경적 자극은 중요하지 않은 것으로 배제한다. 나는 게임을 할 때 극소수의 자극에만 집중한다. 나에게 그 밖의 나머지 세계는 사라져 버린다. 그렇기 때문에 나는 상황을 통제한다는 느낌을 받는다. 내가 필요로 하는 모든 정보가 다 있다. 손 안에 쥔 테니스 라켓은 다음 수를 위한 올바른 도구다. 내가 게임에 그렇게 온전히 집중할 수 있는 또 다른 이유가 있다. 그것은 내가 친 공을 상대방이 바로 쳐냄으로써, 즉 내가 두는 수에 상대방이 맞수를 둠으로써 바로 피드백을 받는다는 것이다.

놀이를 할 때 세계는 별일 없이 잘 돌아간다. 나는 놀이의 처음과 끝을 볼 수 있고 그것의 규칙을 알며, 현재 게임 점수를 안다. 나는 규칙을 따름으로써 명령을 따르는 것이지만, 이 명령은 어떤 권위에서 나오는 것이 아니라 놀이 자체에서 나오는 것이다. 아무도 나에게 명령하지 않으며 어느 누구도 나의 주인은 아니다. 나는 이것을 해방감으로 경험한다. 왜냐하면 사랑의 관계에서와 마찬가지로, 놀이에서도 구속됨으로써 자유로워지기 때문이다. 내가 규칙을 지키는 동안 나는 자유를 즐길 수 있다. 우리가 아주 어린 나이에 잃어버린 자유, 즉 무책임의 자유를 즐길 수 있다. 이는 철학자 오이겐 핑크가 놀이하는 자가 자유의지로 규칙에 충실하다는 점을 지적하며 언급했던 '자기구속의 욕구'를 설명해 준다. 놀이하는 자는 규율을 잘 지키는 사람이지만, 이 규율은 외부에서 그에게 부과된 것이 아니다.

규칙은 숙련된 솜씨와 비슷한 방식으로 작동한다. 사람들은 규칙이 있기 때문에 규칙을 따른다. 숙련된 솜씨도 이를 갖고 있기에 이를 발휘하는 것이지 '무엇을 하기 위해' 발휘하는 것이 아니다. 놀이는 자기 자신 이외에는 다른 목적을 갖지 않는다. 놀이의 즐거움은 이와는 완전히 다른 이유에서 나온다. 놀이 규칙을 잘 운용할 수 있는 자는 말하자면 이상적 상황 속에서 사는 사람이다. 그는 통제와 결정 능력이라는 혼탁하지 않은 감정을 갖는다. 여기서 중요한 것은 놀이는 가능성을 제한함으로써 확실성을 우리에게 선물해 준다는 점이다. 인류학자 아르놀트 겔렌Arnold Gehlen은 이와 관련해 "행동의 자유를 허락하지만 정해진 틀 내에서만"이라고 말한다. 놀이 규칙은 놀이에서 가능한 수와 행동 가능성에 대해 자발적으로 제한한다는 것을 표현한 것이다. 이로부터 귀결된 긍정적 효과에 대해서는 철학자 한스 프라이어Hans Freyer가 체스 경기를 예로 설명한 바 있다. "자유로운 움직임을 인위적으로 제한한 공간에서는 창의력 넘치는 플레이가 가능해진다. 더 많은 자유가 있다면 수준이 낮아질 것이다."

놀이는 내부의 복잡성을 더하기 위해 외부의 복잡성을 감소시킨다. 이것이 즐거움을 만들어 낸다. 놀이에서는 적도 없고 대상의 술수도 없다. 그 대신에 상대편이 있고 스스로 만든 장애물들이 있을 뿐이다. 만일 내가 농구를 할 때 골 바구니를 낮게 달았다면 골을 넣기가 얼마나 쉽겠는가. 여기에 캐나다의 철학자 버나드 슈츠Bernard Suits가 내린 정의가 매우 잘 들어맞는다. 놀이를 한다는 것은 불필요한 장애물을 자유의지로 극복하고 스스로 만들어 낸 불확실성을 통제하려 한다는 것이다. 이때 놀이 참여자는 목표에 도달하기 위해 일부러 비효율적 수단을 사용한다. 축구 시합에서 손도 사용할 수 있다면 골을 넣기가 얼마나 쉽겠는가. 그러나 규칙이 그렇지 않은 것이다.

놀이 규칙은 금기가 그렇듯 의문시될 수 없다. 그래서 우리는 어떤 역할을 맡거나 규칙을 따를 때 그 가치와 이유에 대해 생각하는 수고를 덜 수 있다. 이는 우리 일상을 지배하는 법과는 경우가 완전히 다르다. 우리는 일상 속에서 이 법칙들이 의미 있는 것인지 자주 질문을 던진다. 이런 경우의 예로는 브뤼셀(유럽연합 본부)에서 하는 멍청한 짓을 생각하면 될 것이다. 이에 반해 놀이 규칙을 따르는 경우 사람들은 의미에 대해 고민할 필요가 없다. 법칙에 복종한다는 것은 고통을 유발할 때가 많다. 그러나 규칙에 복종하는 것은 전혀 고통스럽지 않으며 심지어 즐겁기까지 하다. 그렇기 때문에 규칙을 통해 그어지는 경계는 법적 경계와 성질이 완전히 다르다. 놀이의 규칙에 복종함으로써 사람들은 법의 강제에서 해방된다. 프랑스 철학자 장 보드리야르 Jean Baudrillard 는 이를 더 간략히 표현한다. "규칙과 더불어 우리는 법에서 해방되었다." 놀이는 사도 바울이 사랑에 대해 우리에게 약속했던 바로 그것을 선물해 준다.

놀이 가능성의 조건은 규칙의 무조건적 준수다. 이것이 바로 법에 의해 질서가 지어지는 일상 세계와의 결정적 차이다. 생활에서는 법을 어기는 사람일지라도 성공할 수 있다. 세금 포탈을 생각해 보라. 그러나 놀이 규칙을 지키지 않는 자는 놀이에서 이길 수 없다. 왜냐하면 놀이는 놀이를 하는 사람만이 이길 수 있기 때문이다. 놀이를 한다는 것은 다름 아닌 규칙을 지킨다는 뜻이다. 몰래 특정한 표시를 한 카드 같은 속임수로 게임을 하는 자는 그것으로 돈을 벌수 있을지는 몰라도 게임에서 이기는 것은 아니다.

우리의 일상을 규제하는 법은 현실 속에서 경계를 긋는다. 사랑이라는 이름으로, 정당방위라는 이름으로 영웅적 행위에서 이 경계가 파손되는 경우 이는 인정받을 수도 있다. 그러나 놀이에서는 이런 것이 불가능하다. 놀이는 규칙에 대한 절대적 충성을 요구한다는 바로 그 점 때문에 일상으로부터 완벽한 해방감을 준다. 법에는 법을 어겨보고자 하는 유혹이 내재해 있는 반면, 놀이하는 자는 규칙을 지키는 것에 심취한다. 다시 한 번 장 보드리야르의 말을 인용해 보자. "일종의 열정이 놀이 참여자를 규칙에 묶이게 만들고, 규칙은 다시금 놀이 참여자를 구속한다." 한번 규칙을 이해하게 되면 놀이에는 설명이 더 필요 없다. 모든 놀이의 한 수는 그다음 수에 대한 흥미를 북돋는다. 모든 놀이의 한 수는 그다음 수로 이어질 수 있다는 행복을 보장한다. 놀이 규칙의 즐거움은 놀이의 즐거움에서 매우 본질적인 측면이다.

놀이를 방해하는 사람들이 속임수를 쓰는 사람보다 더 나쁜 이유

놀이의 즐거움이 있는 곳에는 폭력도 증오도 적대감도 없다. 상대편은 적이 아니다. 그러나 놀이도 놀이 내부에나 외부에 적을 갖고 있다. 놀이의 정치적 적, 즉 새로운 형태의 청교도들에 대해서는 이미 소개한 바 있다. 이 놀이의 적은 광신도다. 그들은 삶을 양심의 가책과 혼동한다. 그들은 가볍고 즐길 수 있는 모든 것을 경멸한다. 놀이의 적은 놀이를 하는 사람들에게 무관심조차 허락하지 않는다. 이는 특히 독일다운 문제이기도 한 것 같다. 철학자 헬무트 플레스너는 1924년에 이미 다음과 같이 쓴 바 있다. "독일인은 독일의 가장 훌륭한 남자들이 세계의 양심이라는 사실에 자긍심을 느낀다. 하지만 이는 다른 나라 사람들에게는 독일인들은 놀이를 방해하는 사람들이라는 뜻이 아닐까?"

그러나 사실 무엇이 문제인지 전혀 이해하지 못하는 이 도덕의 사도들보다 더 위험한 것은 놀이에서 속임수를 쓰는 사람들과 방해하는 자들이다. 놀이의 규칙을 의문시하는 자는 놀이를 방해하는 사람이다. 그는 놀이에서 속임수를 쓰는 사람보다 더 나쁘다. 이 관계는 대략 다음과 같이 표현될 수 있다. '속임수를 쓰는 사람' vs '방해하는 사람'의 관계는 '위선자' vs '이단자'의 관계와 비슷하다. 위선자는 사기만 치지만, 이단자는 놀이를 망친다. 이 대목에서 처세에 능수능란한 펠릭스 크룰의 말이 설득력 있게 들린다. "삶에서 놀이를 방해하는 것은 단순히 그냥 죄가 아니라 아주 죄질이 나쁜 짓이다." 놀이를 방해하는 자만이 놀이를 망칠 수 있다. 그는 '규칙에 맞춰' 같이 놀지 않음으로써 놀이를 망친다. 놀이를 방해하는 자는 그 때문에 상대편이 이기도록 하는 사람을 뜻하기도 한다. 놀이에서 속임수를 쓰는 사람은 최소한 그가 위반하는 놀이 규칙 자체를 인정하기는 한다. 그러나 놀이를 방해하는 사람은 이조차 하지 않는다. 속임수를 쓰는 사람과 놀이의 관계는 거짓말과 의사소통의 관계와 비슷하다. 거짓말쟁이가 대화 상대편이 말한 것의 진실성을 믿는다고 전제해야 하듯이 속임수를 쓰는 사람은 함께 놀이에 참여한 상대방은 놀이 규칙의 신성함을 믿는다고 전제해야 한다. 속임수를 쓰는 사람은 놀이의 규칙 안에서 사기를 친다. 축구의 예에서 보자면, 심판이 알아차리지 못하게 하면서 일부러 손을 써서 경기한 선수가 이에 해당한다. 이에 반해 놀이를 방해하는 자는 자기가 멋대로 놀이 규칙을 바꿔 버린다. 예를 들어 숫자 6이 나올 때까지 계속 주사위를 던져도 된다고 주장하는 아이가 그런 경우다.

놀이 규칙의 위반은 결코 인정받을 수 없다. 2013년 10월 18일

슈테판 키슬링이 호펜하임과의 경기에서 넣었던 골을 예로 들 수 있는데, 키슬링은 골라인 밖에서 슛을 해 골을 넣었고 경기는 레버쿠젠의 2대 1 승리로 끝났다. 이날 심판 펠릭스 브리흐는 그의 이름값(Felix는 축복받음을 의미한다 ─ 옮긴이)을 하지 못했다. 뭐니 뭐니 해도 전 시대에 걸쳐 속임수 경기의 원조는 디에고 마라도나가 손을 사용해 골을 넣은 1986년 6월 22일 아르헨티나와 잉글랜드의 월드컵 경기다. '신의 손'이 경기에 임했다는 그의 설명은 가히 전설적이다. 그러나 사실이 어떤지는 분명히 알아야 한다. 속임수를 쓰는 사람은 놀이를 하는 것이 아니다. 그가 행위하는 곳은 현실이다. 다시 말해 그는 더 많은 돈을 벌거나, 레버쿠젠이 대진표에서 3점을 더 획득하거나, 또는 아르헨티나가 월드컵에서 4강에 진출하도록 했다. 후자의 두 경우 사람들이 인정할 수 없었던 것은 속임수 경기가 아니라 심판의 오심이었다.

감독이 그렇듯 심판 또한 원래는 게임에 속하지 않는다. 그러나 심판은 규칙의 수호자로서 필요하다. 그는 게임의 경계를 감시한다. 이 경계는 경기장을 에워싸고 있는 관객들에 의해서도 표시된다. 심판이 게임 규칙을 감시한다는 것은 그가 경기를 중단시킬 때 잘 드러난다. 이때는 현실이 게임 안으로 침입해 들어오는 매우 위험한 순간이다. 예를 들어 거친 파울로 심각한 부상이 일어났을 때와 같은 경우다. 심판의 임무는 갈등 상황에서 결정을 내리는 데에만 있는 것이 아니다. 그는 속임수를 쓰거나 파울을 하는 선수를 게임의 영역으로 다시 불러들이는 임무를 맡는다. 심판을 보는 일은 매우 어려운 일이다. 왜냐하면 심판은 규칙을 지키게 할 뿐 아니라 페어플레이 또한 책임지기 때문이다.

공정함은 모든 경기의 철학이다. 공정함에서는 규칙의 단순한 준수 이상의 것이 문제가 된다. 여기서는 겉모습만이 아니라 그 속의 내용까지 살펴봐야 한다. 페어플레이 정신을 통해 게임 규칙은 의무의 성질을 얻게 된다. 페어플레이는 합의와 연대, 그리고 심지어 정의에 대해 논할 필요를 없앤다. 상대편에 대한 존중, 그리고 패배했을 때도 자세를 흐트러트리지 않는 능력이면 충분하다. 한 선수의 됨됨이는 그가 패배에 어떻게 대처하는지, 심판의 결정을 어떻게 받아들이는지 등을 보면 알 수 있다. 이를 잘 보여주는 예가 있다. 웸블리 골(Wembley Goal, 1966년 웸블리 구장에서 열린 월드컵 결승에서 볼이 골포스트 상단의 크로스바와 지상의 골라인 사이에서 수직으로 바운드되어 득점 판단에 혼란을 주었다―옮긴이) 이후 독일 국가대표팀이 보여준 태도다. 1966년 6월 30일 독일과 잉글랜드는 월드컵 결승전에 올랐다. 잉글랜드 선수 제프 허스트는 연장전에 결정적인 골을 쏘아 3대 2를 만들었다. 이 골이 유효하지 않다는 것은 분명했지만, 스위스 심판 고트프리트 딘스트는 이를 유효 골이라고 판정했다. 독일 선수들은 이를 불평 없이 받아들였다.

제3장

우연성 놀이 예찬

우연이 선물하는 황홀경

오늘날까지도 웸블리 골은 충분히 하나의 신화로 간주됨직 하다. 이를 두고 잉글랜드의 축구 선수 제프 허스트의 골이 널리 회자되는데, 당시 경기에서 그가 슛한 공이 공중에서 조금만 방향을 틀었더라도 이 신화는 존재하지 않았을 것이다. 이는 모종의 성취나 노련함과는 무관하며, 차라리 숙명에 가깝다고 해야 한다. 아니, 어쩌면 이것이야말로 우연Zufall이라 할 수 있지 않을까? 그러나 경기에서의 우연한 행운도 사실은 숙달되고 뛰어난 수완을 지닌 선수가 고도의 성취를 지향할 때 기대할 수 있다. 그리고 뭐니 뭐니 해도 이 우연성의 매력은 관중들의 열광에 빚지고 있다 해도 과언이 아니다. 게임에 출전하는 선수들의 성취 능력에 대해 사전에 충분히 알고 있다고 하더라도 그 게임의 결과를 확실하게 추론할 수는 없다. 그 때문에 우연성에는 특별한 의미가 부여될 수 있다. 예컨대, 슈카트Skat라는 카드놀이를 할 때, 테이블에 놓인 카드가 어떤 패를 숨기고 있을지 예측할 수 있는가? 주지하다시피, 거기에는 우연성이 숨겨져 있다. 그러나 노련한 사람이라면, 상대의 베팅 양상만을 잘 관찰해도 그가 좋은 패를 지니고 있는지 알아맞힐 수 있다.

순수한 행운의 놀이만큼 우연성이란 개념의 황홀경이 확연히 드러나는 경우도 없다. 인류학자 아르놀트 겔렌은 자신의 주저에서 다음과 같이 밝혔다. "슬롯머신에서 튀어 오르는 공들의 움직임, 우연에 의해 분배되는 색색의 카드, 또는 그 비슷한 현상들은 놀이가 가지는 휴식 또는 활력 충전의 기능이다. 이것이 우연성의 유희, 즉 그 자체만으로는 일체 무의미하다고조차 여겨지는 행위에 대한 높은 참여 욕구를 불러일으키는 것이다." 우리는 분명히 우연성이 선사하는 깊은 자극과 욕구가 필요하다. 살아 있음이란 변화 가능성을 말하고, 그것은 우연성을 통해 고무되기 마련이다. 철학자 오도 마르크바르트는 인간은 우연성을 견뎌 내는 삶, 즉 그것과 공존하는 삶을 배워야 한다고 했다. 이는 다음과 같은 매우 흥미로운 이중적 진술이다. 즉 우리는 우연성의 고통을 어떻게 감내하는지 배워야 하고, 더 나아가 더더욱 이 우연성에 애착을 가져야 한다. 찬스라는 우연성을 들여다보자! 당신은 이 삶의 우연성을 자극으로 받아들여야 한다. 그것을 고통이라고 느끼고 인내하기보다는 말이다. 이는 리스크에서 환희를 느끼는 것이며, 불확실성의 재미를 즐기는 것을 의미한다. 오늘날까지 이러한 우연성의 면면이 아직 연구된 바 없다. 너무나도 하찮은 테마라서 그런 것일까? 아니면, 우리가 이룩한 공적 영역의 문화라는 것이 놀이 행위 자체, 또는 각종 놀이들과 근본적으로 갈등하기 때문은 아닐까?

우연성을 제거하고자 하는 체계적인 프로젝트는, 정치가 얼마나 반놀이적(유희적)이 되어 버렸는지 잘 보여준다. 모든 것을 배려한다는 명목 아래 놀이의 여지를 허락지 않는 복지국가의 가부장주의 사례는 이미 앞에서 충분히 설명했으니 생략한다. 다만 한 가지 첨언하자면, 오늘날 우리에게는 '빅 데이터' 정보혁명이 다가오고 있는데, 그것의 목적이란 총체적으로 삶을 데이터화하여 미래의 시간을 앞당겨 기술하는 것이다. 그런데 주식거래업자 겸 통계학자인 나심 니콜라스 탈레브Nassim Nicholas Taleb는 경이로운 저서 《안티프래질Antifragile》에서, 우연성을 지닌 것이라면 무엇이든 가차 없이 섬멸하고자 하는 거대 기획이 오히려 우연성을 향한 비밀스러운 갈증을 증폭하는 주범이라고 토로한다. 이 아이러니는 다음과 같이 요약할 수 있다. '넛지'와 '빅 데이터'가 경험 세계에서 우연성을 제거하려 할수록, 도박과 같은 행위에서 유래하는 가상의 우연성을 추종하는 경향은 더 강력해진다.

이미 고대로부터 철학자와 정치가들이 행운 또는 우연성을 상징하는 여신 티케Tyche를 숭배하던 일은 없었다. 왜냐하면 이 여신 숭배가 예측 불가능한 활동과 관련되어 있었기 때문이다. 종교를 대신했던 행운에 대한 고대적 신앙은 인간의 삶에서 신적 정의가 작동되고 있는 것이 아니라 우연성이 관련되어 있다고 보았다. 고대적 신앙에서는 도덕적 계율이 아니라 성공이 더 중요했다. 이는 오늘날 도박판 게임자의 태도와 비슷하다. 사회학자 니클라스 루만은 우연성을 기대하는 도박판 게임자의 태도를 '눈 깜짝할 사이의 행운Augenblicksglück'이라는 멋진 표현으로 묘사했다. 이런 행운은 '복 터졌다es ist geglückt'라는 놀이꾼들의 탄성으로 나타난다. 행운이 좌우하는 게임에서 독특한 것은 '무자극 상태의 절대 휴식과 고도의 흥분 사이의 융합 상태'를 경험한다는 것이다. 게임을 하는 주체는 자아로부터 연유하지도, 귀결되지도 않는 패(사건)를 갈망한다. 이것이 바로 우연성에 이끌리는 이유다. 행운이 좌우하는 게임은 게임에서 일어나는 모든 것을 승리/패배라는 이진법 코드로 디지털화하여 인위적으로 삶의 긴장을 발생시킨다. 이 긴장에서 중요한 것은 주체가 '나는 실존한다'고 스스로를 느끼게끔 하는 자극 그 자체다.

한순간에 전 생애를 미리 맛볼 수 있는 지극한 놀이의 매력

행운의 놀이에서는 누구나 예외 없이 평등한 존재다. 바보도 복권에 당첨될 수 있다. 똑똑한 교수일지라도 고작 열두 살 난 아이한테 져서 분통을 터트리며 분을 삭이지 못하기도 한다. 우연성 놀이에서 우연성은 개개인이 성취한 고유한 성과나 경험, 지식 따위를 비웃어 버린다. 한편 성인이 아이와 장기를 두는 일은 분명 지루한 일이지만, 주사위 게임 '짜증 내지 마Mensch ärgere dich nicht'를 아이와 할 때는 지루함을 못 느낄 것이다. 우연성 놀이는 절대적 우연성 앞에서 만인을 평등하게 만든다. 이런 운명에 대한 일종의 행복한 항복으로 우리는 인위적인 속수무책의 쾌락을 즐긴다.

기억해 둘 일은 행운성 놀이는 속수무책과 상대하는 게임이라는 것이다. 특히 카지노의 룰렛이나 슬롯머신 같은 순수한 요행성 도박에서는 도박꾼이 판돈에 능동적으로 개입함으로써 나타날 리스크를 최소화하기 때문이다. 나는 우연성이 결정하는 확률의 세계에서 돈을 따기 위해 판돈을 지불한다. 이는 로또와 스포츠 토토Toto에서도 적용되는데, 특히 스포츠 토토에서는 스포츠 전문 지식을 가진 사람일지라도 도박사한테는 당해 낼 재간이 없다. 왜냐하면 오직 기대되지 않은 사건만이 대박을 터트리기 때문이다. 복권을 사는 사람이 스스로 번호를 기입하든 아니면 이미 인쇄된 번호를 사든 결과는 마찬가지다. 하나는 1회에 한해서 한 번 제비를 뽑는 방식이고, 다른 하나는 숫자에 체크를 하는 방식이어서 차이가 있다고 여기는데, 이는 망상일 뿐이다. 그러나 '행운의 숫자'에 체크를 한 사람은 스스로가 결정했다는 이 작위적인 망상도 즐길만 한 일일 것이다.

놀이가 논다. 그리고 그 놀이 안에서는 운명이 놀고 있다. 행운성 게임에서 그 어떤 다른 게임에서보다 더욱 두드러지는 점은, 우리 개인이 놀고 있다기보다는 오히려 게임에 의해서 놀아나고 있다는 사실이다. 우리는 속수무책의 두려움 또는 친근한 일말의 기대 속에서, 대체 뒤집힌 카드에서 어떤 카드패가 나올지, 어떤 주사위 패가 떨어질지, 슬롯머신의 패가 어떤 조합을 이루며 멈출지, 공이 어떤 특정한 수 위로 떨어질지를 숨죽이고 지켜본다. 텔레비전은 복권방송을 중계하고, 설령 내가 끝에 가서 돈을 잃는 일이 생겨도 최소한 기대감의 자극만큼은 그대로 즐길 수 있다. 여기서 모든 행운성 게임에 공통된 성격이 드러난다. 나는 나 자신한테는 그 어떤 기대도 걸지 않고, 모든 것을 우연에 건다. 프리드리히 빌헬름 니체Friedrich Wilhelm Nietzsche에 따르면, 도박꾼들이란 "오로지 쾌락 때문에 우연으로 추락하는 사람"이다.

인간은 태어날 때 출생의 우연성 때문에 불리하고, 살아가는 과정에서도 성취에 대한 경쟁에 압박받는다. 그러나 게임의 우연성은 이 둘 다를 보상한다. 복권 당첨의 기적이 바로 그렇다. 인간 실존 자체의 선천적 결핍과 세계의 후천적 불공평성이 무릇 사행성 게임의 대박으로 상쇄된다. 더욱이 복권의 잭팟은 부의 우연성을 극단화한다. 우리는 여기서 인간의 일면을 더 철저히 이해할 수 있다. 이것은 토마스 만의 소설《고등 사기꾼 펠릭스 크룰의 고백》에 등장하는 멋진 시대보다 오늘날 더 잘 맞아떨어진다.《고등 사기꾼 펠릭스 크룰의 고백》에서 "돈으로 치장한 귀족사회는 우연성에 바탕한 귀족사회와 다를 바 없다"고 규정하는 것도 같은 맥락에서다. 웨이터가 사장이 될 수도 있고, 우리 또한 끔찍하리만치 친절한 백만장자의 가족이 될 수도 있다. 복권당첨이란 이 경우 절대적인 행운을 요약한 하나의 은유인 것이다.

우연성 게임은 무력감이 우리의 일상을 엄습하는 데 어느 정도 반응하도록 만든다. 우리가 도박에서 현실 세계의 어떤 도움도 무용한 상황과 대면하게 되고, 우연성에 운명을 걸고 게임을 하듯이 인도되면, 우리는 어떤 새로운 세계의 권력을 얻은 듯한 감정에 휩싸인다. 마력에 가까운 홀림, 도박하는 사람의 집중적 예측 행위가 그것인데, 이는 도박판에서의 활약에 관한 환상을 키운다. 컵 속의 주사위를 흔들면서, 그리고 벌써부터 오늘 밤의 카지노 룰렛 당첨 숫자를 받아 적으면서 말이다. 그래서 심리분석학자 에리히 프롬Erich Fromm은 일상의 세계와 도박의 세계에 대해 '무기력과 권력이 양분된 하나의 천체'라는 범례를 제시한 바 있다. 이는 정열적인 도박꾼이 지닐 법한 기적에 대한 신앙을 잘 설명한다. 도박꾼의 미래는 늘 장밋빛으로 보인다. 한 번 게임에서 이기면 행운이 잇달아 올 것이라고 믿게 될뿐더러, 지더라도 곧 이기게 되리라고 자신하기 때문이다. 도스토옙스키의 소설《도박꾼》은 바로 이런 이야기를 다룬다. 허구의 공간인 룰레텐브루크〔이 가상의 지명은 카지노 게임의 일종인 룰렛을 연상케 한다─옮긴이〕에서 벌어지는 카지노 게임 이야기는 오늘날까지 도박의 정수로 통한다. 굳이 그곳으로 룰렛을 하러 가지 않더라도, 나는 가까운 바의 슬롯머신 앞에 앉아 크고 작은 행운을 시험할 수도 있다. 도스토옙스키는 이 도박을 두고, "말하자면, 운명을 자극하고자 하는 바람으로, 그 운명이 친근하게 내 코끝을 건드리고, 애교를 부리며 가볍게 혀를 내밀도록 하는 일종의 요구"라고 명명한다. 도박은 운명과 마주하는 행위다. 이는 한순간에 전 생애를 미리 맛볼 수 있는 지극한 매력을 지닌다.

왜 인간은 슬롯머신을 상대로 게임하는가

아리스토텔레스는 '아우토마톤automaton'이라는 개념으로 우연성의 개념을 분석했다. 그에 따르면 우연성은 비인위적인 영향 아래에서 일어나는 동작으로 특징지어진다. 이는 슬롯머신 게임을 잘 설명해 낸다. 슬롯머신에는 두가지 '공식적' 차이가 존재한다. 나는 이런 차이가 불합리하다고 생각하며, 그래서 다음의 논의에서는 그 차이를 무시하려 한다. 첫 번째는 슬롯머신 영업 규정 33조 c항에 해당하는 허가된 도박과 형법 284조에 의거한 금지된 도박 사이의 법적 차이이고, 두 번째는 슬롯머신 게임에서 재미 위주의 게임과 본격적인 투전 사이의 차이다. 물론 나는 핀볼 게임에서는 돈을 딸 수 없고, 다만 내 실력을 시험해 볼 수 있을 따름이다. 그러나 '팔 하나 달린 날강도(슬롯머신)'나 그 후대의 컴퓨터 실험실 같은 도박기계와의 놀이가 아무 재미도 없다고 생각하는 것은 부조리할지도 모른다. 지금 제기하고 있는 '왜 게임이 우리를 매혹하는가?'라는 질문에서는 이런 차이가 별로 중요하지 않다.

내가 슬롯머신의 재미에 빠져드는 것은 그 게임에 완전히 몰입된 상태로 있으며, 항상 게임 레벨을 높일 수 있고, 즉각적으로 피드백을 받기 때문이다. 이제 내게는 돈을 따는 것이 더는 중요하지 않다. 그보다는 게임에 진척이 있는지, 그리고 계속 게임을 할 수 있는지가 관건이다. 다시 말해, 슬롯머신 자체, 우연성 자체, 그리고 궁극적으로는 나 자신을 상대로 게임을 해서 이기고 싶은 것이다. 그리고 그 승리에 대한 보상이라는 것이 다시 피드백인 것이다. 그래서 게임에서 지면 한 번 더 하고 싶은 충동에 사로잡힌다. 슬롯머신 게임이란, 내가 진행하고 있는 일련의 게임을 주도적으로 장악한다는 것을 의미하지 않고 다만 게임이 무리 없이 진행되도록 상황을 통제한다는 것을 의미한다. 여기서 흥미로운 결론이 도출되는데, 게임의 재미는 그것이 완전히 제압되지 않았기 때문에 가능하다는 점이다. 그리고 이는 도박의 경우에도 그대로 적용된다. 우연성 게임이 지루하지 않은 이유가 바로 여기, 우리는 결코 이 우연성 게임을 '마스터'할 수 없다는 점에 있다.

카지노의 슬롯머신은 어떠한 숙련도도 필요 없는 재미를 선사한다. 이 점에 대해 문화비평가들은 곧바로 반론을 제기할 것이다. 즉 학습효과와 결부하여 게임이란 무릇 사람을 더 영리하게 만들고, 사회생활에 필요한 능력을 훈련시켜 주어야 한다고 주장하면서 말이다. 그러나 우연성에 좌우되는 슬롯머신 앞에서 도박꾼은 좀 더 영리할 일도, 노련할 일도 없다. 그에게는 완전히 다른 상황이 전개되기 마련이다. 슬롯머신 앞에서 도박의 상대자가 되는 것은 우연성이다. 이는 엄밀하게 말하면 지속적인 현존감을 중개할 정도의 짧은 순간 삽화적으로 일어난다. 슬롯머신 게임은 게임에 관한 법령에 제시되어 있는 바와 같이, 최소 5초에서 길어도 10초를 넘지 않는 선으로 한정된다. 매 회의 게임은 나를 생생한 현재로, 즉자성의 세계로 유인한다.

게임 밖의 관찰자는 쉽게 어떤 인상을 품게 된다. 다시 말해 도박꾼이 슬롯머신의 세계에 긴밀히 접속되어 있으며, 이 순간 슬롯머신은 그에게 소원을 이루게 하는 기계이지 더 이상 그저 우연성을 시험하는 기계가 아니라는 인상이 든다. 이에 사회교육자와 정치적 게임 반대론자들은 도박꾼들에게 치료 권고라는 융단폭격을 가할 것이다. 컴퓨터 게임 세계의 에고 슈터(ego-shooter, 주로 총격을 테마로 하는 컴퓨터 게임)와 마찬가지로, 슬롯머신 도박꾼도 대부분의 비난을 그 자신의 탓으로 돌린다. 그런데 이런 비난 뒤에는 다름 아닌 낭만적 오해가 있다. 문화비평가들은 슬롯머신에 빠진 사람은 '소외당한다'고 믿는다. 사실은 완전히 정반대인데도 말이다.

인류학자 아르놀트 겔렌은 '자동화에 의한 매료'의 경향을 '공명현상Resonanzphänomen'으로 파악했다. 우리 존재는 기계와 공유하는 일종의 진동수를 지녀서 동시적으로 반향을 탄다는 것이다. 우리는 기계를 우리 내부의 자연 속에 내재된 자동화와 동일하게 경험하기 때문이다. 이는 하나의 쾌감일뿐더러, 필연적으로 요구되는 것이기도 하다. 인간이란 무엇인가를 기술적으로 반복하는 존재이며, 의식 행위로부터 물리적 형상을 산출해 내는 존재이기 때문이다. 실제로 인간과 기계 사이의 리듬의 상응성은 사람을 아연실색하게 할 정도다. 놀랍게도 이는 다만 심장박동이나 호흡과 같은 신체 리듬에만 해당하지 않고 이른바 행동 범주까지 아우른다. 이는 행동계에서의 성취 신호와 그것의 계속적 진행을 촉구하는 자기자극을 하나로 연결한다. 따라서 슬롯머신 게임에 집중하게 되면 행동에 대해 즉각적으로 하나의 분명한 피드백을 제시하기 때문에, 계속 게임을 진행하고자 하는 충동에 사로잡히게 된다는 것이다.

기계와 인간이 치르는 경기가 비단 카지노에서만 이루어지라는 법은 없다. 이제 컴퓨터를 상대로 하는 체스 경기를 논의해 보자. 여기서 우리는 공식적으로 다음과 같은 극단적 대립 상황을 가정해야만 한다. 컴퓨터와의 체스는 외관상 가장 바보스러운 게임이지만, 그럼에도 가장 높은 지능이 필요한 게임이다. 그러나 두 가지 상황 모두에서 경기자는 자신의 지극히 인간적인 면모를 희생시키면서 기계에 대항하여 게임한다.

1769년 볼프강 폰 켐펠렌Wolfgang von Kempelen은 체스 기계를 고안했다. '터키인'의 모습을 한 이 기계를 보며, 사람들은 마치 이 기계가 스스로 체스 수를 두는 줄 알았다. 그러나 곧 이 기계가 수를 두지 않고, 기계 안에 난쟁이 체스 챔피언 선수가 숨어 있다는 사실이 밝혀졌다. 오늘날에는 체스 챔피언이 더 이상 기계 속에 앉아 있지 않고, 기계와 마주하고 앉아 체스를 둔다. 일종의 이벤트 행사이지만 이로부터 철학적 해석이 탄생한다. 기계에 대항한 인간의 투쟁을 시연하는 것이라고. 프랑켄슈타인의 창조물까지는 아니더라도, 최소한 스탠리 큐브릭Stanley Kubrick의 영화 〈2001년: 스페이스 오디세이〉에 등장하는 슈퍼컴퓨터 HAL 9000을 떠올릴 것이다(HAL의 각 알파벳 다음 순서는 IBM이다—옮긴이). 슈퍼컴퓨터의 첫 등장이 그냥 우연히 체스 명수의 형태로 등장한 것은 아니다.

IBM에서 개발한 체스 프로그램 '딥블루Deep Blue'가 체스 세계 챔피언 게리 카스파로프Garry Kasparov를 누른 1996년 2월 10일, 컴퓨터는 자고로 프로그램 개발자만큼만 영리하다는 전설은 종말을 고했다. 기계가 인간을 이긴 순간이다. 이 영광의 프로그래머는 체스판 위에 컴퓨터가 수를 두도록 실행한 장본인이지만, 그 역시도 사람인 이상 예외 없이 자신의 발명품을 이길 재간이 없었다. 체스는 많은 이들에게 지능적 놀이의 진수로 알려져 있었기 때문에, 딥블루의 승리는 체스라는 게임을 적어도 단순한 연산 수행과는 비교할 수 없다고 보았던 사람들에게 깊은 상심을 남겼다. 그로부터 정확히 15년 뒤, 미국 퀴즈쇼 〈제퍼디Jeopardy〉에서 더는 대적할 상대를 찾을 수 없었던 퀴즈 선수 켄 제닝스Ken Jennings와 브래드 러터Brad Rutter

는 IBM이 개발한 프로그램 왓슨과 맞섰고, 간단히 패배했다.

게임에서 졌다고 낙오자는 아니다

이 행운성 게임을 '고통의 게임Pechspiel'이라고도 부를 만한 충분한 이유가 있다. 행운성 게임은 우연성에 의존하는 게임이고, 게임에서 우연성이란 행운 아니면 고통을 말하기 때문이다. 노벨상 수상자 만프레트 아이겐Manfred Eigen은 20세기 초부터 유행한 독일의 사교 게임 '짜증 내지 마'를 확실한 고통의 게임이라고 지적했다. 이 게임은 1914년 요제프 프리드리히 슈미트Josef Friedrich Schmidt가 개발하고 시장에 선보였다. '짜증 내지 마'라는 이름은 꽤나 잘 선택된 명칭이다. 이 게임에서 우리는 패배가 무엇인지 배우게 되는데, 패배를 시인하는 것이야말로 정정당당한 승부의 기본 조건이기 때문이다. '짜증 내지 마'는 교육학자들의 칭찬을 기대할 수 있는 몇 안 되는 행운성 게임이다. 고통을 주는 게임이기도 하지만, 이 행운성 게임은 우리가 어떻게 우연성에 대한 참을성을 훈련할 수 있는지 가르쳐 준다.

패배할 가능성이 없는 놀이는 재미가 없다. 이 간단한 문장은 훌륭한 이중성을 지닌다. 패배할 수 있다는 점은 우선 비할 바 없이 좋은 패배자가 될 수 있다는 점을, 또 게임의 상대는 승리할 수 있는 기회가 있다는 점을 각각 암시한다. 명문 축구팀 바이에른 뮌헨이 패배하는 경기도 있어야 한다. 복권을 사도 헛물을 들이켜는 사람이 얼마나 많은가. 50년 넘게 복권을 산 내 아버지는 매회 틀린 숫자를 선택한 데 대한 자책도 감수해야 했다. 우리가 사는 여기 이곳은 승승장구하는 게임이 판치는 곳이 아니다. 이 승승장구하는 게임에 관해서는 이 책 말미에 게임이론과 관련해서 다룰 것이다. 경제적인 측면에서 보자면, 모두가 승리자가 되는 게임도 의미가 없지는 않다. 그러나 현실의 경계를 지각하도록 하는 게임의 세계가 패자를 상정하지 않는 것 역시 얼마나 재미없는 일인가.

고통은 불행보다는 강도가 약화된 것이다. 달리 말하면, 게임의 세계에서는 불행이 있는 게 아니고 다만 고통만 있을 뿐이다. 일상에서라면 현재 존재하는 일체의 양상이 달리 전개될 수 있고, 사이사이에 지속적으로 장애가 나타날 수도 있다. 그러나 게임에서는 모든 것이 판이하다. 게임을 하면서 나는 일상의 복잡성과 고군분투하지 않아도 된다. 나는 기껏해야 게임에 진 좋은 패배자이기만 하면 된다. 그 어떤 좌절도 그저 '고통'이라고 치부될 수 있다. 그리고 확실히 다음번 게임에서는 모든 것이 달라질 가능성도 있다. 열정적인 놀이꾼이라면 워낙 충직해서, 반복적으로 좌절해도 계속해서 게임하려 덤벼든다. 그에게는 저항 또는 포기, 이 둘 다를 염두에 둘 재간이 없다. 이는 우선적으로 게임에서 진다는 문제는 체면 문제와는 하등의 관계가 없기 때문에 가능한 일이다. 지는 자가 인생의 패자는 아닌 것이다. 더욱이 그는 최소한 게임을 한다(논다!)는 행위 하나만큼은 성취했다!

물론 내가 계속 지는 게임만 하라는 법은 없다. 내가 항상 나쁜 카드패만 들고, 반대로 상대방은 예컨대 부동산 투자 모노폴리 게임에서 항상 고급주택을 짓는 패만 지녀서 내가 항상 벅찬 임대료를 지불해야 한다면, 게임이 영 재미가 없을 것이다. 그러나 이와 같은 일은 실제 행운성 게임에서는 발생하기 어렵다. 어떤 게임이 최대치의 좌절 수위까지 게임자를 이끌고 갈수록, 우리는 그 게임의 설계가 훌륭하다고 할 수 있다. 게임이 쉽게 이길 수 있도록 설계되어서는 곤란하다. 게임은 난이도가 있어야 한다. 그래야만 난이도를 극복할 수 있는 자신의 능력 때문에, 아니면 자신의 행운 때문에 즐거움을 얻을 수 있다. 게임은 위험과 수고를 감수하는 만큼 보상도 톡톡히 하지만, 그만큼 사람들을 곧잘 좌절시키기도 한다. 리스크를 감수하고 모험적인 내기를 건다. 그리고 바로 여기서 느끼는 실패가 게임자를 게임 상황에 더 강하게 결속한다.

나는 게임의 매력을 교육적 부대 효과에만 한정하지 않으려고 하지만, '고통과 패배'라는 테마에는 교육적으로 의미 있는 무엇인가가 있다고 확신할 수 있다. 심지어 어린아이일지라도 사실은 게임을 통해 자신과 환경을 통제할 수 있는 결정적 교훈을 학습한다. 게임에서 중요한 것은 톡톡한 보상이라기보다는 규칙 준수의 당위성이다. 이것이야말로 게임에서만 획득할 수 있는 감성 교육의 핵심이다. 아이는 이 당위성과 함께 리스크에서 비롯되는 흥분, 승리에 대한 도취, 실패로 말미암은 좌절을 스스로 극복하는 법을 배운다. 여기서 영국의 사회개혁가 제러미 벤담Jeremy Bentham이 18세기 말에 고안한 '심층 놀이Deep Play' 개념을 적용할 수 있다. 원래 상당히 비판적 의도가 강한 개념이긴 하지만 말이다. 이에 대해서는 잠시 후에 다시 설명하려 한다.

게임에서 졌는데도 계속 게임을 즐기는 것이 가능하다는 사실이 이것만으로는 아직 해명되지 않았다. 이 흥미로운 사태를 축구 경기와 연관 지어 설명하겠다. 축구 경기 시간은 90분이다. 이 긴 경기 시간을 감안하면 경기 관람의 즐거움이 승리의 쾌감과 맞아떨어진다고는 여겨지지 않는다. 그렇다면 승패가 갈린 경기의 결과보다는 경기 자체가 흥미로워야 하고, 긴장을 유발해야 한다고 할 수 있다. 진 게임이 영원히 회자된다고 해도 하나도 이상할 일이 없다. 나에게, 또 나와 같은 세대의 모든 축구 팬들에게 잊을 수 없는 경기가 있다. 1970년 멕시코 월드컵에서 치러진 독일과 이탈리아의 4강전 경기다. 대회 개최지 멕시코시티에는 다음과 같은 기념 현판이 걸려 있다. "아즈텍 경기장은 세기의 경기를 보여준 주인공 이탈리아(4)와 독일(3)의 국가대표팀을 기억한다. 1970년 6월 17일."

놀이는 오로지 체험 그 자체일 뿐

놀이 행위는 어떠한 의도도 없는 하나의 행위이며, 이상적인 경우에는 전적으로 현재 속에서 몰두한다. 그것은 목적을 지니지 않지만, 그 자체로 철저히 합목적적이다. 놀이에 완전히 몰두하기 위해서는 그 놀이터 밖에 둘러쳐진 상황이 아무 역할도 수행해서는 안 된다. 돈과 시간에 대한 걱정, 또는 다치지 않을까 하는 우려와 같은 잡념이 든다면, 제대로 놀이에 몰입할 수 없다. 놀이에서는 월수입은 물론 개인적 성품 따위도 중요하지 않다. 우리는 놀이를 하면서 우리를 과거사로부터 독립적이 되도록 하며, 절대적 현재를 경험한다. 이 대목에서 카드놀이 '메모리Memory'의 경우처럼, 놀이를 교육적 영역에서 기억력 훈련의 용도로 활용할 수 있다고 잘못 이해하는 일이 없기를 바란다. 카드놀이 '슈카트'에서도 나온 패를 기억하는 것은 당연히 중요한 일이다. 그러나 기억력에 의존적일수록 게임은 재미가 없어진다. 만약에 나온 패를 정확히 기억하는 사람과 '메모리'를 한다면 누가 좋아하겠는가? 배리 레빈슨Barry Levinson의 영화 〈레인 맨Rain Man〉(1988)에서 배우 더스틴 호프먼Dustin Hoffman이 연기한 환상적인 기억력의 소유자 레이먼은 이 기억력 덕분에 라스베이거스에서 블랙잭으로 한 탕 챙긴다. 그러나 카드 패를 훤히 들여다보는 것은 카드놀이에 속하지 않는다. 당연히 그는 카지노에서 내쫓기는 신세가 된다.

프리드리히 니체는 다음과 같이 말했다. "동물들은 행복할 것이다. 그들이 기억력으로 고통받는 일은 없기 때문이 아니라, '순간이라는 말뚝'에 포박되어 있기 때문이다." 그와 똑같은 말이 놀이하는 사람에게도 적용될 수 있다. 놀이하는 사람의 시간 체험은 어떻게 설명할 수 있을까? 호모 루덴스에 대한 고전적인 텍스트인 프리드리히 실러의 《인간의 미적 교육에 관한 편지》를 참고하고자 한다. 특히 열네 번째 편지에서 놀이는 "시간 속에서 시간의 지양"을 시도한다고 지적했는데, 이것은 말보다는 훨씬 복잡한 표현이다. 요지는 놀이하는 사람의 시간 체험은 전적으로 현재의 지속에 의해 각인되고 있다는 것이다. 실제 놀이 시간은 충족된 순간이다. 이 현재는 심리학자들에 따르면 3~5초 정도 지속된다. 이 시간은 게임에서 수를 두는 시간, 슬롯머신에 동전을 투입하는 데 걸리는 시간과 정확히 일치한다. 2006년 독일의 슬롯머신 게임에 관한 시행령에서 게임의 개념에 "두 번의 투입 행위 사이의 시간"이라는 문구가 추가되었는데, 이는 조금도 놀라운 일이 아니다.

따라서 놀이하는 사람은 놀이하는 시간을 과거로부터 미래로 뻗어 나가는 연속체로 경험하지 않고 충족된 시간과 불충족된 시간의 간극을 0/1 이진법으로, 흡사 디지털화된 것으로서 체험한다. 이에 대해 문화인류학자 클리퍼드 기어츠Clifford Geertz는 인도네시아에서 관찰한 닭싸움에 관해 쓴 논문 〈심층 놀이Deep Play〉에서 다음과 같이 적절히 지적했다. "[닭싸움] 도박꾼의 인생은 의미의 순간들과 절대 공허의 순간들 틈에서 약동한다." 매번의 게임은 하나의 삽화이며, 이 중 몇몇 삽화는 안락한 게임장에서 작은 모험을 가능하게 하기에 손색이 없다. 마치 모험이 삶에서의 이탈을 의미하듯, 놀이도 삶에서의 이탈을 의미한다. 그리고 그것은 처음과 끝을 가지고 있다. 놀이는 순수한 현재의 사건이며, 과거와 미래는 놀이에서 아무 역할을 수행하지 않는다. 놀이는 스토리와 체계가 복잡하게 얽혀 있는 것으로부터 우리를 해방한다. 그렇기 때문에 우리는 놀이를 전적으로 체험 그 자체로 정의할 수 있다. 이것이야말로 놀이가 우리를 매혹하는, 즉 놀이 행위가 우리 현재의 삶에 생기를 불어넣는 가장 중요한 이유다.

앞에서 나는 놀이는 아무 의도가 없는 하나의 행위이며, 이 행위는 합목적적이지만 목적이 없다고 언급했다. 놀이는 목적을 지향하지 않고 반복을 지향한다. 심리분석가들은 그 때문에 놀이의 엄격한 룰이 마치 반복 강박증처럼 기능하고 있다고 매번 지적해 왔다.

그중 가장 유명한 지적은 프로이트가 도박꾼이자 소설가였던 도스토옙스키의 작품을 예로 들면서 자위 강박증Onaniezwang으로부터 도박 중독을 유추한 것이다. 그러나 도박의 반복에 대한 즐거움을 반복 강박증이라는 병리적 현상으로 간주한다면, 행운성 놀이에서 단지 자기처벌적인 측면만 보는 셈이다. 도박꾼은 돈을 모두 잃을 때까지 게임을 그만두지 않는다. 도대체 그들에게 게임의 재미란 무엇일까? 이처럼 심리분석가들은 열정적인 도박꾼에게서 자위 강박증을, 극단적 스포츠광에게서는 죽음에의 충동을 증명하고 싶어한다. 그러나 그들은 여태 왜 게임과 스포츠가 재미있고, 삶의 즐거움을 전달하느냐는 현실적으로 중요한 물음에 대해서는 해답을 제시하지 못했다.

혹자는 프로이트가 쾌락을 알지 못한다고 빈번히 강조한다. 의사로서 늘 병리적인 문제에 치중하지 않을 수 없었던 그의 처지에 비추어 보면 그럴 만도 하다. 건강한 사람은 걱정이 없으며, 보살핌을 받지 않는다. 쾌락이나 기쁨과 관련될 경우에는 걱정할 필요도 없고, 미리 조심하지도 않는다. 우리는 맛이 있어서 먹을 뿐이지, 칼로리를 섭취하려고 먹지는 않는다. 와인이 당겨서 마시는 것이지 의학적 이유로 마시는 것은 아니다. 운동을 할 때도 마찬가지다. 운동할 때 나름대로 쾌감을 느끼기 때문에 몰두하는 것일 뿐 건강 유지라는 이유를 늘 염두에 두지는 않는다. 사랑 때문에 결혼을 하지 자손을 만들기 위해 결혼하지는 않는다. 마찬가지로 우리가 게임을 다룰 때도, "왜 게임을 하지?"라는 질문에 다소 여유 있는 자세로 "그냥, 재미있어서"라고 답한다. 이에 대해 회의론자들은 프로 선수들은 게임이 직업이지 않느냐고 항변할 수도 있다. 내 생각으로는 그런 사정을 정반대로 봐야 한다. 잘하는 운동을 프로 선수가 되어서 하는 사람이야말로 지고의 행복을 누린다고 할 수 있지 않을까? 프로 선수들이 돈을 벌기 위해서 그 게임을 이용하기는 하지만, 그는 일반인들이 경기를 하는 것과 실제로 똑같이 경기하면서 돈벌이에도 이용할 뿐이다.

놀이에서 우리는 상황의 주인이 된다. 일회적이고 인위적인 룰을 통해 무엇이, 어디에서, 어떻게, 언제 행해져야 하는지가 결정된다. 그런데 이것이 의미하는 바는, 즐겁지 않은 감정을 유발했던 어떤 수동적 체험이 놀이 행위 중에 적극성으로 전환될 수 있다는 사실이다. 이와 관련된 가장 쉬운 예는 아이들이 즉흥적으로 하는 병원 놀이다. 실제 병원을 찾을 때 느끼는 즐겁지 않은 감정이 병원 의사 놀이에서는 즐거움으로 바뀐다. 이 즐거움의 본질은 반복 자체에 있다. 그리고 매회의 반복이 놀이 상황을 더 잘 장악하도록 한다.

"다시 해봐!" "앵콜!" "처음부터 다시!" 놀이는 니체가 삶의 비밀이라고 칭송했던 '동일자의 영원회귀der ewigen Wiederkehr des Gleichen'를 가장 구체적으로 보여주는 형식이다. 주사위는 계속 굴러다니고, 사람은 룰렛 앞에서 계속 놀이하며, 분데스리가의 축구팀들은 계속 또 상대팀과 경쟁할 것이다. 게임이 우리를 매료하기에 충분히 복잡하기 때문에, 우리는 이 동일자의 영원한 반복을 즐기고 있다. 게임은 우리에게 긴장과 이완의 리듬을 제시하고, 우리를 사로잡기도 하며 또 풀어주기도 한다. 게임이 임의로 자주 반복될 수 있다는 점에도 불구하고 항상 매력적이라는 사실은 따라서 다양성과 중

복의 행복한 관계―신선한 놀람과 항상 똑같은 반복의 행복한 결
합―덕분이다.

게임은 불확실성의 바다에 떠 있는 확실성의 섬이다

　나는 이제 니체의 말을 수정하고자 한다. 예술이 아니라 놀이야
말로 삶의 위대한 자극제라고. 다시 말해, 놀이는 우리의 삶을 살 가
치가 있는 것으로 만드는 두 가지 근본적인 능력을 지니고 있다. 일
상은 대개는 절망적인데, 왜냐하면 우리는 지나치게 복잡한 문제
들과 직면하고 있고, 또 일어나는 일들이 항상 다른 양상으로 전개
될 수 있기 때문이다. 철학에서는 이를 우연성Kontingenz이라고 부른
다. 우리는 게임을 하면서 일상의 복잡성을 감소시키고 동시에 이
우연성을 자극제로 변화시킨다. 어떻게 우연성이 발생했는지에 대
해서 지그문트 프로이트는《쾌락원칙을 넘어서Jenseits des Lustprinzips》에
서 다음과 같이 피력했다. 쾌락원칙에 따라 긴장을 야기하는 새로
운 자극의 유입으로 생활이 새로워지고 젊어진다. 그런데 일상생활
과는 대비되는 긴장으로 가득 찬 생활 사이의 이러한 '활력의 차이
들Vitaldifferenzen'은 '소멸'되어야만 한다. 정확히 이것을 수행하는 것이
놀이다.
　문제는 긴장 형성이라는 순전히 형식적인 과정이다. 놀이는 자극
의 총체라고 할 만하다. 예술 작품과는 반대로 놀이는 내용을 구실
삼아 형식을 도외시하는 법이 없다. 오로지 문외한만이 모노폴리를

경제 게임으로 이해할 텐데, 왜냐하면 모노폴리가 부동산 투자 게임이기 때문이다. 마찬가지로 카드놀이 슈카트는 정치 게임으로 이해할 텐데, 슈카트 게임에서 베팅을 할 때 상대의 찬반 의향을 반영하기 때문이다. 게임에서는 자극을 일으키는 것이 놀라운 것이라야 한다. 그러나 그것이 성가셔서는 안 된다. 현실적으로 흥미진진한 것이 재미없어지는 것과 접촉하는 경계에 자리하고 있다는 사실을 우리는 그럼에도 불구하고 인정해야 한다. 고통은 따라서 재미와 반대되지 않는다. 이는 게임에서 질 때 잃어 본 사람이라면 분명히 느낄 수 있다. 마찬가지로 반복 없이는 재미도 없다는 점도 맞는 말이다.

나는 주사위의 6이란 패가 필요하다. 행운의 여신은 내게 미소 지어 줄까? 모든 게임의 긴장은 결과의 불확실성과 이기는 찬스에서 기원한다. 이긴다는 사실 자체가 무엇을 따는지보다 중요하다. 그리고 바로 행운성 게임에서는 이기는 것은 결과에 대한 총체적인 무지로 말미암아 순수한 승리의 형태를 띤다. 여기서 한 가지 주목해야 할 점은, 게임의 불확실성이 현실의 불확실성을 말하는 것이 아니라는 사실이다. 다시 말해, 게임의 불확실성은 예기치 못한 것에 대한 기대다. 현실의 불확실성은 이와는 반대로 '예기치 못한 것을 기대하지 않는 것das unerwartete Unerwartete'이다. 로또에서 6이라는 숫자가 나오는 것[예기치 못한 것을 기대하는 것—옮긴이]과 현실에서 쓰나미가 일어나는 것[예기치 못한 것을 기대하지 않는 것—옮긴이]은 그 불확실성의 성격이 다르다.

2007년, 도저히 일어나지 않을 최고 비개연성의 의미에 관한 책이 출판되어 베스트셀러가 되었다. 바로 《블랙 스완The Black Swan》이다. 블랙 스완은 우리의 과학적 지식이 부서지기 쉽다는 것, 경험적 관찰이 미덥지 못하다는 것을 알려주는 유명한 학문적 은유다. 수백만의 흰 백조를 보았더라도 단 한 마리의 검은 백조의 출현이 보고되면, '모든 백조는 하얗다'라는 얼핏 매우 자명한 명제가 부정되기에 충분하다. 검은 백조의 존재는 확률이 극도로 희박하지만, 이미 현실이 되었다. 저자 나심 니콜라스 탈레브는 검은 백조의 은유를 통해 실제의 불확실성을 수학적 방법론에 의존하여 이해하고자 하는 사람들을 경고한다. 논의의 핵심은 다음과 같다. 현실적 불확실성의 본질은 불확실하다. 그 불확실성의 출처를 인식할 수 없다. 그 불확실성이 언제 어디서 '발생'할지도 모른다. 즉 우리는 우리의 무지에 대한 지식조차 없다. 뭔가 잘못될 때, 그것은 기대했던 것과는 다르게 잘못된다. 기적에 대한 신앙은 그 때문에 검은 백조에 대한 기대를 표현한 최고의 학설이다.

그러나 카지노에서는 상황이 전혀 다르다. 거기서는 승률(확률)이 알려져 있고, 리스크도 계산할 수 있다. 카지노에서 하는 게임은 말하자면 불확실성이 거세되고 온순하게 길들여진 인공적 확률에 기초한다. 그러나 실제 삶에서는 운이 놀이에서보다 훨씬 큰 역할을 한다. 그래서 탈레브의 테제는 게임 모델로써 실제 삶의 문제를 장악할 수 있다고 믿는 사람들의 견해를 반박한다. 그러나 우리가 현재 논의하는 맥락에서는 불확실성이 거세되고 온순하게 길들여진 인공적 확률에 기초한다는 게임의 정의는 완전히 다른 의미를 지닌다. 즉 게임의 매력은 사람들이 위험부담 없는, 그러나 사실은 대단히 위협적인 불확실성 및 비예측성과 마주할 수 있다는 바로 이런 사실에 그 본질이 있다. 게임은 불확실성의 바다에 떠 있는 확실성의 섬인 셈이다.

이미 17세기 중반, 위대한 종교사상가이자 수학자였던 블레즈 파스칼Blaise Pascal은 도박을 확률 이론으로 분석했다. 그는 도박의 승률과 패배 리스크를 확률적 계산으로 추정했다. 그의 유명한 저서《팡세Pensées》233항에는 도박에 대해 다음과 같이 쓰여 있다. "도박하는 사람은 모두 이긴다는 확신을 가지고 판돈을 걸지만, 이길지 여부는 불확실하다. 그럼에도 그는 이성과의 모순을 느끼지 않고 확신을 가지고 유한성을 도박에 건다. 그렇게 해서 유한성을 얻을 수 있을지는 확실하지 않더라도." 만약 승산이 있다는 희망이 판돈을 잃을지도 모른다는 리스크를 정당화한다면, 그 내기는 비이성적인 것이 아니다. 동전 던지기로 앞뒷면 맞히기 내기를 할 경우, 1유로 1센트를 벌 수 있다면, 당연히 1유로 정도를 판돈으로 건다. 수학자들은 응당 이렇게 말할 것이다. 그런데 제비뽑기를 하는데 1100개의 뽑기가 있고 이중 단 한 개만 5000유로 짜리 당첨번호가 들어 있다면, 과연 누가 5유로를 걸고 도박을 할까? 수학자들은 '아니오'라고 대답할 것이다.

가장 간단한 주사위 놀이를 예로 들어 보자. 나는 6이 필요하다! 확률은 1/6이다. 두 번 연속 6이 나올 확률은 1/36이다. 한편, 로또에서 여섯 개의 당첨 숫자가 나올 확률은 어떻게 계산될까? '1/49×1/48×1/47×1/46×1/45×1/44'이다. 계산 결과 1:15,537,537의 확률이라는 상상을 초월할 정도로 작은 승산이 예측된다. 이 정도라면 손을 떼야 하지 않을까? 확률 이론은 주사위 놀이의 불확실성을 수학적으로 정확하게 표현한다. 이 엄청나게 복잡한 경우의 수에서 추론되는 이 불확실성의 확실성을 학교에서 배워서 기억하는 사람도 있으리라. 우리는 학교에서 다음과 같은 것도 배웠다. 주사위를 던져서 6이 나오고 난 뒤 계속해서 주사위를 던진다고 하더라도 다시 6이 나올 확률은 첫 번째보다 크지도 작지도 않다는 점이다. 룰렛에서 내 당첨 숫자에 볼이 떨어진 뒤 다음 판에도 다시 똑같은 당첨 숫자에 볼이 떨어지리라고 예측할 수 있는 이성적인 근거는 없다. 판돈이란 매회 똑같은 금액이기 마련이며, 게임은 매회 독립된 삽화다. 그리고 당첨 확률도 그 앞뒤의 게임과는 관계없이 독립적이다.

블레즈 파스칼은 다만 확률론의 아버지만은 아니었다. 그는 신의 존재에 대해 내기를 하기도 했다. 이 부분이 우리가 논의하고자 하는 테마와 더 관련이 깊다. 이른바 '파스칼의 내기'는 신을 믿어야 하느냐는 문제에 대한 수학적 탐구였다. 신이 존재하는지 존재하지 않는지는 절대적으로 불확실하다. 만약에 신의 존재에 대해 내기를 건다고 해도, 굳이 신이 존재하지 않는다고 해서 내가 손해 볼 것은 그리 많지 않다. 매우 한정적인 손해만 있을 뿐이다. 그러나 신의 존재가 입증되면 문제가 달라진다. 그 반향은 끝없이 크다. 복권을 사는 사람도 동일한 처지에 있다. 그는 신 없이 신에게 내기를 걸고 있다. 진다고 해도, 잃을 것은 많지 않다. 그러나 그가 이기면 반향은 역시 끝이 없다. 2013년 9월 9일 한 베를린 시민이 16유로 25센트를 걸고 1350만 유로(한화로 약 169억 5000만 원)의 거금을 손에 쥐었다. 이처럼 잭팟만 보아도 그것을 믿지 않는 사람들에게도 역시 대박의 기회가 열려 있다는 것을 확인할 수 있다.

파스칼은 신에게 모든 것을 걸었다. 신의 존재가 절대적 불확실성에 휩싸여 있음을 알았지만 말이다. 앞서 베를린 시민도 잭팟에 모든 것을 걸었다. 사실 그 역시 대박의 확률은 거의 기대할 수 없다는 것을 알았다. 이것이 우리를 결과적으로 놀라게 만드는 것이다. 승산이 미미할수록 실패에 더 잘 대처할 수 있다. 복권에 당첨되지 않아도 우리는 전혀 개의치 않는다. 그러나 바이에른 뮌헨 축구팀이 이기는 쪽의 스포츠 복권을 샀는데 경기에서 패하면 상심하지 않을 수 없다. 가장 큰 상실감이란 애착하는 것에 판돈을 걸고 졌을 때 나타나기 쉽다. 그래서 우리는 경마 도박에서와 똑같이 스포츠 도박에서도 도박꾼이 애착을 지니면 지닐수록 과소평가하고, 애착이 없으면 반대로 과대평가하는 모습을 심심치 않게 목격한다. 다시 말해 도박꾼이 돈을 걸려고 경기를 보면 볼수록 그가 애착을 느끼는 대상에 대한 관심은 점점 떨어진다.

놀이에서는 기꺼이 속는다

도박에서 어떤 판돈이 정당화될 수 있을까? 수학자라면 판돈의 정당성은 총 당첨금과 승산에서 산출되는 배당률로 판단할 수 있다고 할 것이다. 이렇게 생각하면 사실은 잭팟에서 거금을 쥔 그 베를린 시민을 누군가가 게임을 하지 못하도록 말렸어야 했다. 그러나 확률 계산은 게임의 실상을 비껴가기 마련이다. 수학자에게는 확실히 우연성을 확률 법칙에 기대어 계산하려는 경향이 있다. 그러나 도박꾼은 모종의 게임의 법칙에 따르면서 우연성을 쫓는다. 돈을 수중에 넣기가 얼마나 어려운지 그는 이미 꿰뚫고 있다. 그러나 그는 이에 연연하지 않는다. 그는 우연한 사건을 기대하는 수학자가 아닌 것이다. 복권을 사는 사람은 당첨 확률을 계산하지 않고, 더 나은 삶에 대한 꿈을 꾸려 한다. 이 꿈을 그는 즐기는 것이다.

복권의 매력은 잭팟에 있다. 잭팟은 당첨 확률이 극히 적다는 사실이 겉으로 드러나지 않도록 은폐한다. 독일처럼 큰 나라에는 언제나 복권 당첨자가 나타난다. 그들은 신문 가판대에서도 흔히 눈에 띈다. 이처럼 매체의 광고효과는 대단해서, 정확한 당첨 확률의 수치를 자각하지 못하도록 현란한 복권 당첨자의 이야기로 도배질한다. 보험은 복권을 사는 사람과 유사한 심리 논리를 적절히 이용하는 대표적 상품이다. 보험이나 복권이나 둘 다 사람들이 대부분 극히 낮은 확률을 과대평가하도록 부추기는 것이다. 그 때문에 평지인 데다 수로가 잘 확충된 베를린에서조차 집주인들은 홍수에 대비한 보험에 가입한다. 또 독일 정부는 이 미미한 확률을 빌미로 원자력발전소 가동을 중단하기도 했다. 지진과 쓰나미가 지구의 정반대편에 있는 일본 후쿠시마에서 원자력발전소 사고를 야기했기 때문이다. 간단하게 설명해 보자. 사람들은 대부분 수학을 혐오하지만 숫자에는 잘 현혹된다. 복권 추첨에 사용되는 여섯 개의 정확한 숫자, 그리고 투명한 원통 속의 49개의 공, 이들은 숫자의 마법으로 사람들을 기만한다. 반대로 그 안에서 소외되며 사라지는 미미한 당첨 확률이야말로 바로 진정한 수학이다.

계몽가들과 국민교육자들이 도박꾼을 나무라는 것은 오류다. 그들은 도박꾼들이 복권 추첨에서 당첨될 확률이 얼마나 작은지 알지 못한다고 멸시한다. 도박을 비판하는 사람들은 한결같이 계몽주의자나 된 듯이 도박꾼들이 사기를 당하거나 또는 적어도 당첨 가능성에 관한 한 속고 있다고 주장한다. 그들은 확률 계산을 동원해 도박의 비합리성을 폭로한다. 그들은 그러니까 도박꾼의 단순무식한 처신 또는 도박 중독증을 트집 잡으려 한다. 그러나 이 계몽주의자들이 잘못 알고 있는 것이 있다. 이와 관련해 대단히 중요한 진실을 요한 하위징아는 천재적으로 분석했다. 도박꾼들은 알면서도 동시에 속고 있다는 것이다. 다시 말해, 우리는 사기당하는 사람이 되고자 한다는 것이다. 한편, 니체의 진술에 따르면 이미 고대 그리스인의 처신에서도 이것이 특징적으로 나타난다. 그들은 스스로를 속이지는 않는다. 그러나 거짓말로써 의도적으로 인생을 달관하려는 자세를 취한다. 이러한 관점은 오늘날 사회학자 니클라스 루만의 광고에 대한 고찰에서도 발견된다. 광고란 고객의 자기기만을 보조하는 조력자나 다름 없다.

광고에서의 약속과 도박의 기약들 사이에는 큰 유사성이 존재한다. 예를 들면, 축구 베팅은 '약간의 운'과 함께 단 몇 푼의 돈을 걸고 (그것도 전화 한 통으로 간단히!) 다음 날 약 5000유로에 달하는 거금을 손에 쥘 수 있다고 암시한다. 화장품 회사는 텔레비전 광고에서 자회사 크림이 주름을 사라지게 한다고 선전한다. 당연히 양쪽의 진술은 조작되어 있다. 그러나 여기서 중요한 점은 시청자는 스스로 속고 있다는 점을 인지하고 있다는 사실이다. 그들은 이 조작의 메커니즘을 훤히 들여다보고 있다. 더욱이 그들은 이를 즐기기까지 한다.

좀 더 면밀히 사태를 분석해 보자. 중요한 것은 도박에서 스스로 자기기만의 재미에 몰입하도록 도와주는 효과가 상당하다는 것이다. 이는 주름과 셀룰라이트를 제거하는 크림에 대한 광고에서도 별 차이가 없다. 당연히 여성들은 그런 크림은 있을 수 없다는 점을 알지만 서슴지 않고 구매한다. 현실감각이 떨어지는 여성 구매자만이 아니라 분별력이 있다는 학자들도 사서 쓴다. 이 대목에서 실화라고 하기에는 믿기지 않을 정도로 훌륭한 예를 들어보려 한다. 다음은 노벨물리학상 수상자 닐스 보어Niels Bohr의 일화다. 어느 날, 그의 집을 찾은 손님이 집 문에 걸려 있는 행운을 가져온다는 말의 편자를 보고 놀라 고민에 빠진다. 어떻게 이런 일이 있을 수 있을까? 심지어 노벨물리학상을 수상한 물리학자도 이런 미신을 숭배하다니! 이에 대한 닐스 보어의 답변이 새겨들을 만하다. "누군가한테 들었는데, 그걸 믿지 않는다고 해도 똑같이 행운이 찾아온다더라고!"

제 4 장

위대한 감정의 망명지

놀이라는 제3의 즐거운 세계

실러는《인간의 미적 교육에 관한 편지》의 15번째 편지에서 다음과 같이 적었다. "한마디로 말해 인간은 진정한 의미에서 인간이 될 때에만 놀 수 있다. 그리고 그는 놀이 속에서만 완전한 인간이다." 이는 놀이 속에서 인간이 완전해진다는 말이다. 그런데 이 말이 갖고 있는 명성은 지난 세기에 놀이에 대해 제기된 여러 이론의 질적 내용과 독특한 모순을 이룬다. 다시 말해, 인간의 삶에서 놀이만큼 전반적으로 퍼져 있는 현상은 없는데도 많은 사상가들이 놀이를 천덕꾸러기로 취급해 왔다는 점은 이상하게 느껴진다.

그렇기에 여기서 실러의 원래 생각을 좀 더 따라가 보자.《인간의 미적 교육에 관한 편지》의 27번째 편지에서 우리가 놀이하는 동안 과연 어떠한 상태에 있느냐는 문제에 대한 실러의 답변이 발견된다. 그는 "놀이라는 제3의 즐거운 세계"라는 표현을 썼는데, 이 세계는 물리적 세계와 도덕적 세계의 중간에 존재한다. 다시 말해 이 놀이의 세계는 자연법칙의 지배도, 도덕법칙의 지배도 받지 않는다. 놀이는 우연적인 것도, 필연적인 것도 아니다. 이 놀이라는 제3의 즐거운 세계에 대해 더 정확하게 설명해 보자. 그러기 위해 나는 고대 철학자와 근대 심리분석가의 도움을 받아 보려고 한다. 그러면서 사용하게 될 두 용어가 어쩌면 너무 추상적으로 들릴지도 모르겠다. 그러나 실은 둘 다 꽤 이해하기 쉬운 개념이다. 하나는 에피쿠로스Epicouros의 '중간 세계Intermundien'라는 개념이고, 다른 하나는 도널드 W. 위니콧Donald W. Winnicott의 '중간 대상Übergangsobjekt'이라는 개념이다.

우리가 놀게 되는 곳은 어디인가? 우리가 놀고 있는 공간, 우리의 놀이터는 과연 무엇인가? 고대 그리스의 철학자 에피쿠로스는 신들의 삶에서 최고의 쾌락과 사는 기쁨을 간파했다. 그에 따르면 신들은 중간 세계에서 살고 있는데, 이 세계는 인간의 세계와는 떨어져 있다. 그러나 현명한 이라면 신들처럼 중간 세계에서 최고의 쾌락과 사는 기쁨을 향유할 수도 있다. 이 중간 세계에서 우리는 책임을 추궁당하지도 않고, 연락받을 수 있는 상태에 있을 필요도 없다. 괜히 어렵게 들리는 '중간 세계'라는 철학 용어를 '놀이'라는 말로 바꾸어 보면 에피쿠로스의 철학에 담긴 의미를 더 쉽게 납득할 수 있다. 놀이터에서 우리의 생활 세계 둘레에는 울타리가 쳐지는데, 이로써 두 가지 장점이 생긴다. 첫째로 놀이터에서 우리의 생활 세계는 안정을 찾으며, 둘째로 세상에 대한 어떤 책임감도 느낄 필요 없는 쾌락이 제공된다. 분명 이는 낙원과도 비교되는 상태다. 낙원에서도, 놀이가 벌어지는 세계에서도 너무 복잡한 관계는 배제된다. 모든 것은 한눈에 파악 가능하고, 위협적인 것이라곤 존재하지 않으며, 내가 경험하는 것은 나의 예상을 빗나가지 않는다.

이 놀이라는 중간 세계가 작동하는 방식은 중간 대상에 대한 위니콧의 이론을 빌려 보면 아주 적절하게 분석될 수 있다. 중간 대상이란 어린 아기가 (보통 6개월에서 1년 사이에) 열심히 갖고 노는 물건들을 말하는데, 대개 그다지 중요해 보이지는 않는 것들이다. 예를 들어 아기가 거듭 던지고 주워 오기를 반복하는 공이라든지, 가는 곳마다 끌고 다니는 곰인형 또는 계속 입술을 대고 떼지 않으려는 수건 끄트머리 같은 것이 이에 해당한다. 이러한 중간 대상은 내부 세계와 외부 세계 사이의 중간 지대에 위치한다. 모든 인간은 언제나 자신의 내적 공간을 '자기 밖에 놓인' 세계와 구분하면서도 동시에 두 세계를 서로 연관시켜야 할 [이중적] 과제를 짊어진다. [내적] 영혼과 [외부] 세계 사이에 바로 이 놀이터가 존재하는데, 바로 이 곳에서 그 [이중적] 과제에서 발생하는 피로감이 해소되는 것이다.

이처럼 딱딱한 심리분석학적 용어로는 쉽사리 마음을 열지 않는 독자에 대해서는, 문학가 역시 비슷하게 생각했다는 사실을 말해 주고자 한다. 자신이 엄밀한 묘사를 한다는 점에 자긍심을 갖고 있었던 라이너 마리아 릴케Rainer Maria Rilke는《두이노의 비가Duineser Elegien》의 제4비가에서 경과적 현상은 "세계와 장난감 사이의 공간에서" 나타난다고 적은 바 있다. 놀이에서 내적 세계와 외부 세계는 서로 문제를 일으키지 않고 혼재하게 되는데, 이는 아이가 장난감은 백화점에서 산 물건이면서도 동시에 '살아 있다'고 느끼는 상황과 비슷하다. 정신분석학자 위니콧의 이와 같은 논의는 놀이에서 문화 자체의 기원을 보았던 역사학자 하위징아의 기본 테제와도 잘 부합한다. 위니콧의 논의를 빌려 이 생각에 더 덧붙이자면 다음과 같이 말할 수 있겠다. 놀이가 문화의 기원인 것처럼, 아기가 중간 대상을 갖고 노는 것이 놀이 자체의 기원이리라.

인간은 놀이 속에서만 완전한 인간이라는 실러의 문장은 어린 아이에게는 정말 말 그대로 부합한다. 사실 유아는 어린 동물과 비교해 보면 훨씬 덜 완전하고 도움 없이는 살 수 없는 존재다. 기본적으로 모든 인간이 미숙아로 태어난다고 말할 수 있는데, 그래서 인간은 긴 기간에 걸쳐 보호자로부터 특별히 많은 도움과 보살핌을 받아야만 한다. 정신분석학을 연구했던 독일 작가 보도 키르히호프Bodo Kirchhoff는 일찍이 이를 가리켜 '완전한 자족성의 상실'이라고 부른 바 있다. 유아는 자기 몸을 완전히 조정하지 못할 뿐 아니라 자기 몸이 '조각으로 나뉘어' 있다고 느낀다. 정신분석학자 자크 라캉Jacques Lacan은 유아는 거울에 비친 자기 모습 속에서 완전성과 제어 가능성이라는 멋진 환상을 본다고 말한 바 있다. 유아가 자신의 거울 속 모습에 환호하며 이를 자신과 동일시하는 것은 특별히 놀라운 일이 아니다. 왜냐하면 바로 그 거울 속 모습에서야 유아가 '완전한 인간'일 수 있기 때문이다. 그러나 라캉이 거울이 만든다고 했던 이 효과가 실제로 생기는 곳은 오로지 놀이 속이다. 또 그 환상적인 효과가 유소년기가 끝나면서 함께 사라지는 것도 아니다. 아이는 진지하게 취급받지 않는다는 조건은 일상을 진지하게 간주할 필요가 없다는 놀이 참가자의 설정으로 바뀐다. 이러한 의미에서 모든 놀이는 아이의 놀이다. 놀이는 현실로부터 온전한 채로 떨어져 나온 것으로서, 일상의 그것과는 다른 놀이만의 규칙이 적용된다.

놀이의 행복감 속에서 '자신을 망각하는' 놀이하는 아이와 함께 모든 것이 시작된다. 삶의 무게가 경감된 경험의 공간이 항구적인 환상으로서 놀이 안에 형성되는데, 이 환상으로부터 이후 현실의 삶 속에 종교 및 문화가 배양된다. 곰인형이 부적이 되고, 아이의 놀이에서 시인의 상상이 태동한다. 그러나 그 경우에도 언제나 경험이 일어나는 곳은 밖도, 안도 아닌 중간 세계다. 다시 말해 놀이터는 경험적 현실에 자리 잡고 있는 것도, 심리적 현실에 자리 잡고 있는 것도 아니다. 아이가 즐겁게 놀 때 근심 걱정이 끼어들 자리는 없다. 그 대신 과도하고 초이성적인 오만함이 놀이의 공간을 채운다. 그러므로 앞서 적었던 실러의 유명한 문장을 다음과 같이 길게 늘려 보아도 좋을 것이다. 인간은 놀이 속에서만 완전한 인간일 뿐 아니라, 인간은 진정한 의미에서 다시 아이가 될 때에만 놀 수 있다. 놀이 속에서 우리가 우리를 인식할 때 쾌감을 느끼게 되는데, 여기에 여타 욕구는 개입되지 않는다. 바로 이 점을 나는 특별히 강조하고자 한다. 놀이의 세계는 욕구의 세계가 아니라 상상력의 세계라는 사실을 말이다. 아이들이 자유롭게 움직이고자 하는 상상력이 규칙을 포함하는 놀이로 항구화되었다고 생각해 봐도 좋을 것이다. 놀이라는 자유로운 공기 속에서 넘칠 정도로 과도한 생명력이 표현된다. 흘러넘치는 삶은 불필요하고 쓸데없는 것들에 대해 노래한다. 바로 이 때문에 이러한 삶은 우리의 경제학적 이성에 대해서는 골칫거리가 된다.

위대한 감정들이 연출되는 곳

행운을 불러오는 물건이 따로 존재한다고 생각하지 않는데도 나는 [서양에서 복을 불러오는 힘이 있다고 여겨지는] 말굽을 문에 걸어 둔다. 여러 매체를 통해 얼마 전 보도된 바 있듯이, 노벨상 수상자에게도 그렇게 행운이 찾아왔다고 하지 않는가. 이처럼 감정의 세계는 [객관적] 인식과 평행하게 서로 부딪히지 않으며 존재한다. 신화가 그렇듯 놀이도 우리의 진화가 시작된 고향이 어디였는지를 말해 준다. 유전자 코드는 사실 석기시대에 생겨 현재에도 계속 작동 중인 프로그램이다. 그러나 이 코드가 현대 사회가 가져온 새로운 과제를 수행하기에 전적으로 걸맞은 것은 아니다. 바로 그 때문에 우리가 살고 있는 사회 체계는 인간의 중추신경계와 정반대의 논리에 따라 구성되었다. 바로 그 때문에 나는 우리 외부에 존재하는 자연보호 운동 다음에는 우리 내부의 자연보호 운동이 필요하다고 생각한다. 그에 어울리는 구호는 다음과 같을 것이다. 인간의 자연, 즉 인간의 본성을 보호하라! 문명화 과정에서 우리는 우리 자신을 가축으로 길들이고 말았다. 인간은 인간 자신의 가축이자 자신의 수의사가 된 것이다.

그런데 그에 대비되는 강렬한 감정이나 헌신 또는 아드레날린 분비를 동반하는 다른 감정이 존재한다. 과거에 우리는 이 에너지를 '영웅적'이라고 불렀다. 이 에너지 때문에 현대 사회에서 특히 젊은 남자 청소년들은 근본적인 어려움을 겪고 있다. 과거에는 공격성이 생존에 불가결한 것이었기에 특별하게 길러졌지만, 오늘날에는 이것을 분출할 기회를 찾는 것도 어려운 일이 되었다. 고전적으로 치러지는 전쟁에서 남성들의 이러한 세계는 그런대로 유지된다. 그러나 평화적 시기에 남성들은 이 영웅적 에너지를 분출할 출구를 찾는다. 바로 이 문제에 대해 심리학자이자 철학자였던 윌리엄 제임스William James는 제1차 세계대전이 일어나기 이전에 벌써 아주 탁월하게 논의한 바 있다. 제임스는 전쟁과는 다른, 도덕적으로 용납할 수 있는 [이 강렬한 에너지의 분출을 위한] 또 다른 선택지가 있는지를 찾고자 했다. 그 결과 제임스가 제안했던 자발적인 금욕적 청빈함이나 본성과의 끊임없는 싸움과 같은 해결책이 현재 시점에 뒤떨어진 느낌이 드는 것은 사실이다. 그러나 그가 던진 질문 자체는 지금 그 어느 때보다 더 현재적이라는 느낌이 든다. 평화로운 세계에서 남성성을 어떻게 유지하고 표현할 수 있는가? 이 질문에 답을 하지 않고 벌써 100여 년이 흘러 버렸다.

문명화 과정은 위대한 감정들을 억압한다. 바로 이 때문에 놀이의 중요성은 점점 커진다. 놀이는 사회에서 지나친 열정이 보호를 받는 망명지로서 기능한다. 특히 우리의 현대 복지사회에서 유희적 흥분에 대한 필요성이 커지고 있는데, 그것을 통해서야 반복적 일상을 견디는 것이 가능하기 때문이다. 이로써 드디어 이 책의 핵심 명제에 도달했다. 바로 놀이는 고향을 잃어버린 위대한 감정들의 매체라는 생각이다. 이 지점에서 다시 놀이터와 일상의 분명한 구분이 중요하다는 것이 드러난다. 바로 이러한 맥락에서 요한 하위징아가 경기장과 신전 및 마법진魔法陣이라는 공간에 대해 논의한 것이다. 그러나 이를 더욱 분명한 표현으로 정리해 보자. 놀이는 [세상과 분리된] 컨테이너container에서 일어난다. 아니면 트렌드 연구자 페이스 팝콘Faith Popcorn의 개념을 응용하여 다음과 같이 말할 수도 있다. 논다는 것은 누에가 고치를 짓는 일Cocooning이라고.

이 '누에고치 짓기' 또는 '코쿠닝'이라는 말은 원래 집 안에서의 삶에 더 가치를 두거나 사적 공간으로 물러나고자 하는 풍조를 지칭하는 용어로 사용된다. 그러나 나는 이보다는 단어 자체에 들어 있는 의미에 초점을 맞추어 이해하고자 한다. 우리는 컨테이너 안에 또는 놀이라는 누에고치 안에 있을 때 외부 세계에 대해 최고의 보호를 받는다. 나는 놀이의 영역이라는 인공적 낙원을 이미 에피쿠로스 철학에서 일상과 분리되는 중간 세계와 비교했다. 특히 청소년들이 이 놀이라는 중간 세계의 문을 쉽게 찾아내곤 한다. 심리학자 에릭 H. 에릭슨Erik H. Erikson이 지적했듯이, 청소년들은 아직 인생의 심각함을 마주할 필요가 없다는 점에서 이른바 사회심리학적 '지급유예' 상태에 있다. 이들은 성장하는 동안에는 거의 책임을 질 필요가 없기 때문에 이것저것을 시험 삼아 해보면서 살아도 괜찮다. 사실 여기에 하위문화의 매력이 있기도 하다.

누에고치나 컨테이너 안에서 그렇듯, 놀이터에 있는 이에게도 책임을 물을 수가 없기에 그는 세계에 대한 어떤 책임감도 내려놓고 놀이를 즐긴다. 오늘날 위대한 감정들은 이와 같은 조건이 존재할 경우에만 배양될 수 있다. 왜냐하면 우리의 [놀이터 바깥] 세계에 열정적인 감정이나 몰두가 더는 어울리지 않기 때문이다. 그러나 우리는 놀이라는 누에고치 안에서는 여전히 놀라움과 흥분을 경험한다. 그런데 이러한 감정을 즐길 수 있는 것은 우리가 언제라도 이 컨테이너 밖으로 나갈 수 있기 때문이기도 하다. 기본적으로 낭만주의자들은 이를 이미 잘 이해하고 있었다. 여기에서 나는 낭만파 시인 빌헬름 하인리히 바켄로더Wilhelm Heinrich Wackenroder의 "현실의 삶에서는 잃어버린, 주위를 떠도는 감정들을 시詩 안에 담는다"라는 아름다운 구절을 떠올린다. 바로 이것이 우리가 토요일마다 스포츠 경기장에서 느끼고 있고, 또 휘황찬란한 카지노 기계 화면을 마주 보며 수시로 체험하고 있는 느낌인 것이다.

오늘날 이러한 위대한 감정들을 느끼고자 한다면 카지노나 영화관, 오페라 하우스나 스포츠 경기장으로 가야 한다. 어찌 되었건 간에 이 감정들을 현대 사회의 일상적 현실 속에서 느낀다는 것은 불가능하다. 일상 현실에서 이러한 감정을 노출하는 사람은 눈에 거슬려 보인다. 열정적으로 감정을 표현하는 사람은 사회 체계 안에서 마땅한 자리를 찾지 못한다. 바로 이 때문에 우리에게는 위대한 감정들이 연출되고 또 경험될 수 있는 대체적 놀이 공간이 필요한 것이다. 이는 물론 그 공간이 컨테이너 안처럼 차단되어 있을 것을 전제로 한다. 스포츠 경기장, 오페라 하우스와 영화관 모두가 바로 이러한 의미에서 흥분을 누에고치 속에 가두고 있는 것이다. 막이 내리고, 경기 종료 휘슬이 울리고, 놀이가 끝남과 동시에 위대한 감정들도 사라진다. 이제 나는 울기를, 또는 욕설하기를 그쳐야 한다. 그리고 정상적 삶이 더 미지근한 온도 속에서 재개된다.

삶이 편안해질수록 쾌락은 감소한다

우리가 살고 있는 이 세계가 인류 역사상 가장 좋은 세계라고 하는데도 우리는 행복하지 못하다. 그뿐 아니라 우리는 심지어 그와는 정반대로 [프로이트가 동명의 저서에서 말했던] '문화에서의 불안'이 점차 증가하는 듯한 인상을 받는다. 서양 복지사회의 핵심 딜레마는 바로 이 높은 생활수준 때문에 좌절감이 발생한다는 사실에 있다. 이 생각이야말로 한 번쯤 읽어 보아야 할 티보르 스키토프스키Tibor Scitovsky의 《기쁨 없는 경제The Joyless Economy》에서 핵심적인 내용이다. 우리는 안락함을 얻는 대신 쾌락을 잃어버렸다. 경제학자 베르너 좀바르트Werner Sombart는 약 100년 전에 이미 이를 '안락주의Komfortismus' 증후군이라고 지칭한 바 있다. 현대적 삶에서 모든 것은 안락을 주기 위한 목적에 바쳐지는데, 그것을 위해 우리는 쾌락을 희생한다. 우리는 '검증된 안전함'을 선택하면서 니체가 말했던 '위험한 삶'과는 정반대의 결정을 내린다. 그러나 편리함은 지루함을 동반하기에 우리에게는 오락이 필요해진다. 놀이는 단지 문화를 발생시킬 뿐만 아니라, 우리의 [겔렌의 용어인] 후기문화Spätkultur가 가져온 지루함이라는 문제에 대한 해결책이기도 하다. 우리가 지금 '오락거리Entertainment'라고 부르는 모든 것은 놀이에서 탄생했다.

오락과 지루함이 동전의 양면과 같다는 점은 적어도 파스칼 이후의 철학자들에게는 잘 알려진 사실이었다. 그러나 사람들이 자기 시간을 어떻게 써야 할지 모르고 있다는 중요한 사실을 경제학에서 다루게 된 것은 케인스John Maynard Keynes 때부터였다. 걱정 근심이 없어지면 사람들은 지루함에 시달린다. '좋은 오락거리'라면 이처럼 절망적일 정도의 지루함을 해소하는 데 도움을 주어야 한다. 지겨워 죽을 것 같은 지루함에서 벗어나기 위해 우리는 죽을 때까지 재미를 찾아다닌다. 이 점은 전적으로 수동적인 매체로 여겨지곤 하는 텔레비전에 대해서도 역시 들어맞는다. 텔레비전을 통해 우리는 지겨운 노동의 바로 뒤에 지루한 여가 시간이 엄습할 수 있다는 문제를 해결한다. 힘든 일과를 마치고 마침내 집에 돌아왔을 때, 또는 적어도 출장 중 숙소로 돌아왔을 때 우리는 정보를 적극적으로 분석하거나 상호작용적 경험을 추구하기보다는 오락과 정신 분산 그리고 초월적 황홀경을 원한다. 기기의 버튼을 누르면서 우리는 우리 머리의 버튼은 끄고 싶어 한다.

단지 뇌신경학적으로 따져 보기만 해도 지루함은 뇌의 적이다. 그래서 인간은 놀이와 스포츠, 마약과 음악을 찾는다. 복지사회의 삶은 지루함에서 도피하는 형태로 작동한다고 묘사할 수 있다. 지루해하는 이는 원하는 바가 없기에 불행하다. 이를 '긍정형' 문장으로 바꾸어 표현하자면, 지루함은 욕망하고자 하는 소망이다. 지루해하는 사람에게는 불안정성이 결여되어 있다. 이것이 우리가 현대적 삶의 안전과 편리함을 위해 지불한 대가다. 바로 이 지점에서 놀이가 중요한 역할을 하기 시작한다. 안락함에 대한 욕구를 따라가다 도달한 막다른 길모퉁이에서 빠져나오기 위해서는 오직 새로운 것을 통한 자극이 필요하기 때문이다.

베르너 좀바르트가 말했던 안락주의란 다람쥐 쳇바퀴와 같아서 여기에서 빠져나오기는 어려워 보인다. 지루함-흥분되고자 하는 욕구-스트레스-안락함-지루함으로 이어지는 쳇바퀴 말이다. 하지만 이 돌고 도는 쳇바퀴를 한번 자세하게 들여다보자. 지루해하는 이는 그를 자극할 수 있는 새로운 것을 필요로 한다. 새로운 것은 그를 흥분시키고, 놀라운 것은 그를 자극한다. 그러나 과도한 자극은 스트레스를 유발한다. 그러면 안락함은 더욱 매력적으로 다가온다. 그래서 우리는 복지사회에서 일단은, 또 대부분은 안락함 속에서 살게 된다. 그러나 다시 안락함에서 지루함이 생겨나고, 우리는 새로운 것이 주는 쾌감을 동반한 자극을 통해 여기에서 벗어나게 된다.

쾌감과 안락함은 흥분에 빠진 중추신경계가 다시 균형을 잡기 위해 선택할 수 있는 두 가지 상이한 전략이다. 안락함은 흥분된 상태를 누그러뜨린다. 그렇지만 동시에 이는 안락과 편리를 추구하는 데 진척이 있을수록 쾌감을 느끼는 일이 점점 더 어려워진다는 것을 뜻하기도 한다. 그런데 안락함의 획득을 우리가 즉각적으로 감지할 수 있는 데 반해, 쾌감의 상실은 그에 견주어 서서히 침식되듯 일어나 알아채기 어렵다. 다시 말해, 이 높은 생활수준으로 생기는 역설적인 좌절감은 새로운 편안함을 경험할 때마다 더욱 강화된다. 편안함은 그 흥분을 단지 제거하고 말 뿐이기 때문이다. 이와는 달리 놀이와 스포츠는 그 흥분에 저항할 수 있는 또 다른 흥분을 제공한다. 달리 말해, 놀이가 추구하는 것은 지루함과 스트레스 가운데 놓인 이상적 지점을 찾는 것이다. 심리학자 미하이 칙센트미하이Mihály Csíkszentmihályi의 마법 주문과도 같은 용어인 '몰입flow'을 원용해서 말하자면, 놀이 중의 몰입은 두려움과 지루함 사이를, 또 너무 어려운 과제와 너무 쉬운 과제의 중간을 잘 찾아 흐르는 유체역학적 형태를 보인다. 칙센트미하이는 내가 이 책에서 말하고자 하는 놀이라는 [니체 철학의 의미에서] 즐거운 학문에 대한 논의에 중요한 기여를 했다. 그는 놀이와 노동을 나누던 종래의 구분을 몰입을 경험하는지, 아니면 두려움과 지루함을 경험하는지 사이의 구분으로 대체했다. 너무 어려운 과제가 두려움을 낳는다면, 너무 쉬운 과제는 지루함을 자아낸다. 몰입은 바로 이 지루함과 근심 걱정 사이에 난 통로를 따라 흐른다.

지루함에서 벗어나기 위해 우리에게는 오락에서 그에 상응할 수 있는 자극이 필요하다. 이것이 어떻게 작동하는지를 가장 잘 볼 수 있는 것은 '위험하지 않은 위험'이라는 역설적 사례에서다. 내가 지금 논의하는 것은 특히 놀이가 흥분을 그 안에 가두는 컨테이너로서 고안된 경우다. 흥분이 발생하는 것은 놀이가 벌어지는 시간과 공간의 범위 안으로 국한된다. 위대한 감정들은 더 이상 지금 세상에 어울리지 않기 때문이다. 놀이가 매혹적인 것은 우리가 현대에 강렬한 감정의 진공상태에 처해 있기 때문이다. 내가 위대한 감정들을 여전히 느낄 수 있는 것은 이제 내가 "외견상으로는 위험해 보이는" 상황에 처할 때에만 가능해졌다. 다리에서 뛰어내리려고 하지만 사실상 발에는 (번지 점프용) 안전 고무밴드가 연결되어 있는 상황이 그런 경우에 해당한다. 한편으로는 아주 위험해 보이지만, 다른 한편으로 상황은 완전한 통제 아래 있다. 롤러코스터를 타는 사람도 이와 같이 연출된 위험 상황을 즐기는 것이다.

오늘날 재미있으면서 쾌감을 주는 일은 다른 결과를 수반하지 않고 그 자체로 끝나야 한다. 비록 그 때문에 우리가 놀라거나 흥분할 수 있다고 해도 이는 말했듯이 놀이의 시간과 공간적 한계 안에서만 일어나야 하며, 또 우리는 언제라도 그 놀이 밖으로 나가거나 놀이를 끝낼 수 있어야 한다. 이러한 조건이 전제될 때 불확실성이라는 위험은 놀라움의 가능성으로 바뀐다. 불확실하고 확정되지 않은 것은 삶에 대한 위협이 아니라 자극제로 다가오게 된다. 존재는 이제 자극된 것으로서 존재한다. 마약이나 놀이 없이도 살 수 있는 유일한 이는 스스로 자극할 수 있는 사람이다. 다른 모든 이들은 놀이를 제공받아야 한다. 그리고 여기에서 통제된 우연의 마법이 펼쳐진다. 고대인들에게 행운의 여신Fortuna이 있었다면 현대인들에게는 긴장, 즉 스스로 만들어 낸 불확실성이 있다. 긴장은 범상한 것이 주는 익숙함, 그리고 복잡한 것이 주는 낯섦 가운데 놓인 중간 지대에 통제하의 [연출된] 통제력 상실로서 존재한다. 노름에서는 이 점이 특히 부각된다. 이러한 유형의 놀이가 지닌 매력은 무엇보다도 [노름 중의 내 선택이] 리스크를 줄이고 당첨 확률을 올릴 확실성이 존재한다는 거짓된 믿음에서 흥분이 발생한다는 점에 있다. 불확실성이 우리를 흥분시키는 정도는 예상 불가능한 것이 실제로 예상 가능한 정도에 상응한다. 통제된 불확실성이 쾌감을 주는 것이다. 놀이의 세계에는 검정색 백조, 즉 예상 밖의 예상 불가능한 것은 실제로도 존재할 수가 없다. [저자에 따르면 놀이의 세계에서는 통제 가능하고 예상 가능하며 확정된 것이 마치 통제 불가능하고 예상 불가능하며 불확정적인 것인 양 연출되어 나타날 뿐, '검은색 백조'와 같이 예상을 깨는 사건이 실제로 발생하지는 않는다. 앞서 《블랙 스완The Black Swan》에 대한 108쪽의 논의 참고―옮긴이]

우연적인 것이 그러하듯, 위험한 것도 그것이 통제되고 있는 한에서는 쾌감을 준다. '위험하지 않은 위험'의 문화 안에서 놀이는 자극받고자 하는 욕망을 충족해 준다. 대부분 이 내기에 약간을 걸기만 해도 금세 원하는 효과를 얻을 수 있다. 우리는 두려움에서 오는 쾌감을 통해 지루함을 쫓아낸다. 이 대목에서 복지사회의 가장 큰 문제를 사람들이 자기 시간을 어떻게 써야 할지 모르는 상황이라고 지적했던 케인스의 진단을 다시 떠올려 보자. 그런데 이 말을 다음과 같이 좀 더 정교하게 만들어 볼 수 있다. 문명화된 세계에서 두려움을 기꺼이 체험하려는 성향이 설 자리를 잃어버리는 것과 동반하여, '안락주의'에 따른 편리함 때문에 쾌락이 질식하고 지루함이 팽배하게 된다. 고대인류학자 루돌프 빌츠는 이를 '혼란 결핍에 의한 피해Turbulenzmangel-Schäden'라는 멋진 용어로 파악한 바 있다. 이렇게 볼 때 왜 불확실성의 미학, 즉 위험에 따른 쾌락을 추구하는 경향이 지금 더 각광을 받고 있는지를 더 잘 이해할 수 있을 것이다.

이와 똑같은 말을 더 간단하게 풀어낼 수도 있다. 삶이 편안해질수록 쾌락은 감소한다고 말이다. 복지사회를 위해 쾌락이 희생된다. 따라서 그 역할이 소비자로 축소되어 버린 시민에게는 위험함이라는 보상적 쾌락이 필요해진다. 달리 말하면, 너무 편안하게 사는 사람은 스스로 위험 속에 빠지고 싶어 한다. 담뱃갑에 "흡연 행위는 당신의 생명을 위협합니다"라는 경고문을 적어 놓은 뒤로는 단지 담배를 피우는 것만으로도 우리는 손쉽게 이러한 쾌감을 주는 자기위해 행위를 할 수 있게 되었다. 물론 흡연보다는 숙련자 단계에 해당한다고 할 번지 점프가 더 대단해 보이기는 한다. 아니면 더 현대적인 사례로서, 독일 미술사가 후베르트 부르다Hubert Burda가 가정주부의 번지점프라고 부른 주식의 당일 초단타매매를 예로 들 수도 있다.

어쩌면 아우토반에서 차를 질주하는 모습도 이러한 자기위해 시도에 따른 쾌감으로나 설명할 수 있을지 모른다. 속도가 붙으면 일상적인 것들도 자극적으로 변한다. 그에 더해, 차를 몰고 질주할 때 마약과도 같은 효과가 발생한다는 점을 지적할 만하다. [20세기 초 이탈리아의 예술운동인] 미래파에서 포뮬러 원F1 자동차 경주대회까지, 또 [미래파 주창자였던] 필리포 톰마소 마리네티Filippo Tommaso Marinetti에서 [자동차 경주 선수인] 제바스티안 페텔Sebastian Vettel까지 모두가 고속 주행을 숭배하는 이 종교의 사제들이다. 이는 그리 놀랄 만한 일이 아니다. 서양에서 끊임없이 여성화가 진행되고 있는 가운데 자동차는 얼마 남지 않은 남성성의 마지막 망명지가 되었기 때문이다. 아우토반에서 시속 220킬로미터로 액셀을 밟으며 우리는 묻혀 있던 고대의 지층을 다시 발굴한다. 제러미 벤담은 이를 200년 전에 '심층 놀이'라고 불렀는데, 이에 대해서는 곧 살펴볼 것이다.

두려워하지 않고도 위험하게 살기

세계가 더 이상 위협적이지 않게 된 이후 우리에게는 긴장을 일으킬 만한 체험이 너무나 부족하다. 모험이 주는 자극이 결여된 상태다. 루돌프 빌츠는 이를 두고 학문과 계몽에 의해 "세계가 지루해지는 현상"이라고 표현했다. 보험이 지배하는 현대 세계에서 바로 이 때문에 불안전함은 매력적으로 다가온다. 오늘 우리가 혹시라도 지도자를 필요로 한다면 그는 우리를 위험으로부터 빠져나오게 이끄는 자가 아니라 우리를 "마치 위험한 듯 보이는" 곳으로 인도할 수 있는 자라고 말해도 좋을 것이다. 이 지도자는 우리를 놀이로 유혹한다. 좋은 오락이 되려면 스트레스가 되는 너무 많은 자극과 지루할 뿐인 너무 적은 자극 중간의 이상적 지점을 찾아내야 한다. 바로 이런 상태는 위험하지 않은 위험을 즐기는 놀이, 약간의 리스크를 감행하는 놀이를 통해 충족된다. 보험이 들어 있지 않은 곳이라고는 없는 이 세계에서 우리는 우리를 흥분시킬 수 있는 위험, 그리고 그에 따르는 쾌락을 추구한다. 그러나 앞서 말했듯이 그 위험이 정말 위험한 것이어서는 안 되며, 그것은 마치 위험할 것 같은 정도로 그쳐야 한다. 우리가 정말 추구하는 것은 안전한 위험이라는 역설이자 쾌락을 동반하는 두려움인데, 놀이는 결코 실제로 위험해지지는 않기 때문이다. 그러하기만 하다면 충격조차 소비의 대상이 될 수 있다. 진지하게 받아들일 필요가 없는 위험성으로 이해되는 충격은 감성적으로 그렇게 갈구하던 새로운 것으로 등장한다.

우리는 놀이에서의 불확실성과 삶의 위험을 서로 구분해야 한다. 우리는 놀이 중에 결코 진정한 위험에 부딪히지 않으며 단지 불확실성을 경험할 뿐이다. 내가 놀이할 때 나는 결코 수동적으로 당하는 사람이 아니라 결정하는 사람이다. 나는 위험을 감수한다. 그러므로 나는 존재한다. 이것이 '위험하게 살기'라는 니체가 요구했던 놀이의 형식이다. 다시 말해, 놀이란 겁낼 필요가 없는 위험해 보이는 삶이다.

공리주의의 시조라 할 제러미 벤담이 고안한 '심층 놀이'라는 개념을 그 이후에 유행시킨 것은 문화인류학자 클리퍼드 기어츠다. 어떤 놀이가 몰입의 깊이를 가지려면 놀이 속에서 예측이 불가능할 뿐 아니라 놀이가 가능한 한에서 매우 조직적으로 체계화되어 있어야 한다. 공리주의자 벤담은 이 심층 놀이를 당연하게도 전적으로 비판적인 개념으로 썼다. 경제적 인간의 이성에서 지나친 열정에 빠지는 것처럼 손해 보는 일은 없다. 심층 놀이에서는 가장 깊은 수준의 감정이 분출된다. 달리 표현하면, 너무 많은 것들이 놀이의 대가로서 좌지우지될 수 있기 때문에 놀이를 시작하는 것 자체가 비합리적인 종류의 놀이를 심층 놀이라고 부른다. 놀이가 끝난 뒤에 쾌락과 불쾌함 간의 대차대조표를 만들어 보았을 때 불쾌함의 정도가 확연하게 많은 경우가 그에 해당한다.

클리퍼드 기어츠가 심층 놀이를 설명하기 위해 발리 섬의 닭싸움을 예로 들었던 것이 유명하기는 하지만, 그 설명으로도 납득되지 않는 이를 위해 다음과 같이 풀어 보도록 하겠다. 놀이로 빠져들 때의 목표가 놀이의 상償이라는 이득Gewinn이 아니라 상징적인 신분일 경우 그 놀이는 심층 놀이다. 놀이의 결과에 [사회적] 위엄과 평판이 달리게 되는 것이다. [놀이나 노름의 상償이라는] 이득Gewinn이 아니라 승리gewinnen를 통해 주어지는 명예가 중요한 것인데, 이는 승리의 체험을 통해 의미 있는 삶으로 나아가는 통로가 열리기 때문이다. 심층 놀이에서 몰입의 깊이는 사실 삶의 의미와 다르지 않다. 내가 노름에서 돈을 잃는다고 해도 어쨌든 나는 의미를 획득할 수 있는 것이다. 심층 놀이는 니체가 말했던 의미에서 깊이에서 나오는 피상성에 해당한다. 그것은 세계의 복잡성을 극도로 단순하게 환원했을 때 나오는 강렬함의 깊이다.

따라서 우리는 놀이의 가치와 놀이에서 이기는 것의 가치, 그리고 놀이에서 이기는 것의 가치와 놀이에서 상을 획득하는 것의 가치를 각각 서로 구별해야 한다. 노름에서 돈을 거는 것이 종종 중요한 것은 바로 이 때문이다. 노름과 돈은 양자가 모두 실질적 평등과 자유를 만든다는 점에서 서로 잘 부합한다. 다른 이가 나보다 돈이 더 많다거나 하는 것은 사실 중요하지 않다. 비행기 자리를 예약하거나 오디오 시스템을 구입할 수 있을 정도로, 또는 고급 주택을 얻을 수 있는 정도로만 내게 돈이 있다면 충분하다. 만일 비행기에 빈 좌석이 없다면 다른 이가 돈이 더 많다고 해도 별 의미가 없다는 의미에서 말이다. 부유하다고 해도 새 집을 찾는 데 몇 달이 걸리기도 한다. 라인 강변에서 빚어지는 알트비어 주종 맥주는 장관이든 실업자든 똑같은 돈을 내고 마셔야 한다. 미국의 중요한 사회학자 탤컷 파슨스Talcott Parsons는 이와 관련해 [인간이 아니라] 모든 돈은 자유롭고 평등하다는 멋지고도 반어적인 표현을 쓴 적이 있다. 돈 때문에 실제의 자유가 좌우되기 때문이다. 다시 말해, 돈은 그 출처와 상관없이 기능을 수행할 뿐 아니라 돈을 지녔으면 그 누구라도 자신의 출신 배경으로부터 벗어날 수 있다. 돈은 마치 놀이가 그렇듯 먼저 있었던 일은 별로 기억하려 하지 않는다.

놀이에서 돈을 잃는 것은 어느 정도는 고통을 대체할 수 있다. 놀이를 진지하게 대하게끔 만들기 위해서 돈을 개입시킨다. 슈카트 카드 게임에서 얼마 되지 않더라도 돈을 거는 것 자체가 매우 중요한 것도 이러한 의미에서다. 놀이에 무엇인가를 걸 수 있을 때에만 나는 괜찮은 놀이 참가자로 인정을 받을 수 있기 때문이다. 그리고 사실 무엇인가가 중요하다는 사실을 돈보다 더 일반적이고도 쉽게 표현할 수 있는 것은 별로 없다. 약간의 돈을 걸고 한 번이라도 슈카트 카드 게임을 해본 사람이라면 판돈이 얼마나 중요한지 잘 이해할 수 있을 것이다. 심지어 모노폴리 보드게임의 가짜 돈도 그러한 역할을 충실히 수행해 낸다.

주사위 던지기나 동전 던지기처럼 순수하게 우연성이 작용하는 놀이에서 모든 놀이 참가자는 놀이가 시작할 때 동등한 위치에 놓이기는 하지만, 이것만으로 놀이의 매혹이 발휘되지는 않는다. 무언가를 걸 때 놀이의 마력이 생성된다. 무엇을 걸 때 중요한 법칙은 그것이 돈이 되었든 위험성이 되었든 이를 "너무 넘치지도 너무 모자라지도 않게" 베팅하는 것이다. 이 점은 스포츠뿐 아니라 위험성이 작용하는 놀이에도 적용된다. 스키를 탈 때 나는 위험성에 대해 베팅을 하는 것이다. 검은색 활강로로 가야 할까, 아니면 붉은색 활강로로 가야 할까 하고 물으면서 말이다. 이렇게 무엇을 거는 행위는 놀이하는 사람이 놀이를 진지하게 간주한다는 점을 확인해 주지만, 또한 이를 너무 진지하게 받아들이지는 않는다는 점도 확인해 준다. 너무 높게 베팅을 해서는 안 될 뿐만 아니라 너무 낮게 해서도 안 되는 이유가 바로 그것이다. 전 재산을, 또는 목숨을 걸고 놀이에 참가하는 이는 사실 놀이를 하고 있는 것이 아니다.

놀이는 진지함의 반대말이 아니다

내가 놀이를 진지하게 받아들여야 하는 이유는 중요한 것이 놀이에 달려 있기 때문이다. 무엇을 내기에 거는 행위를 통해 이 점이 재확인된다. 놀이에 돈을 거는 이가 돈을 사용하는 방식은 따라서 소비자가 상품을 구매하거나 기업가가 미래를 위해 투자하는 것과는 다르다. 판돈을 거는 행위를 통해 놀이에 진지하게 임하고 있음이 분명해진다. 이와 같이 심각하게 놀이에 임하는 모습에서 놀이가 외견상 놀이와는 반대인 것처럼 여겨지는 진지함을 포함하고 있음을 알 수 있다. 토마스 만은 "놀이 목적의 진지함"이라는 표현을 쓴 적이 있다. 프로이트의 작가와 상상에 대한 논문에서는 다음과 같은 문장이 나온다. "놀이의 반대말은 진지함이 아니라 현실이다." 놀이를 망치려는 이가 아닌 한, 놀이하는 사람은 놀이에 진지하게 임한다. 그러나 이때 그는 현실과는 다른, 모든 것이 제대로 돌아가는 자기만의 세계에 놓이게 된다. 이렇게 보면 놀이와 상상 사이에는 상당한 유사점이 존재한다고 하겠다.

아이들은 종종 어른들이 자신들을 진지하게 대하지 않는다고 느끼기에, 어른들의 일상적 현실을 진지하게 여기지 않는 방식으로 복수하곤 한다. 바로 그 때문에 아이들은 놀이를 더 진지하게 여긴다. 가톨릭 신학자인 후고 라너Hugo Rahner는 이와 관련해서 다음과 같이 훌륭하게 표현했다. "깊이 있는 진지함이 결여된 놀이는 없다. 아이들이 놀 때도 이는 마찬가지인데, 그들은 마치 마법에 홀린 듯 절대적인 의무감을 지닌 채 또 질지도 모른다는 그림자를 느끼면서 놀이에 참가한다." 놀이는 삶의 진지함을 놀이 대상으로 만들면서도 그 진지함을 가벼운 것으로 치부한다. 놀이에 대한 문화인류학자들의 더 자세한 분석을 살펴보면, 대부분의 경우 현실 속의 무섭고도 위험한 대상들이 놀이 속에서는 마치 그렇지 않은 것처럼 그려진다는 점이 발견된다. 공포에서 놀이가, 트라우마에서 자극제가 탄생한다.

철학자 게오르크 지멜Georg Simmel이 보기에 놀이에서 가장 결정적인 것은 놀이가 "자기 축을 중심으로 돈다"는 점이다. 이 자기 축 회전을 통해 일상의 실재하는 힘과 이해관계가 자기에 대해서만 가치를 지니며 자기목적적인 형식으로 변환된다. 그런데 이것이 또한 의미하는 바는 단지 개인적이기만 한 것은 놀이에서 배제된다는 사실이다. 이 때문에 (놀이) 상대방에 대해서는 증오심도 동정도 존재할 수 없다. 내가 공격적으로 된다는 것은 단지 테니스 경기라는 형식속에서나 그렇다. 가진 카드를 모두 써버리겠노라 호언장담하는 것은 포커 카드 게임을 할 때나 가능할 것이다. 자기에 대해서만 가치를 지니는 형식들이란 바로 이러한 것이다. 그러한 형식들은 삶의 진지함이 주는 무게를 짊어지지 않는다. 그렇기에 이 형식들 속에서 놀이가 가능한 것이다. 이 점은 힘겨루기 놀이나 스포츠 경쟁뿐 아니라 순수한 노름에도 적용된다. 지멜은 그와 관련해 적절하게 표현한 바 있는데, 노름에서는 "우리가 어찌할 수 없는 힘들의 우연성과 호의에 모든 것이 달려 있다는 사실 때문에" 명랑하면서도 짊어진 짐이라고는 없는 듯 경쾌한 놀이 형식이 태동한다.

제러미 벤담이 말했던 심층 놀이를 들여다보면 또 하나의 단서가 발견된다. 우리가 완전히 놀이에 빠져들 때 과연 무슨 일이 일어나며, 또 그것은 과연 어떤 식으로 벌어지는 것일까? 놀이 속에서 자기를 망각하는 경우 말이다. 놀이는 처음에는 흥분을 고조하는 데 여기에서 쾌감이 동반된다. 이 쾌감 때문에 놀이 중의 자극적 행위가 강화되는데, 이는 다시 흥분의 고조로 이어진다. 이런 식으로 놀이가 끝날 때까지 흥분이 배가된다. 긴장의 해소도 쾌감을 불러일으킬 수 있다. 다른 어떤 일도 중요하지 않게 느껴질 정도로 놀이에 깊이 몰입하게 될 때 우리는 최적의 경험을 하게 되는데, 심리학자 미하이 칙센트미하이가 몰입이라고 불렀던 것이 바로 이것이다. 정신과 전문의 후베르투스 텔렌바흐Hubertus Tellenbach의 탁월한 표현을 빌리면, 황홀경 상태에서 노는 사람은 "아주 섬세한 느낌으로만 감지되는 무엇인가가 넘쳐나는" 듯한 신비로운 경험을 하게 된다. 바로 지금, 그리고 이곳에서 일어나는 일만이 내게 중요한 것이 된다.

놀이의 즐거움은 어떻게 생겨나는가?

놀이에서 삶의 즐거움을 얻기 위해 구체적으로 어떤 조건이 필요한지 따져 보는 것은 그리 어려운 일이 아니다. 놀이가 재미있으려면 우선 분명한 목표가 정해져 있어야 한다. 룰렛 게임에서는 내가 정한 행운의 숫자가 당첨되는 것이, 체스에서는 상대방을 이기는 것이, 모노폴리 보드게임에서는 상대편을 파산시키는 것이, 또 슈카트 카드놀이에서는 60점을 제일 먼저 따는 것이, 그리고 '짜증 내지 마'라는 게임에서는 내가 제일 먼저 네 개의 놀이패를 모으는 것이 구체적인 목표로 정해져 있다. 이는 모두 간단한 목표다. 그렇기에 놀이 참가자는 복잡하게 생각하지 않고도 자연스럽게 또는 자동적으로 놀 수 있다. 그는 놀고 있는 순간순간마다 정확하게 무엇을 해야 할지 알고 있다.

명확한 목표 제시 외에도 놀이 참여자에게 영향을 주는 요소가 있다. 예를 들어 실시간으로 피드백이 주어지는 것이 중요하다. 아주 오래 걸릴 뿐 아니라 종종 좌절감을 안겨 주기도 하는 학습 또는 생산 활동과는 달리, 놀이 속에서는 자신의 행동에 대해 즉각적인 피드백을 경험할 수 있다. 놀이 속에서 하는 모든 결정은 놀이 속의 상황을 변화시키거나 어떠한 결과를 가져온다. 나의 놀이 속 결정에 대해 다른 놀이 참가자들이 즉각 '그에 대해 적절한' 반응을 보이기 때문이다. 추첨 표를 하나 뽑으면 내가 당첨되었는지 '꽝'을 뽑았는지가 바로 나온다. 스포츠 경기 중의 나의 패스는 모든 경기 참가자들에게서 놀이의 상황을 변화시킨다. 심지어 내가 잘못 패스를 한 경우에 나는 그것 말고도 추가적이고 즉각적인 피드백을, 즉 같은 팀 선수들의 성난 고함소리를 듣게 될 것이다.

칙센트미하이가 보기에 도전적 성격은 이어지는 몰입에 주요한 전제 조건이다. 경쟁적 놀이나 재주 겨루기 놀이에서, 또는 스키를 타고 공중제비를 도는 것과 같은 담력을 필요로 하는 놀이에서는 도전이야말로 그 기본 성격을 말해 주는 것이다. 나는 나의 실력을 모르는 상황에 임해 보거나 놀이 상대방에게 자극을 받는 방식으로 그 도전에 응할 수 있다. 그런데 이때 결정적으로 중요한 것은 놀이 중에 내가 언제라도 도전의 수준을 제어할 가능성을 지니는 것이다. 예를 들어 나는 내 적수인 체스 컴퓨터의 실력 수준을 설정할 수 있어야 한다. 이때 내가 최상의 상태라는 느낌, 즉 내가 고수라는 느낌이 들 때 쾌감이 나온다는 점이 중요하다. 꽤 어려운 일을 아주 잘 처리했을 때 우리는 무한한 만족감을 느낀다. 놀이 속에서 우리는 이러한 숙련자의 느낌을 즐기고 싶어 하기에 스스로 계속 더 많은 도전을 감행한다. 이렇게 되면 삶의 기쁨과 놀이의 기쁨은 서로 별 차이가 없어진다. 내 실력이 완벽해지는 방향으로 한 걸음 더 나아갈 때 내가 기쁨을 느끼기 때문이다.

놀이는 거의 대부분 우연과 실력을 잇는 곡선 사이에서 이루어진다. 그 양극단에 놓인 것이 노름과 재주 겨루기 놀이다. 예를 들어 룰렛이나 카지노 게임 같은 순전한 노름에서는 우연성이 지배적이 되며 순발력은 거의 아무런 역할을 하지 않는다. 노름에서는 우연이 저절로 생성되는데, 이 우연의 제어야말로 놀이에 참가하는 사람의 과제가 된다. 예를 들어 체스와 같은 순전한 재주 겨루기 놀이에서는 실력이 결정적이지 우연은 거의 아무런 역할을 하지 못한다. 그런데 '거의' 아무런 역할을 하지 못한다는 이 표현에 주의할 필요가 있다. 체스를 가장 잘 두는 사람이라도 그날의 컨디션, 기분과 근심 걱정 같은 우연적 요소에 영향을 받는다는 점은 그 나름으로 다행이라고도 하겠다. 만일 체스 컴퓨터가 그렇듯 상대방의 체스 말 이동에 언제나 최선의 특정 반응을 보일 수 있는 사람이 나온다면 그날로 [더 이상의 경쟁은 무의미해지기 때문에] 체스 경기의 역사가 끝나 버릴 수 있으니 말이다.

미카도〔막대 묶음을 떨군 후 다른 막대를 건드리지 않으면서 하나씩 골라내는 일본의 전통 놀이─옮긴이〕는 마찬가지로 고전적인 재주 겨루기 놀이에 해당하지만, 여기에도 언제나 그 막대들이 어떻게 흩어졌느냐는 우연적 요소가 존재한다. 제일 먼저 시작할 수 있는 사람이 마침 운이 좋아서 제일 중요한 막대, 즉 미카도를 아주 쉽게 골라낼 수도 있는 것이다. 반면 다른 막대가 흔들리지 않게 하면서도 얼마든지 모든 막대를 골라 모을 수 있을 정도로 아주 재주가 좋은 사람들은 미카도를 놀이로 여기지 않을 것이다. 이 말은, 놀이를 너무 잘하면 놀이가 되지 않는다는 사실을 의미한다. 순전한 재주 겨루기 놀이들을 잘 관찰해 보면 사람들은 놀이에서의 능력에 아직 한계가 느껴질 때 놀 수 있다는 것을 알 수 있다. 이러한 면을 보장하기 위해 테트리스 같은 컴퓨터 게임은 한 레벨을 깨면 그다음 단계는 더 어려워지게 만들어 놓았다.

그와는 반대로 대부분의 노름에서도 능력이 중요해지는 순간이 존재한다. 주사위를 넣고 흔드는 사발은 우연성을 만들어 내는 조그마한 기계에 불과하지만, '짜증 내지 마'라는 게임의 경우에는 일단 던져서 [우연히] 3이라는 숫자가 나온 뒤에는 이를 가지고 무엇을 할지 또는 어떤 놀이의 말을 움직일지 그렇게 [우연에 가까운] 다양한 선택지가 더 이상 존재하지 않는다. 슈카트 카드 게임에서는 카드를 잘 섞으면 제대로 된 우연성을 연출할 수 있다. 그러나 게임 실력이 아주 좋은 사람은 첫눈에 보이기에는 나쁘게 나온 카드들을 가지고도 [거꾸로 점수를 하나도 못 딴 사람이 이기게 되는] '0점 게임'의 규칙을 활용할 수 있다. 그는 우연 속에서 기회를 포착하고 이를 이용한 것이다. 그러한 까닭에 체스 대회뿐 아니라 슈카트 대회도 열리는 의미가 있다. 체스 챔피언은 체스 말을 조합하여 사용하는 데 천재적이라는 점에서 보는 이들에게서 경탄을 자아낸다. 그러나 그것보다도 슈카트 게임의 고수가 어떻게 우연성에서 기회를 만들어 내는지가 더 흥미진진해 보일 때도 있다.

이렇게 보면 놀이의 재미는 내가 대단한 재주를 가지고 있다는 것을 경험할 때, 또는 스스로 설정한 도전을 성공적으로 이겨 냈을 때, 그리고 우연을 기회로 이끌 수 있을 때 나온다고 하겠다. 그런데 이 점이 노름에도 적용될 수 있을까? 카지노 기계에 동전을 투입할 때 과연 어떤 도전 요소가 있었는지 의문스럽다. 마찬가지로 룰렛 게임을 하면서 10유로를 빨간색에 걸었다고 해서 내 실력을 더 완벽하게 연마할 수 있는 것도 아니다. 슈카트 게임에서 기사 카드 두 장을 내는 것에 대단한 재주가 필요한 것도 아니다. 그러나 이를 더 자세히 들여다보면 노름에도 도전의 요소가 존재한다는 사실을 알 수 있다. 노름을 하는 사람은 우연성을 일부러 불러내어 우연성이라는 도전 아래 자신을 맡긴다. 철학자 쇼펜하우어Arthur Schopenhauer 는 놀이하는 인간, 즉 호모 루덴스에 대해 매우 비판적이었다. 그럼에도 그는 카드 게임이 세상살이에 좋은 연습이 된다고 《쇼펜하우어 인생론Aphorismen zur Lebensweisheit》에서 호평한 바 있다. 그는 카드놀이를 하는 사람들이 서로 카드를 교환하는 것은 서로 교환할 만한 제대로 된 생각이 없기 때문이라고 말하기도 했지만, 그와 동시에 이들이 카드놀이를 하면서 "우연에 의해 변경 불가능하게 주어진 환경을 받아들여 이를 현명하게 이용하고 그로부터 항상 중요한 것을 추구하는” 성정을 기를 수 있을 것이라고 했다.

우리는 일상 속에서 너무 힘들어서 스트레스를 주는 일들과 너무 쉬워서 지루함을 불러일으키는 반복적 과제 사이를 오간다. 그와는 달리 놀이는 어떤 때에는 어려워 보이기도 하지만 그럼에도 언제나 흥미진진하게 느껴지며 또 해결 가능한 것으로 다가온다. 신문에는 체스의 묘수풀이가 실리기도 한다. 이렇게 보면 일상을 지배하는 기본 경험을 속수무책 상태라고 한다면, 노름까지 포함한 놀이에서 기본적으로 경험하는 것은 통제 가능성이라고 하겠다. 놀이하는 사람은 상황을 스스로 통제하는 데서 생기는 놀이의 즐거움을 만끽하는 가운데, 사회적 통제라는 강제로부터의 자유를 즐긴다. 이 점은 심지어 이러한 놀이 상황의 자기통제가 환상에 불과하다고 할지라도 변하지 않는다.

나는 놀이에서 즐거움을 느끼는 동안 집중하게 되는데, 이 말은 나는 이제 다른 일로 방해받지 않게 된다는 뜻이다. 일상에서 끊이지 않고 불쾌한 일들이 자꾸 끼어드는 것과는 반대로 말이다. 놀이에 깊이 몰입한 사람은 불필요한 두려움이나 중요하지 않은 정보로 방해받을 겨를이 없다. 이로써 미하이 칙센트미하이의 몰입[적 흐름]이라는 개념과 트렌드 연구자 존 네이스비츠John Naisbitt의 집중Focus이라는 개념에 대한 각각의 정확한 정의가 나온다. 몰입적 흐름이란 내가 나에게 온 정보를 다 사용할 수 있는 상황을 말한다. 이렇게 이해된 몰입적 흐름은 이른바 ‘정보의 입력 과잉’이라고 표현되는, 너무 많은 정보와 가능성에 빠져 허우적대는 상황과는 정반대의 상황을 지시한다. 한편, 집중이란 걱정할 이유가 없으며 불필요한 정보로 주의가 분산되지 않는 상황을 말한다. 나는 완전히 놀이에 집중하고 그에 빠져든다. 이를 오늘날에는 [가상현실 속의] 몰입Immersion이라고 부르는데, 이러한 놀이의 몰입 체험은 소외疏外의 극단적 대척점에 해당한다. 이 점에 대해서는 컴퓨터 게임과 관련하여 뒤에서 더 자세하게 다룰 것이다.

놀이에는 의심과 방해가 들어오지 못하도록 방어막이 쳐져 있다. 과거도, 미래의 일도 놀이 중에는 별로 중요하지 않다. 놀이는 언제나 아주 제한된 시간 안에 벌어지는데, 바로 이 때문에 놀이에서 다음 수를 준비할 때 시간이 제한되는 것이다. 단지 카지노 게임 참여자만 다음 수를 결정하기 전에 5초에서 10초 정도의 짧은 시간을 부여받는 것은 아니다. 축구팀 감독도 선수들이 최대한 10초 안에 결정을 내릴 수 있도록 시간을 제한하는 훈련을 시킨다. 핸드볼 경기에서 선수들이 너무 수비적으로 경기를 할 경우 심판은 그 공격 중인 팀이 앞으로 10초 안에 공격을 끝내야 한다는 '사전 경고'를 준다. 농구에서는 원칙적으로 24초 이내에 공격을 끝내야 한다. 체스 챔피언이라고 해도 다음 3번 내지 4번까지의 수만을 미리 계획한다. 실력이 그만그만한 선수들이나 게임이론에 적힌 전략대로 게임을 진행한다. 실력이 좋은 선수들은 그와는 달리 자신의 전략에 매달리지 않는다. 따라서 그들은 아주 나중의 수까지 계획하지는 않는다. 앞에서 말했듯이, 놀이의 시간은 현재가 지속하는 동안만큼만 지속한다. 놀이하는 인간이 놀이에 집중할 때 그는 그 자신의, 그리고 시간의 의미조차 망각한다. 그러나 바로 이를 통해 그는 자신의 행위에만 지배를 받는다는 자유를 경험하게 된다.

제 5 장

스포츠, 놀이, 그리고 박진감

중고품 신세가 된 영웅적 남성성

　스포츠 선수는 상대 선수를 이기고 최고가 되고자 한다. 그러다 패배할 경우 변명이란 있을 수 없다. 스포츠에서만큼은 상대방이 쳐주는 박수로 원래의 목표에 이르지 못했다는 실패를 메울 수는 없다. 스포츠에서만큼은 미사여구로 채우는 데에도 명백한 한계가 존재한다. 이 영역에서는 모든 것이 열정적으로 추구되면서도 동시에 엄격한 규칙으로 규율되어 있다. 그리고 이 규칙은 모두에게 적용된다. 스포츠는 실시간적이다. 숙고라는 것은 존재할 겨를이 없고, 지금 열심히 노력하고 있는지뿐만 아니라 그 노력한 효과와 최종 결과가 분명하게 드러난다. 운동선수로서 다른 선수를 이긴다는 것은 그를 지금, 그리고 여기에서 지배했다는 것을 뜻한다. 그러나 내일 그 결과는 전혀 달라질 수도 있다. 경기의 패배자가 어쩌면 승자가 될 수도 있었다는 사실은 모든 경쟁과 경주에서 없어서는 안

될 전제다.

정열적으로 스포츠에 임하는 것은 위생이나 건강을 추구하는 것과는 전혀 무관한 일이다. 또한 섬세한 사회적 능력을 기른다는 것만큼 스포츠의 본질에서 멀리 떨어진 것도 드물다. 스포츠에서 진정으로 중요한 것은 싸움과 경쟁 관계, 그리고 기록과 위험성이다. 스포츠에서 스포츠보다 더 중요한 상위의 목적은 존재하지 않는다. 상징적 갈등을 체현하는 스포츠란 우리 문화 안에서 경쟁을 펼쳐도 되는 곳으로 공개적으로 인정된 예외적 무대다. 이 무대에서는 다른 모든 곳에서는 금기에 해당하는 것도 허용된다. 스포츠가 기능하기 위해 핵심적인 것은 승자와 패자 간의 구분이다. 정치에서는, 특히 선거 이후에는 모두가 승자인 양 포장할 수 있고, 경제 분야에서는 승자가 수많은 이름 없는 패자를 밟고 개선행진을 하고 있는 현실이 교묘하게 숨겨지지만, 스포츠에서만큼은 누가 승자이고 패자인지가 최대한 선명하게 드러난다. 단지 스포츠에서만 '네가 더 우위에 있고 더 잘한다'는 인정認定이 분명하게 주어진다. 고대에 행복을 표현했던 승리는 우리 평등의 문화에서는 그 반대로 창피하거나 추문에 불과한 것인 양 취급된다.

또 다른 두 번째 측면으로 볼 때도 스포츠는 그 자신의 의미의 장을 형성한다. 스포츠 속에서 우리는 의심이나 비판이 개입할 여지가 없는 신체적 행동 양식의 영역으로 물러날 수 있는데, 그를 통해 우리는 일상의 의미 영역을 상쇄할 수 있다. 이러한 설명이 실제 이상으로 더 복잡하게 들릴지도 모르겠다. 독일 은행 코메르츠방크Commerzbank의 광고에서 어느 은행 임원이 조깅하는 모습이 묘사되었다. 그런데 그 운동하는 모습을 통해 보여주려고 했던 것은 역동적 모습뿐만이 아니라 그 은행원에 대한 신뢰도까지였던 것이다. 여기에서는 한 사람이 오직 그의 행동을 통해서만 정의되었다. 그가 운동을 하는 사람이기에 더 '적합한' 사람으로 간주된다. 우리가 사는 세계가 점점 더 가상적이고 비물질화될수록 스포츠의 이러한 기능은 더욱더 중요해질 것이다.

이 점은 스포츠 중에서도 더 극단적인 종류에서 분명하게 파악된다. 극한 스포츠를 즐기며 일부러 위험하게 사는 사람은 자신의 강한 신체를 느끼며 의미를 찾는다. 존 네이스비츠는 이를 '강렬하게 체험되는 집중'이라고 명명한 바 있다. 스포츠는 이러한 의미에서 금욕의 반대말로 정의될 수 있다. 스포츠는 신체의 의미 또는 신체에 담긴 의미를 드러낸다. 에베레스트 산을 등정하는 이유는 내가 그것을 해낼 수 있을지 알고 싶기 때문이다. 3000미터가 넘는 아르헨티나의 고봉 체로 토레를 장비 없이 등정하기도 했던 스물세 살의 오스트리아 등산가 데이비드 라마David Lama는 극한 스포츠를 하는 동기에 대해 다음과 같이 적절하게 표현했다. 《슈피겔》의 2014년 3월 10일자 인터뷰 기사에서 그는 그 동기는 "불가능성과의 놀이를 계속 이어 나가는 것"이라고 설명했다.

스포츠에서는 현재성과 직관, 그리고 불확실성 및 바깥 세계와의 차단 상태가 결합되는데, 이러한 조건 때문에 스포츠에서 능력 자체를 보여주는 순수한 표본의 체험이 가능해진다. 이와 관련하여 딱 들어맞는 사례가 하나 있는데, 미래주의자 마리네티는 벌써 80년도 전에 사모트라케의 니케 여신 입상立像보다 페라리 경주 자동차가 더 아름답다고 용감하게 말한 바 있다. 레이싱카는 위험의 미학을 가장 잘 보여주는 기술의 산물인데, 이 표본에서 우리는 현대 세계에 이 모험 자체에 대해 얼마나 큰 욕구가 존재하는지를 본다. 보험이 지배하는 이 세계에서 위험은 매혹적인 것이 된다. 자동차 경주에서 한 번의 운전 실수는 생명을 앗아 갈 수도 있다. 경주자는 언제나 다른 경주자들을 시야에서 놓치지 않으면서 도로의 상태를 잘 파악하고 차량을 제대로 제어하려고 노력해야 한다. 경주자에게는 매 순간이 결정적일 뿐 아니라, 그는 매 순간 결정을 내려야 한다.

제대로 산다는 것은 위험하게 산다는 것을 의미한다고 말해지곤 하는데, 실상 이미 지난 수천 년간 사람들은 인간의 삶이 항상 위험 속에 놓여 있다고 말해 왔다. 삶의 한 요소로 자유[의지]가 포함되어 있기에 삶은 위험하다는 식으로 말이다. 그러나 오늘날 위험한 삶은 오로지 가파른 암벽이나 자동차 경주로에나 존재한다. 속도에 도취된 남성들은 심연을 파고들어 그 [성숙된 고전기 이전의] 선사先史적 체험의 층위에 도달한다. 이와 상응해서 모험은 그들의 정체성으로 화한다. 나는 모험한다. 그럼으로써 나는 존재한다. 위험에 대한 의지는 남성적이다. 오늘날 텔레비전이나 경기장에서 운동선수들을 관람하는 이가 보고 있는 것은 사실 이미 멸망한 세계다. 그가 즐기면서 관람하고 있는 저 영웅적 남성성은 이미 사용된 중고품에 불과하다.

여성들도 스포츠에 참여하지만, 이는 그리 중요하지 않다. 물론 여성들도 전문 스포츠 영역에서 점점 더 놀라운 성과를 내고 있다. 이제는 매우 많은 여성 관람객들이 경기장을 찾는다는 점 또한 사실이다. 그러나 솔직하게 생각해 보면, 우리 누구도 여자 대표팀보다는 남자 대표팀의 경기를 더 보고 싶어 할 것이다. 여성들보다는 남성들이 눈에 띄게 더 경쟁을 추구하곤 하는데, 이 때문인지 그들의 경쟁에는 더 치열한 면이 있다. 인류학자들은 이 점을 잘 설명해 준다. 남자들은 사냥꾼으로 태어났는데, 이 직업은 더 이상 필요가 없다. 그 때문에 이들은 자신들의 남성성의 망명지로서 스포츠를 필요로 한다는 것이다. 문명이란 여성들이 남성들을 길들이는 과정이라고 보았을 때 그 과정의 진전에 대한 정확한 반작용이 이렇게 형성되는 것이라 하겠다. 선사적 세계에서 '제대로 된' 남자 되기라는 과제의 핵심은 그가 얼마나 능력이 있느냐는 질문이었다. 그 시절에는 남자로서 충실하기만 하면 되었다. 이 관점이 아직도 유효한 영역은 단지 스포츠뿐이다. 사냥꾼들이 협력할 수 있는 대체 무대로서 스포츠가 제공된다. 남자들은 단지 팀 스포츠에서만 함께 [상대방 그룹에 대해] 공격적으로 협력하며 성공을 도모할 기회를 갖게 된다. 다시 말해, 이 공간에서만 신체적 우월성을 뽐낼 수 있게 되었다.

스포츠는 우리 [현대 독일] 문화에서 격심한 경쟁이 용인되는 얼마 되지 않는 분야 중 하나다. 학교에서는 [개인 과제보다는] 그룹 과제가 주로 이루어지고 있을 뿐 아니라, 수업 진도를 못 따라오는 학생이 없도록 속도가 조절된다. 직장에서는 적어도 공식적으로는 팀워크가 중요하다고 여겨지며, 일의 부담은 [임신 및 육아 의무 등을 고려해] '사회 정의에 부합하도록' 분배되어야 한다고 말한다. 자기가 제일 능력이 있고 다른 이들보다 뛰어나다고 주장하는 것은 거의 금기를 깨는 일인 것처럼 되었다. 그런데 아직 이러한 발언이 허용되는 분야가 바로 스포츠다. 스포츠에서는 승자와 패자가 나오는데, 이를 통해 우리가 '더 뛰어나고' '더 낫다는' 것을 인정받을 수 있는 무대가 마련된다. 경쟁적 스포츠의 특성은 단지 승자와 패자가 정해진다는 것만이 아니다. 여기에서는 이기고자 하는 의지가 참가자의 의무로 부여된다. 참가자가 정말 그러한 마음 상태인지는 쉽게 드러난다. 만일 상대방이 이기려는 의지가 없다면 그와 함께 [경쟁적] 놀이를 하는 것은 아무런 재미가 없어진다. 그러한 상대방은 사실 놀이가 무엇을 하려는 것인지를 모르는, 놀이를 망치는 사람이다.

놀이에서는 이기려는 의지가 의무적이라는 사실을 고려해 보면, 왜 이른바 열린 놀이, 즉 패자가 없는 놀이가 어색한지도 설명된다. 정치적 공평성이라는 원칙 때문에 우리는 사람들이 패배로 인해 정신적인 고통을 겪는 것을, 다시 말해 패자라고 '차별받는' 것을 방지하고 싶어 한다. 그래서 오늘날 [독일의] 학교 체육시간에 축구 경기를 할 때 골이 양쪽에 몇 개씩 들어갔는지를 세지 않는 일도 벌어지곤 한다. 사실 이러한 '열린 놀이'가 불가피한 상황이 있다는 것은 인정해야 한다. 예를 들어 내가 큰딸과 테니스를 칠 경우 내 목적은 이기는 것이 아니라 단지 공을 갖고 노는 것이다. 거기에는 간단한 이유가 있는데, 내가 중급 실력의 테니스 선수인 데 반해 큰딸은 초보자라는 것이다. 그렇기에 이 경우 굳이 경쟁을 할 만한 의미가 없다. 나는 딸이 공을 코트 밖으로 보내도 계속 공을 주고받을 것이다. 그러나 내가 이렇게 공을 치는 것이 정말 테니스 경기를 하고 있는 것은 아니다. 그런데 내가 운이 좋게도 나와 비슷한 중급 실력을 지닌 어느 친구와 놀게 되었다면 이와 정반대의 일이 벌어진다. 그 때 우리는 워밍업을 하거나 공을 돌리며 몸을 푸는 데 시간을 보내기보다는 조금이라도 일찍 점수 경기를 시작하고 싶어 조바심을 낸다. 당연히 우리 둘은 모두 이기고 싶어 한다. 그런데 나는 이 친구와 경기하면 이기곤 하는데, 왜냐하면 내가 방어적으로 경기하기 때문이다. 어떤 의미에서 테니스는 실수를 갖고 노는 경기다.

스포츠에서 일어나는 인정認定 투쟁

고대에 행복을 보여주는 척도는 승리였다. 그런데 우리의 평등주의 문화에서 승리는 오히려 창피한 것으로 간주되기도 한다. 그래서 공공연한 언어 습관에서도 스포츠 경기에서 핵심이 승리 여부에 있다는 점을 숨겨 보려는 표현이 등장하는데, 그 예가 '승리보다 참가에 의의가 있다'는 올림픽의 표어다. 이 말은 사실 설득력이 부족한 것이, 4등을 한 선수를 보고 '대단하다'고 표현을 하기는 하지만 진정 관심을 보이는 사람은 아무도 없다. 생각해 보면, 지난 유럽 선수권 대회에서 누가 2등을 했는지 기억하는 사람이 얼마나 되는가? 독일 축구 팬들이 실력이 좋은데도 매년 2등을 벗어나지 못하는 바이어 레버쿠젠 축구팀을 '만년이등-쿠젠'이라고 비꼬는 것이 좋은 예다. '금을 향해 쏴라!'라고도 하지 않던가. 1996년 애틀랜타 올림픽에서는 바로 이 말이 포스터에 등장했다. 승리에만 의의가 있는 것이다. 손에 땀을 쥐게 하는 놀이는 모두 제로섬 게임이다.

　이와 비슷한 언어적 습관으로, 축구에 대해 '세상에서 가장 멋진 대수롭지 않은 일'이라고 정의해 그 치열함을 완화해 보려는 표현이 있다. 그런데 사실 이러한 표현에는 일말의 진실이 담겨 있다. 인정받기 위한 투쟁에서 정말 문제가 되는 것은 사실 사소한 일들이다. 문화비평가들은 끊임없이 스포츠는 '의미가 없다'고 격하하곤 하는데, 실은 이러한 표현에는 승자로서 인정받는 것 외에는 어떠한 중요한 의미도 없다는 사실이 분명하게 담겨 있다. 독일 축구팀 샬케 04가 숙적 보루시아 도르트문트와 일전을 치를 때 흔히 '전부가 아니면 전무'라고 이야기한다. 세 골을 넣었다고 해도 [진다면] 아무 의미가 없는 것이며, [이겨서] 인정을 받는 것만이 전부인 것이다. 여기에서 나의 명제가 도출된다. 스포츠는 인정 투쟁이 연출되는 무대다.

　바로 이 때문에 스포츠에서는 우정과 동료애를 언급하곤 하지만, 실상 이러한 표현을 자주 듣게 되는 것도 바로 그와는 상반된 경쟁 관계가 이면에 숨겨져 있기 때문이다. 정말로 오직 이기기 위해서 경기를 할 때는 경쟁 관계가 유일한 목표로 적나라하게 드러난다. 자기 생각에 대해 무비판적으로 관대한 휴머니스트들은 이러한 측면을 애써 무시하고 싶어 한다. 그러나 그 때문에 이 문제를 관찰하면서 다음의 중요한 사실을 간파할 기회를 놓쳐서는 안 될 것이다. 내가 상대방을 진정으로 인정하는 것은 자유로운 상태가 아니라 그와의 싸움 속에서라는 사실 말이다. 이것이 오히려 인간적일 수 있는 이유는, 그 싸움이 놀이라는 점에서 나온다. 여기에서 결정적으로 중요한 것은, 이기고자 하는 [적대적antagonistisch인 것과는 구별되는 정정당당한 경쟁자 간의 관계를 일컫는] 경쟁적agonal 열망이 놀이의 규칙에 맞게 표출되느냐는 것이다. 이러한 인정 투쟁은 남이 아닌 자기 자신과의 관계 속에서 벌어지기도 하는데, 그 좋은 예가 번지 점프다.

위대한 스포츠 선수들이 영웅인 이유는 그들의 세계가 투명하며 또 분명한 경계를 지니기 때문이다. 그들이 원하는 것은 상대 선수를 제압해서 최고가 되는 것이다. 졌을 때 변명은 용납되지 않는다. 그 공을 제대로 적중시켰는가 그렇지 못했는가, 단지 그것만이 문제가 된다. 여기에는 도덕주의나 심리적 해석, 또는 그가 얼마나 불우한 어린 시절을 보냈느냐는 식의 언변이 개입할 여지가 없다. 스포츠 경기는 항상 실시간으로 일어나기에 숙고의 여지가 없거니와, 그 결과뿐 아니라 그것을 위해 얼마나 열심히 노력했는지도 한 팀이 다른 팀보다 뛰어난가라는 질문 앞에 명명백백하게 밝혀진다. 그런데 누군가가 항상 월등한 경우는 참으로 다행스럽게도 스포츠에서 무척 드문 일이다. 승리한 팀이 상대방을 이긴 것은 그렇기에 단지 여기 이 순간에 국한되며, 내일은 전혀 다른 결과가 나올 수도 있다. 오늘의 패자도 원칙적으로 승자가 될 수 있었다는 사실은 모든 스포츠라는 놀이에서 없어서는 안 될 기본 전제다.

우리에게 항상 더 사교적이고 친절하고 협조적으로 되고 '팀워크' 능력을 배양하라고 요구하는, 이른바 '사회적 친화력'이 가장 중시되는 세상에서, 앞서 논의한 승리하고자 하는 특별한 천성은 스포츠 분야를 제외하고는 거의 연명할 곳이 없어졌다. 단지 스포츠 분야에서만 자신보다 능력이 뛰어난 이를 질시하지 않고 존경하는 장면을 볼 수 있다. 여기에서 나는 내 목표를 달성해야만 하는 것이고, 만일 그에 미치지 못한다면 기자들이 이른바 정치적으로 올바른 방식으로 내가 경기 중에 '뛰어난 실력'을 보였다고 아무리 칭찬을 해주어도 내게는 전혀 도움이 되지 않는다. 세계 선수권 대회의 마지막 경쟁에서 패배하는 것은 당사자에게 실망스러운 일이다. 그러나 그것을 넘어 생중계되는 방송 카메라 앞에 서서 최종 경쟁 무대까지 올 수 있었던 것만으로도 기쁘다고 말해야 할 때는 수치심마저 느끼게 된다. 앞서 말했듯이, 이처럼 스포츠에서는 미사여구로 대신할 수 없는 일정한 한계가 있다. 스포츠의 마법과 같은 매력은 뜨거운 열정과 엄격한 규정이 병존하는 데서 나온다. 이로써 옛날 사람들이 사냥에서 느꼈던 것을 현대인들은 스포츠 경기에서 체험한다는 명제를 재확인할 수 있다.

나는 앞에서 놀이 규칙의 기능을 설명하면서 스포츠 윤리에서 공정성의 이상이 결정적이라는 점을 언급했다. 기본권이나 인권 등을 그 근거로 호소해야 하는 다른 보편주의적인 윤리 원칙과는 달리, 스포츠 경기 참가자는 모두 이러한 공정성의 이상이 무엇인지 즉각적으로 이해하고 있다. 예를 들어 인간의 존엄성은 침해받을 수 없다는 말은 듣기에는 좋다. 그러나 한 시민에게 그 말이 구체적으로 무엇을 의미하는지가 언제나 분명한 것은 아니다. 이와는 달리 모든 경기 참가자에게 승리할 가능성이 보장되어야 한다는 점은 모든 경기 참가자에 대해 완전히 명백한 것이다. 아무리 극성스러운 팬이라도 승패가 미리 정해져 있지는 않기를 바란다. 자기 팀이 승리할 때 아무리 기쁘다고 해도, 오히려 그러한 경기가 주는 쾌감은 그 경기의 결과가 마지막까지 분명하지 않았을 때 더욱더 크다는 것 또한 사실이다. 그래서 팬들은 약물 사용이나 경기 조작 같은 것을 용납하지 않는 것이다. 2005년 경기 결과를 조작해 스포츠 도박 스캔들의 주인공이 되었던 독일 축구 심판 로베르트 호이처Robert Hoyzer의 경우를 떠올려 보기만 해도 이 점은 분명하다.

경쟁에서 도덕이란 칸트 철학의 정언명법보다 훨씬 설득력 있고 확실한 것이다. 이 말이 순진하게 들릴 수도 있겠지만, 스포츠에서 모든 것은 정정당당해야만 한다. 스포츠는 경쟁하는 가운데 각자의 진짜배기 능력을 정직한 방식으로 다른 것들의 개입 없이 펼칠 수 있는 온전한 세계다. 운동선수는 단도직입적으로 스포츠의 핵심에 다가간다. 스포츠에서는 그 본질만이 중요하지 다른 것은 하나도 중요하지 않다. 그리고 그 본질이란 다른 선수들을 이기고 자신이 더 낫다고 인정받는 것이다. 마침 최고도로 상업화된 현대의 일류 스포츠는 누가 진짜 실력자인지를 판별하는 것이 주가 된다는 의미에서 진본성의 대중문화가 되었다. 현대 사회에서는 명성만큼이나 정말 실력이 있는지를 가리기가 어려워졌다는 점을 고려하면, 제대로 된 축구 실력이 없으면 세계적 스타가 될 수 없다고 팬들이 확신하기에 이들이 더욱더 축구에서 특별한 매력을 느낀다는 것도 납득할 수 있다. 바로 이 때문에 우리는 호날두에게 기꺼이 수백만 달러의 연봉을 안겨 주면서도, 도이체방크 회장이었던 요제프 아커만Josef Ackermann이 그만큼의 돈을 받는 데는 시샘을 보내는 것이다.

러시아 출신 프랑스 철학자 알렉상드르 코제브Alexandre Kojève는 이미 1950년대에 국가 대항 축구대회를 열자고 제안했는데, 이 생각은 오늘날 유럽 챔피언스리그로 현실이 되었다. 그런데 어떻게 하필 철학자가 이런 생각을 하게 되었을까? 벌써 100년도 전에 위대한 사상가들 사이에서는 서양 문명이 결정結晶화라는 마지막 단계에 진입했다는 인상이 지배적이었다. 코제브에 따르면 이제 역사는 사라지고 단지 생물학적 성장과 위축이 그를 대신하며, 이와 동시에 문명의 형식은 공식으로 형해화하고 삶의 양식은 전형화 속에서 굳어진다. 이 결정화된 문명 속에서 모든 것의 설계도는 이미 완성되었기에, 이제는 실상 어떤 역사도 더 이상 존재할 수 없으며 그 대신 단지 '역사가 끝난 이후'의 만화경 같은 상황만 남은 것이다. 우리가 살고 있는 곳은 변화가 계속되는 것처럼 보이지만 실제로는 아무것도 바뀌지 않는 세계다. 코제브는 다음과 같이 적었다. "사라지게 되는 것은 진정한 의미에서의 인간인 것이다. 인간의 시간 또는 인간의 역사가 끝났다는 말이 의미하는 것은 아주 쉽게 말해서 진정한 의미에서 인간의 행위도 마침표를 찍었다는 것이다. 더 구체적으로 말하자면 이제는 전쟁도, 피로 물든 혁명도 사라졌다는 것이다. 철학도 역시 사라진다. 인간 자신이 더 이상 본질적으로 변화하지 않을 것이며, 바로 이로 인해 세계 인식 그리고 자기 인식의 토대를 형성하는 기본 원칙을 다르게 바꿔야 할 이유도 더는 존재하지 않게 되었기 때문이다. 그러나 그 밖의 모든 것은 무제한적으로 존속될 수 있으리라. 예술, 사랑 그리고 놀이가 그것이다."

그때부터 지금까지 우리의 일상 세계에서는 이미 사라져 버린 삶의 긴장을 다시 불어넣으려는 시도가 이어졌다. 어떻게 이것이 가능한지를 코제브는 일본의 스노비즘snobbism이라는 매우 흥미로운 현상이 보여주는 순수한 형식에 대한 가치 평가를 예로 들어 설명했다. 스노브snob라는 용어가 가리키는 인간은 의무적으로 통용되던 관습의 상실을 허무주의적으로 받아들이기보다는 오히려 내용이 비어 있는 채로 그 관습에서 만들어졌던 공식들을 반복하여 그 유희성을 강화하는 이들이다. 단지 일본의 악극 노能 또는 다도茶道만을 떠올려 보아도 이러한 생각은 그리 어렵지 않게 이해된다. 분명 일본인들은 전적으로 형식화된 가치에 자신들의 삶을 맞추며 살아가는 것 같다. 어떠한 내용도 남아 있지 않기에 이 형식들은 단지 자기지시적일 뿐이다.

여기에서 우리의 논의에 중요한 다음과 같은 측면이 발견된다. 만일 열정이 표현되는 데 어떤 형식이 있다고 한다면, 열정 자체가 죽어 버렸다고 해도 그 열정의 표현 형식 자체에 대한 숭배를 통해 죽은 열정을 되살리는 것도 불가능하지는 않을 것이라는 점이 그것이다. 이때 중요한 것은 내용과는 분리된 순전한 차이들을 정해 놓는 것이다. 이제 코제브가 천재적인 예감으로 예상했던 챔피언스리그에 대해 계속 논의해 보자. 이 리그에서는 각국의 최고 축구팀들 간에 경기가 펼쳐지는데, 그것을 통해 이 세계에 어떤 차이들이 아직도 남아 있는지를 체계적으로 묶어 확인해 보는 것이다. 역사가 끝난 이후의 시대에 이러한 차이는 더 이상 이데올로기적인 것도 아니고, 본질적인 것도 아니다. 그렇기에 구별거리가 되는 어떠한 사소한 것이라도 모아서 삶의 긴장감을 자아내는 데 사용할 필요가 생긴다. 다음 주에 레알 마드리드가 바이에른 뮌헨과 승부를 내기

전까지 우리의 일상은 아직 온전한 삶이 아닌 것이다.

축구는 순전히 형식적인 차이 속에서, 심지어는 지그문트 프로이트가 사소한 차이의 나르시시즘이라고 불렀던 그러한 차이 짓기로부터 삶의 에너지를 끌어내는 데 아주 적당하다. 더 이상 아무런 차이도 문제가 되지 않을 정도의 심각한 상황이 혹시 닥친다고 할지라도, 여전히 최소한 독일 분데스리가에서 라이벌 관계인 도르트문트 구단과 샬케 구단 간의 차이는 언제나 그대로일 것이다. 이처럼 도르트문트와 샬케 사이를 가르는 경계선은 심지어 가족 간을 가르곤 한다. 그래서 축구 팬들은 경쟁 관계에 있는 지역 팀 간의 승부에는 '그것만의 법칙'이 있다는 적절한 표현을 하곤 한다. 그 승부의 결과를 예측하기란 언제라도 매우 어렵다는 뜻이다. 지역 경쟁 팀 간에 이렇게 생겨나는 특별한 에너지가 있다는 것인데, 이것이 바로 앞서 언급한 사소한 차이의 나르시시즘에서 오는 에너지다. 그리고 모든 팬들은 이것이 공동체 안에서 인공적으로 만들어 낸 차이에 해당한다는 사실, 그리고 이를 통해 삶이 살 만하게 지탱되는 것이라는 점을 느끼고 있다.

현대적 기술도 이러한 사소한 차이들을 만들어 내는 데 일조한다. 오늘날에는 매우 정교한 측정 기술에 힘입어 일류 선수들 간의 미미한 실력 차이조차 드러난다. 그런데 만일 단거리달리기 선수나 봅슬레이 선수가 100분의 1초, 심지어 1000분의 1초 차이로 결승선에 들어오게 될 경우, 사람들은 실력의 차이에 대해서는 더 논할 수 없다고들 한다. 이것은 그보다는 운명, 또는 우연이나 행운이었다고들 한다. 1993년 8월 16일 슈투트가르트에서 열린 세계육상대회에서는 자메이카의 메를렌 오티 선수가 100미터 경주 결과 단지 사진 판독을 통해서 2위로 판정될 수 있었던 상황에서, TV 중계 기자는 감정에 사로잡혀서 금메달을 두 개 수여해야 한다고까지 말하기도 했다. 그러나 이처럼 지나치게 감정 섞인 견해는 경쟁이 지닌 원래의 의미를 완전히 오해한 것이라고 하겠다.

스포츠가 우리의 몸을 구원하리라

섹스가 그러하듯, 스포츠는 활동적인 신체와 미화된 젊음이 부각되는 무대다. 그곳에서 젊음은 마르지 않는 샘물처럼 보인다. 스포츠에는 결국 피트니스가, 조금 약화된 형태로는 웰빙이라는 형태로 건강의 이미지가 결부되어 버린다. 오늘날에는 모두가 스포츠를 하는 것이 건강에 좋다고 이야기하고 다니는 것만 같다. 그러나 일견 자명해 보이는 이러한 설명에는 오해를 불러일으키기 쉬운 부분이 있다. 건강을 이야기하지만 실은 거기에는 경쟁하고자 하는 명예심이 은폐되어 있기 때문이다. 그렇지 않아도 건강 증진이라는 말은 과거에도 항상 스포츠에 대한 청교도식의 면죄부에 해당했다. 이런 식의 합리화를 모두 치워 버리면 대중 스포츠에서 실제로 남는 것은 자진해서 실력을 향상하는 훈련뿐일 것이다.

베르톨트 브레히트Bertolt Brecht는 다음과 같은 올바른 지적을 했다. 놀이의 열정과 열정으로서의 스포츠를 건강 및 위생과 연관시키려는 것은 웃기는 일이다. 스포츠 경기에서 인간을 계발하고 순화한다는 것은 핵심적인 것이 아니다. 물론 이러한 것들이 부수적 효과일 수는 있겠으나, 열정적인 선수에게나 진정한 팬에게나 경쟁적 스포츠에서 중요한 것은 오로지 경쟁과 호적수 간의 긴장이다. 그로부터 나오는 기쁨은 놀이와 스포츠에서 그 자체를 넘어선 다른 목적이 있다고 말해지자마자 사라진다. 브레히트의 작품《마하고니 시의 흥망성쇠》의 무대인 마하고니 시에서는 식탐과 성애의 시간이 끝나면 바로 권투경기가 이어진다. 권투는 당시 1920년대 후반의 시대를 대표하는 스포츠이기도 했다. 오늘날에는 그 대신 바로 축구가 무대의 한가운데를 차지한다. 축구 시즌 중이라면 독일 ARD 방송국의 〈스포츠 중계〉나 ZDF 방송국의 〈스포츠 스튜디오〉 방송에서 온통 축구 소식만을 다룬다는 것만 보아도 이를 알 수 있다.

일상 속에서는 우리가 하고 경험하는 일의 의미가 언제나 불확실한 채로 남아 있다. 놀이 속에서 이러한 의미의 불확실성이 보상된다. 놀이터로 돌아가기만 하면 내 몸이 어떻게 움직여야 할지가 이미 명확하게 규정되어 있을 뿐 아니라, 그 움직임 자체에 의미가 있기 때문이다. 나는 경계선으로부터 1미터 떨어진 곳에 자리를 잡고 상대편이 공을 차기를 기다린다. 이때 한 사람은 오직 그 사람의 행위로만 정의되기에, 이제야 마침내 나는 내가 무엇을 해야 할지 이해하게 된다. 앞서 나는 스포츠는 전도된 금욕적 삶이라고 정의한 바 있다. 즉 스포츠에서는 신체의 의미가 그 신체 속에서 표현된다.

그래서 나는 스포츠의 기능은 앞으로 계속 더 중요해질 것이라고 주장한다. 왜냐하면 우리의 일상적 노동에서 육체적 노동도, 신체의 존재감도 점점 축소될 것이기 때문이다. 우리의 생활 세계는 갈수록 더 가상화되고 비물질화된다. 그러나 스포츠가 우리의 몸을 구원할 것이다. 몇 해 전의 아디다스 광고에서 이 점이 아주 잘 드러난다. 컴퓨터와 전선으로 완전히 묶여 있는 사람이 등장하는 이 광고에서는 MIT의 공상적인 계획에 따라 인간과 인간의 정신이 프로그램화되어 소프트웨어로 저장될 것이라는 사실을 알려 주는 누군가의 목소리가 어디선가 들려온다. 이 말에 컴퓨터 시대의 이 손발이 묶인 인간은 자신의 구속을 풀고 운동화를 신고 아직 손닿지 않은 자연으로 달려감으로써 자신을 해방시킨다. 스포츠를 하는 몸에 구원이 있었던 것이다. 우리의 생활 세계가 가상화되고 비물질화되는 것을 놀이와 스포츠는 순수한 신체성으로 이루어진 자신만의 세계를 만듦으로써 상쇄한다. 더 분명하게 말하자면, 놀이터에서 신체는 감각의 무대가 된다. 그런데 그 원인은 신체가 우리의 경제와 기술에서 더 이상 아무런 기능을 수행하지 못한다는 역설적 사실에서 나온다.

그뿐 아니라 스포츠에서 이러한 구원을 찾을 수 있다는 점을 모두가 이해할 수 있다는 점이 중요하다. 스포츠는 언어의 매개 없이 세계를 이해하는 방식이다. 이 때문에 우리는 훨씬 덜 부담을 느끼게 되는데, 그것을 통해 나오는 문화적·사회적 배경이 전혀 다른 사람들과도 아무런 문제 없이 교류할 수 있기 때문이다. 2014년 브라질 월드컵 기간 중 코트디부아르가 7월 14일에 일본을 상대로 경기를 하고, 7일 뒤에는 아르헨티나가 이란을 상대로 경기를 했다. 그때 그곳에는 어떠한 정치적 갈등이나 사회적 문제도 없었다. 단지 독일 축구의 전설인 프란츠 베켄바우어Franz Beckenbauer가 1990년에 열린 월드컵에서 자기 팀 선수들을 경기장으로 내보내면서 말했던 바로 이것만이 중요한 것이다. "밖에 가서 진짜 축구를 보여줘!" 또 한 주가 지난 그다음 주 토요일, 내가 베를린의 옛 올림픽경기장에 간다면, 우연히 내 옆자리에 앉게 된 이와 이야기 나눌 만한 주제 역시 축구 외에는 아마 별로 없을 것이다.

구기 종목의 특별한 매력은 신체들 간의 어울림이 오로지 느낌을 통해서 이루어진다는 사실에서 나온다. 말을 통한 의사소통은 불필요하다. 우리는 경기 속에서 선수들의 신체 사이에 정교한 상호 조정이 의식적 제어 없이 이루어지고 있음을 목격한다. 선수 간에 그 신체들이 의식되지 않은 채 서로 맞물려서 움직이려면 상호 간의 어울림 속에 훈련이 이루어져야 한다. 바이에른 뮌헨의 훌륭한 축구 선수 마리오 괴체Mario Götze나 LA 레이커스의 천재적인 농구 선수 코비 브라이언트Kobe Bryant 같은 이들의 신체에서는 무용수에게서나 가능할 것 같은 우아함마저 느껴진다. 그래서 스포츠 경기의 박진감은 누가 승리할 것인지뿐만 아니라 어느 정도까지 순수하게 신체가 제어되고 또 상호간의 어울림이 달성될 수 있을지가 물음표로 남은 채 정해져 있지 않다는 사실에서 나온다. 감독들이나 또는 그들의 전술을 생각하면 미안한 말이지만, 의식적으로 제어하거나 계획한 대로 경기하는 것은 이차적으로 중요할 뿐이다. 이 때문에 경기장에서는 위계질서보다는 실력이 훨씬 더 중요하다. 또한 이 때문에 대부분 스타 선수들이 감독보다 더 많이 버는 것이다. 여기서 보루시아 도르트문트의 전설적 골잡이 아디 프라이슬러의 명언을 인용해 본다. "모든 이론은 불확실할 뿐이다. 결정적인 것은 모두 경기장에서 이루어진다."

다른 구기 종목에서도 대부분 그렇듯이, 축구는 언어와 의사소통에 종속되지 않는다. 스페인의 어느 해변에서 몇 번 손짓을 하는 정도로도 모르는 이들과 축구를 할 수 있다. 원래 축구에서 그것 말고더 필요한 것도 없다. 물론 이러한 의견에 대해 선수들끼리 서로 무슨 말을 외쳐야 하는 경우가 있을 것이고, 또 감독도 경기 중 선수들에게 말을 해야 할 경우가 있을 것이라고 반론하는 사람이 있을 수있다. 그러나 그것은 경기가 제대로 돌아가지 않을 때 벌어지는 특수한 상황이다. 그뿐 아니라 이렇게 말로 외치는 것의 효과는 상당히 미지수여서 신뢰할 수 없다는 부분도 있다. 경기가 제대로 돌아갈 때에는 의사소통이 아니라 오로지 관찰과 감지만이 작동한다.

의식적으로 계획하고 제어하고자 하는 것보다 스포츠 경기에서더 결정적 역할을 하는 것은 현재 시점에 정신적으로 깨어 있는 것이다. 테니스 경기에서 흔히 들을 수 있듯이, 경기에서 진 선수는 '정신적으로 최선의 상태가 아니었다'고 말하곤 한다. 다른 표현으로,그 경기는 이미 '머릿속에서 승부가 났다'고 말하기도 한다. 그러나이것이 '의식적 생각'에서 차이가 있었다는 것을 뜻하지는 않는다.이 때문에 역설적으로 축구 팬 각각은 제 나름으로는 자기가 독일국가대표팀 감독 요하임 뢰브Joachim Löw보다 축구를 더 잘 '안다고'생각할 수도 있는 것이다. 다시 말해, 축구가 또는 테니스가 진정 무엇인지를 '말로 표현하는' 것은 불가능하다. 그것이 무엇인지 누군가 물어볼 때 답할 수 있는 것은, 단지 직접 가서 한번 경기를 보라고 하는 것 외에는 없다. 이 때문에 비인기 종목이라 아마 야구를 본적이 없었을 유럽 사람이 야구 경기 규칙에 대해 아무리 설명을 들어 보았자 별 소용이 없는 것이다. 그냥 경기장에 가서 한번 직접 봐라! 중요한 것은 신체를 얼마나 그 한계까지 잘 제어하고 미세하게 상호 조정하느냐는 것이다. 축구나 테니스를 잘 이해한다는 것의 핵심은 사실 경기에서의 동작을 따라 보는 이도 가상적으로 함께 움직여 보는 것이다. 결국 스포츠 경기에 대해 한마디 해보기 위해서 중요한 것은 자기가 직접 해본 적이 있느냐는 것이다. 경기 관람자는 특정한 방식으로 경기에 임하고 있는 것으로, 비록 실제에 있어서는 그 동작들을 실행해 내지는 못한다고 해도 그 선수들의 동작을 함께 느낄 수는 있다. 그러나 이상적인 경우에는 관람자가 자신의 신체를 완벽하게 지배하고 있는 가운데 그 몸이 다른 이들의 신체와 조화롭게 맞물리고 있는 것처럼 느낄 수 있을 것이다. 바로 여기에서 스포츠 팬만의 쾌감이 나온다.

경기라는 사건은 의식적 계획과는 무관하기에 어떤 팀이 왜 잘못하고 있는지를 말로 설명하기는 쉽지가 않다. 어느 팀에 최고의 선수들과 감독이 온다고 한들, 또 다른 팀이 리그 챔피언이 될 수도 있다. 경기 외적 시간에는 '이성적인 사람'이 되는 선수들을 포함해, 보통의 모든 '이성적인 사람'들은 경기 결과가 감독에 달려 있는 것은 아니라고 답할 것이다. 그럼에도 불구하고 보통 경질되는 것은 감독이다. 그런데 이것 또한 일리가 있다! 왜냐하면 여기서 중요한 것은 전략이나 훈련 프로그램보다는 감정적 측면이기 때문이다. 팀의 분위기, 그리고 상호 신뢰의 피드백이 이루어지고 있다는 점이 중요한 것이다. 한 팀이 감독을 교체하는 것은 언제나 실현될 옳은 예언을 따라가는 일이다. 말하자면, '새 술은 새 부대에' 담아야 한다.

놀이는 본질적인 것으로만 채워진 천국이다

스포츠에 적대적이었던 사회학자 소스타인 베블런Thorstein Veblen은 스포츠가 본질적으로 무의미한 행위이며 체계적인 낭비라고 지적했는데, 이 말에는 동의할 수밖에 없다. 사실 무엇 때문에 우리가 바이에른 뮌헨이 보루시아 도르트문트와 경기를 벌일 때마다 관람해야만 한단 말인가? 그 이유가 눈에 보이지 않는 사람에게 이를 설명하는 것은 불가능하다. 스포츠는 말 그대로 시간을 때우는 일이고, 바깥 세계에 대해 경계를 두르는 행위다. 놀이를 한다는 것은 비시간적으로 존재하는 것이다. 놀이를 하는 동안에는 하이데거 철학에서 말하는 염려Sorge하는 마음의 개입 없이 단지 신체만이 현전한다. 스포츠에는 고객도 시민도 없으며, 단지 선수와 팬만이 존재한다. 선수들의 열정에 팬들의 충성도가 화답한다. 그렇기에 스포츠 밖의 시각에서 보면 스포츠는 무의미해 보일 것이다. 하지만 스포츠는 그 자신만의 의미의 장을 형성한다. 특히 축구 리그 분데스리가는 자기 스스로를 규율하는 의미의 시장市場이 되었다.

토요일마다 경기장으로 향하거나, 적어도 오후 6시 30에 텔레비전 앞에 앉아 〈스포츠 중계〉를 보는 것은 분명 하나의 제의祭儀에 속한다. 팬들은 순례자가 되어 홈 경기장을 찾거나 축구의 신을 믿는 십자군 기사단인 양 다른 팀의 경기장에 입성한다. 팝 음악이 그렇듯 축구 경기는 말 없는 믿음이다. 이제부터 이를 인상적으로 증명하는 사례를 살펴보려 한다. 일전에 독일 ARD 방송국은 〈스포츠 중계〉 방송 프로그램을 홍보하는 광고에서 스포츠 경기를 마치 종교적 의식인 것처럼 묘사했다. 이 프로그램 광고에서는 교회의 오르간 음악이 울려 퍼지는 가운데 선수들이 십자가 성호를 긋는 장면, 프리킥을 차기 전에 기도를 하는 모습, 또 자신들의 기쁨과 절망을 종교적 몸짓으로 표현하고 있는 모습이 화면에 비쳤다. 교회 측이 이 광고에 격앙했던 것은 오히려 이 광고가 제대로 작동했다는 점을 확인해 주었다. 축구는 대체 종교인 것이다. 이를 프랑스 철학자 알랭의 말을 빌려 더 정확히 표현하면, "모든 스포츠 경기에는 의식과 기도가 존재한다. 다만 거기에는 어떠한 외적인 신적 존재도 없다."

당연히 이를 뒤집어서, 종교적 제의가 경기 또는 놀이의 성격을 지니고 있다고 말하는 것도 가능하다. 가톨릭교회의 의전은 가톨릭교회의 신적 놀이라고 하는 식으로 말이다. 그렇지만 놀이에서는 예상하지 못했던 것이 중요한 계기가 된다는 점에서, 본래의 놀이와 종교적 제의 간에는 차이가 있다. 스포츠에서는 통상적인 것과 새로운 것 사이, 또 반복되는 것과 놀라운 변화 사이를 계속 오고가는 것이 허용된다. 종교적 제의는 예를 들어 세계대회의 우승 후보 팀이 자기 나라에서 열리는 경기에서 패배하는 것과 같은 상황을 용납하지 않는다. 스포츠에서는 새로운 것과 놀라운 변화라는 요소들이 너무 혼란만을 야기하지 않도록 경기 결과표, 팀 순위, 그리고 팀들 간 득점표가 작성된다. '경기라는 놀이'를 본 뒤 우리는 미디어를 통해 축구 선수 클로제가 공을 49번 터치했고 그의 패스 가운데 34퍼센트가 실패했음을 알게 된다. 이는 축구 팬을 위한 제대로 된 서비스다. 왜냐하면 통계를 통해 새로움과 놀라움으로 가득한 스포츠, 놀이 그리고 긴장이라는 세계에 다시금 질서가 부여되기 때문이다. 그러나 동시에 놀이는 우연과의 관계에서 보았을 때 종종 통계와는 반대되는 것인 듯 보이기도 한다. 공 점유율이 70퍼센트라는 통계가 있다고 한들 그것이 경기 결과와 무슨 상관이 있단 말인가? 바이에른 뮌헨은 1999년 5월 26일 맨체스터 유나이티드와 치른 챔피언스리그 결승전에서 90분 동안 더 나은 경기를 펼친 끝에 마이오 바슬러의 골로 마침내 1대 0으로 앞서 나갔다. 그러나 추가 시간의 첫 1분 사이에 맨유의 셰링엄에게 동점골을 허용했고, 또 추가 시간 3분께에 솔샤르가 역전골을 터뜨려 결국 맨체스터 유나이티드가 승리하고 말았다. 그렇다면 이 결과를 자격이 없는 승리라고 봐야 할까? 그렇지 않다. 단지 예상하지 못했던 일이 벌어졌을 뿐이다.

옛 학교 동창을 20년 만에 만나게 되면 우리는 이 친구가 그사이에 얼마나 세상에 물들었는지 놀라기도 하지만, 곧 축구 대표팀을 화제로 대화를 이어 갈 수 있다. 축구가 우리를 매혹하는 것은 매우 복잡한 면모를 지녔기 때문이기도 하지만, 그와 동시에 가장 간단한 규칙을 통해 명료함을 제공하기 때문이기도 하다. 이를 통해 스포츠에서 예상 불가능성이라는 특징이 확보된다. 그 덕분에 단지 긴장감만이 조성되는 것이 아니라 이를 끊임없이 설명해야 할 필요성도 생겨나게 된다. 경기 전후에 전문가들이 중계석에 앉아 하는 해설 등을 통해 이러한 필요가 충족된다. 미디어에서는 또 이를 통해 이야깃거리와 여흥을 창출해 낸다. 다시 말해 스포츠 경기 자체는 언어와 무관하게 작동한다고 해도, 스포츠는 그와 동시에 무한한 의사소통의 시발점이 되는 것이다. 바로 이 때문에 축구에 문외한인 사람도 그 놀이를 즐길 수 있다.

2006년 독일이 개최한 월드컵 기간 중 '여름날의 동화'라는 별칭이 생길 정도로 독일 전역이 마법에 빠진 적도 있었지만, 독일이 우승한 2014년 브라질 월드컵 중의 분위기는 '금빛의 우승컵', '네 번째 별', '우승 팀의 비행기' 같은 말의 유행 속에 8년 전을 훨씬 능가했다. 그러나 독일 국내의 분데스리가 경기라고 해서 이러한 제한 속의 흥분이라는 마법을 선사하지 않는 것은 아니다. 우리는 경기 시간의 제한 때문에 흥분하는 것이다. 문화에서 비슷한 사례를 찾아본다면, 바로크 음악의 화려한 연출이나 리하르트 바그너Richard Wagner의 음악극을 떠올려 볼 수도 있다. 보루시아 도르트문트 축구 팀의 경기장은 가난한 자의 바이로이트(Bayreuth, 독일 남동부의 도시로, 해마다 바그너 음악 축제가 열린다─옮긴이)다. 여기에서 축구 경기는 장관일 뿐 아니라 하나의 사건이자 제의가 된다. 그 경기는 보려는 욕구와 호기심을 충족하는 장관이고, 한 번밖에 없는 것이 내뿜는 아우라를 불러일으키는 사건이며, 새로운 의미가 만들어짐을 암시하는 제의다. 실제로 ARD 방송의 〈스포츠 중계〉 광고는 그 핵심을 찌른 것인데, 한마디로 축구 경기가 종교를 대체한다는 것이다.

월드컵이나 올림픽 기간에는 경기 자체에 별 관심이 없는 수백만 명의 사람들도 경기를 시청한다. 도대체 왜 그런 것일까? 앞서 나는 축구나 테니스를 이해한다는 것은 경기의 움직임을 가상적으로 따라할 수 있다는 것을 의미하며, 그렇기에 그에 대해 말할 자격이 있으려면 한 번이라도 그 경기를 해보았어야 한다고 말한 바 있기는 하다. 그러나 큰 스포츠 축제가 되면 사건의 비전祕傳이라고 일컬을 만한 현상이 벌어진다. 바로 이 현상 때문에 경기 자체를 전혀 이해하지 못하는 몇몇 관람객이나 시청자가 있다고 해도 문제가 되지 않는 것이다. 비전이란 바로 이와 같이 주는 정보가 없으면서도 그것이 전달되는 경우를 말한다. 사람들은 오직 자신들이 경험한 것만 이해할 수 있다. 그 사건에 참여한 사람에게 이는 자신의 '체험'으로 남는다. 맥주 한 병이나 주말여행처럼, 축구 경기도 사용 기간이 짧게 정해졌으며 만족을 보장하는 상품이다. 여기에서 벌어지는 일에는 어떠한 전제도, 뒤따르는 결과도 없다. 이 때문에 폭죽에는 이 사건의 총체가 담겨 있다. 폭죽은 아무것도 아닌 것에서 나타나서 빛을 분출하고 희미하게 사라지기 때문이다. 바이로이트에서 공연되는 바그너의 오페라 〈파르지팔Parsifal〉에 적용되는 말은 대형 운동장에서 열리는 중요한 시합에도 해당된다. "같이 겪어 보지 않은 사람은 모를 것이다." 축제란 언제나 일상의 짐을 성공적으로 덜어내는 일이며, 영혼의 예외적 상태를 마련하는 것이다. 스포츠 자체의 매력에 바로 이것이 더해지는 것이다. 축제 공동체는 그것이 비엔나의 오페라극장 무도회가 되었건 대형 경기장 관중석의 파도타기가 되었건 그들 스스로 축제를 벌인다. 선수들 말고, 관람객에게는 그곳에 실제로 있었다는 것이 전부이며 가장 중요하기 때문이다.

놀이가 우리를 매혹하기 위해서는 시공간적으로 엄격한 제한을

두는 것이 전제가 된다. 이러한 제한이 있기에 일반적으로는 금기시되는 특정한 행위 양식들이 자유롭게 펼쳐질 가능성이 생기는 것이다. 앞서 언급한 마법진이라는 하위징아의 개념으로 이 점을 설명할 수 있다. 법원의 심리와 놀이 사이에는 닮은 점이 있다. 두 경우 모두 우리는 특수한 규칙이 지배하는 일종의 마법진 같은 공간으로 들어가야 한다. 그 마법진이라는 공간을 이탈하기만 하면 보통의 세계가 계속된다. 어떠한 축구 팬도 경기장 밖에 보통의 세계가 존재한다는 사실에 의심을 품지 않는다. 그러나 경기장 안에는 그 자신만의 세계, 한눈에 볼 수 있는 세계가 펼쳐진다. 놀이는 본질적인 것으로만 채워진 천국이다. 진짜 현실이 우리에게 내어 주지 않는 모든 것이 이 마법진 안에서 제공된다.

위대한 축구 경기가 벌어질 때마다 우리는 종교적 제의와 예술 그리고 놀이 간의 근원적 연관성을 떠올리게 된다. 그곳에서 열리는 의미론적인 장, 달리 말하면 환호와 자랑 그리고 칭송이 교차하는 모습에 표현되고 있는 것은 바로 동의의 문화Zustimmungskultur다. 놀이는 우리가 세계에 대해 동의하고 있다는 것을 보여주며, 그로써 비판적 의식의 문화의 반대에 놓인 동의의 문화를 드러낸다. 여기에서 가장 이익을 보는 것은 바로 전 세계 주민들이 그 스포츠라는 장관으로 빠져들게 하는 데 성공 가도를 달리고 있는 대중매체다. 심지어는 가자 지구에 사는 사람들조차 비상 전원을 사용해 축구를 시청하고 있다! 텔레비전 프로그램 제작자들 머릿속에 아른거리는 생각은 아마 축구와 베를린의 전설적 테크노 축제인 러브퍼레이드를 섞어 놓은 그 무엇일 것이다. 이러한 이미지는 새로운 팬들의 유형에도 부합하는데, 기존의 팬들이 서로 전문적인 이해도를 뽐내고자 했던 것과는 달리 이들은 그저 재미있고 기분 좋아지고 싶어 할 뿐이다. 오늘날 국가대표 경기에서 독일 국기를 흔드는 사람은 옛 독일 국가의 1절 구절처럼 '무엇보다도 더 위대한 독일'을 말하려는 것이 아니라 '멋진 파티를 해보자'라는 생각을 표현하는 것이다. 물론 이러한 생각은 축구의 정신에 전혀 모순되지 않는다. 왜냐하면 파티가 그렇듯이, 축구 팬들의 종교적 제의는 원래 건강에 좋을 것이 없고 문화적으로 세련되지 않으며 별다른 목적을 갖지 않기 때문이다. 베르톨트 브레히트는 바로 이러한 측면들에도 불구하고 우리를 동의로 이끄는 스포츠의 마력을 간파해 냈다.

제 6 장

화면 속으로 빠져들다

우리는 모두 예비 스타

코미디언 하페 케르켈링Hape Kerkeling은 인생 전체가 하나의 퀴즈라고 노래 불렀다. 퀴즈 프로그램과 오디션 프로그램, 게임 프로그램이 넘쳐나는 독일 텔레비전을 틀어 보기만 해도 이 말을 실감할 수 있다. 과거에는 방송 프로그램의 제목이 '한 사람은 승자'나 '전부 아니면 전무' 같은 식이었다면, 요즘은 '무엇을 해낼 수 있을지 내기 할까요?' 또는 '누가 백만장자가 될 것인가?' 같은 질문으로 지어진다. 이때 각 방송의 수준은 우리 논의에서 전혀 문제가 되지 않는다. 어떠한 경우라고 해도 이들은 모두 놀이가 지닌 매력을 증명하고 있기 때문이다. 퀴즈 프로그램과 오디션 프로그램, 게임 프로그램의 놀랍도록 성공적인 시청률을 보면 대중들의 놀이에 대한 열정이 얼마나 뜨거운지를 알 수 있다.

스포츠 경기장에만 진정한 팬들이 있는 것은 아니다. 그들은 녹화 스튜디오에도 있고, 화면 앞에 앉아 있기도 하다. 이때 일어나는 상황을 적절히 설명하는 개념으로 로제 카이와의 미미크리를 들 수 있다. 팬은 놀이에 사로잡히고 자신을 스타와 동일시한다. 이때 스포츠 팬과 놀이의 팬의 특징적인 차이가 도출된다. 축구 경기에서 내가 동일시하는 것은 승리를 쟁취한 챔피언이다. 이 점은 노소를 불문하고 수많은 사람들이 리오넬 메시Lionel Messi의 이름이 새겨진 유니폼을 입고 다니는 것만으로도 분명히 드러난다. 그런데 놀이의 팬은 이와는 다르다. 퀴즈 프로그램이나 게임 프로그램의 매력은 나와 비슷한 사람들이 행운을 잡을 수 있으며, 또 그 행운에 나도 끼어 있다는 느낌을 받는다는 점에 있다. '100만 유로를 딴 저 학교 교사가 바로 나일 수도 있었을 텐데……' 하고 말이다!

동화《개구리 왕자》를 연상해 보라. 패배자 유형인 사람이 승리자가 된다. 텔레비전 게임은 참으로 매혹적인 자기동일화의 기회를 제공한다. 팬은 오디션 프로그램의 경쟁에서 승자가 된 패자 유형의 사람과 자신을 동일시한다. 특히 인상적이었던 사건은 2007년 영국의 텔레비전 방송 〈브리튼스 갓 탤런트Britain's Got Talent〉에서 뚱뚱한 휴대폰 판매원 폴 포츠가 무대에 등장해 푸치니의 '공주는 잠 못 이루고'를 불렀던 일이다. 그로써 폴 포츠는 당시 열광적인 관객과 놀라워하는 심사위원 앞에서 그 경연의 우승을 차지했을 뿐 아니라, 스타 테너로서의 경력을 개시할 수 있었다. 도이체텔레콤 사가 2008년 7월 이 이야기로 광고를 만든 것은 좋은 아이디어였다. 물론 전문가들이 포츠의 가창력은 그저 평범한 수준이라고 했지만, 당연하게도 이 말 때문에 그 매혹의 대상에 변화가 오지는 않았다.

우리와 닮은 패배자가 우승 당첨권을 뽑은 것이다. 오디션 프로그램은 '마치 그렇게 되지 않을 것만 같은 결과를 약속하는' 복권 추첨이다.

우리가 이 이야기에서 얻게 되는 것은 무엇인가? 스타란 많은 사람들이 계획한 것의 결과물이다. 이것은 오락 산업의 사업 비밀과도 같다. 마케팅이라는 마법 같은 장치를 통해 인기를 창출해 내야 한다. 그리고 스타들은 미적 판단력을 불필요한 것으로 만들어 버린다. 폴 포츠가 위대한 테너의 목소리를 지녔는지는 중요하지 않기 때문이다. 그러나 어느 스타의 지위가 그의 실력 때문이 아니라 그를 만들어 낸 계획에 의존한다는 사실이 확연해지는 순간, 그의 인기도 앤디 워홀의 표현처럼 "평범한 이들에게 주어진 15분짜리 세계적 명성"에 불과했다는 것을 팬들 모두가 바로 알아차리게 된다. 이제 스타에 대한 숭배는 우연에 대한 숭배로 보완된다. 이러한 우연성에 대한 숭배는 사실 이미 그리스 고전 시대에 운명과 우연의 여신인 티케Tyche에 대한 숭배의 형태로 존재했다. 이 우연의 신은 현대 오락의 핵심 부분에 재림했다. 우연성의 숭배는 개연성의 계산이라는 약간의 방해 속에서도 실로 매우 현실적인 다음과 같은 복음을 전파하고 있다. "우리는 모두 스타가 될 수 있다!"

대중 매체에서 인기와 실력은 이제 더는 관계가 없다. 스타로서 방송을 타기 위해 무엇인가를 할 능력이 꼭 필요한 것은 아니다. 그에 따라 우리는 이제 역설적인 상황과 마주친다. 인기는 일상적인 현상이 되었다는 사실이다. 방송 시간을 채우기 위해 대중매체는 인기도 민주화해야 한다. 모든 이들이 유명해지고 싶다고 요구할 수 있는 것이다. '추한 명성'이라는 제목의 재치로 번득이는 짧은 글에서 언론인 요마 망골트Ijoma Mangold는 유명인들이 사람들의 관심을 독점하는 가운데 미디어가 어떻게 이 과정에 동참하는지를 분석한 바 있다. 그에 따르면 과거 상층계급과 하층계급, 또는 자본과 노동 간의 대립보다 오늘날의 "화면 안에 보이는 사람들과 화면을 보며 그 앞에 앉아 있는 사람들 사이의 분리"가 더욱더 강력한 힘을 갖고 있다.

스타와 예비 스타들이 화면에서 더 빛날수록, 평범한 이의 자신에 대한 허무감은 더욱더 견디기 어려워진다. 그래서 누구라도 스타와 자리를 바꾸어 화면에 나올 수 있다는 미디어의 암시는 많은 이들을 강하게 유혹한다. 그 때문에 오디션 방송 프로그램의 제목처럼 '독일은 슈퍼스타를 찾는다.' 이때 시청자들 대부분에게는 다니엘, 알렉산더, 바네사 같은 이름을 지닌 어느 오디션 참가자가 슈퍼스타가 되는 것이 중요한 것이 아니라, 그 자신들의 권력을 즐기는 것이 중요하다. 바로 우리가 결정한다! 보트롭 시에 사는 쩨지는 목소리의 소유자가 음반 계약을 맺을지 다시 고향인 루어 지역으로 흔적도 없이 사라질지는 오직 시청자의 투표 권력에 달려 있다. 바로 이 때문에 재능 없는 사람을 '슈퍼스타'로 만드는 것만큼 흥미진진한 일은 없다. 또 다른 어떤 누구라도 그렇게 슈퍼스타가 될 수 있었던 것이다. 내가, 그리고 나와 비슷한 이들이 단지 그렇게 되길 원하기만 했다면. 다시 말해, 슈퍼스타를 찾는다는 것은 이전에는 신에게만 가능한 것으로 여겨졌던 무無로부터의 창조다. 이때 근본적으로 시청자들이 칭송하는 것은 자기 자신이다.

현실보다 더 현실적인

텔레비전은 수동적 매체이기 때문에 원래는 시청을 통해 없애 버리고자 했던 지루함을 스스로 만들어 내는 경향이 있다. 그래서 프로그램 책임자들은 항상 새로운 놀이 포맷을 찾아 헤맨다. 과거에 사람들은 허구에서 매혹적인 것을 찾으려 했다. 당시의 오락 방송 프로그램은 '현실 도피적'이었다. 이를 통해 일상에서 탈주하는 데 도움을 주는 모습을 보였다. 오늘날 이것은 더 영악한 방식으로 변화했다. 텔레비전은 현실 자체를 오락거리로서 제공한다. 이에 해당하는 방송은 제목에 '다큐doku-'라는 접두어가 붙어 있기에 쉽게 알아볼 수 있다.

이러한 방식의 방송이 잘되는 이유는 무엇인가? 분명한 것은 우리의 문화는 연출된 것과 진짜를 구별하는 일에 홀려 있는 상태라는 점이다. 물론 미디어가 연출력을 발휘해 진짜 현실에 점점 더 개입하고 있다는 것을 못 느끼는 사람은 없다. 그런데 바로 이 때문에 '진짜 진실'을 향한 동경도 더 커지는 것이다. 그러나 이러한 동경에 대한 충족 또한 단지 미디어를 통해서만 이루어질 수 있다. 바로 이것이 〈빅 브라더〉류 방송 프로그램의 성공 비결이다. 미디어와 컴퓨터 시뮬레이션의 시대에 있는 그대로의 현실, 진짜 또는 진실을 찾게 되는 곳은 길거리다. '길거리의 신뢰성street credibility'이라고 일컬어지는 것이 바로 이것이다. 다큐멘터리와 픽션의 중간에 놓인 이미지의 세계는 이러한 체험을 초현실주의적인 이야기로 만들어 낸다. 역설적으로 말해, 화면 위에 보이는 것은 실제보다 더욱

더 실제처럼 보인다.

진짜라는 느낌을 만들어 내기 위해서는 보통 사람들이 방송 프로그램을 만들거나 적어도 그 제작에 참여할 필요가 있다. 그와 동시에 요즘에는 모두가 알고 있는 다음과 같은 극단적 조건 아래에서 방송 전체가 엄격한 놀이 규칙에 따라 이루어지는 연출의 대상이 된다. 서로 모르는 사람들이 마치 감옥을 연상케 하는 컨테이너 건물에 갇히는데, 이들은 살아남는 데 꼭 필요한 만큼만을 가지고 생활하게 된다. 외부 세계와는 완전히 차단된 상태에서 이들은 살아남아야 하는 기간 중에 작은 보상을 위해 과제를 해결하고 경쟁 속에 던져지며, 또 함께 게임을 하고 서로 의사소통을 한다. 이 모든 일이 많은 카메라의 끊임없는 감시와 시청자의 무자비한 심판 아래 놓인다. 이는 '적자생존'을 하나의 놀이로 만든 것인데, 이때 시청자들은 자연선택의 기능을 대신 수행한다. 마지막 '생존자', 다시 말해 시청자들이 마지막까지 내쫓지 않았던 이는 상금과 앞서 말했던 15분짜리 인기를 보상으로 받는다.

이 컨테이너는 게임의 구조에서 결정적인 아이디어에 해당하는데, 그 대신 외딴 섬이나 정글 속의 캠프를 골라도 별 차이는 없다. 정말 중요한 것은 우리가 실제 삶에서 교도소나 병원 같은 곳을 통해 경험하는 한 시설의 총체를 연출하는 것이다. 이러한 제반 조건에서 사회적 삶은 마치 실험실의 조건에서처럼 재생산될 수 있다. 다시 말해, 여기에서는 실제 인물들을 가지고 시뮬레이션이 이루어지는 것이다. 네덜란드 텔레비전 프로듀서 존 드 몰John de Mol의 이 천재적인 아이디어에는 리얼리티 쇼, 리얼리티 연속극 또는 다큐-연속극 같은 새로운 이름이 붙여지곤 했다. 이 이름들이 말하고자 하는 것은 다큐멘터리와 픽션 사이에, 또 실제와 연출 사이에 이종교배가 이루어지고 있다는 점이다. 달리 표현하면 사실에 근접한, 그리고 자신의 허구성을 부인하는 허구가 지금 문제가 된다. 이제 시청자가 풀어야 하는 퀴즈는 '이것이 진짜인가, 아니면 연출된 것인가?'라는 질문이다.

과거에 어떤 프로그램이 방송을 선도했는지는 별로 상관이 없다. 〈빅 브라더〉 프로그램이야말로 모든 리얼리티 쇼의 어머니다. 독일 RTL2 방송국은 굉장한 용기를 내어 삶 속의 진실과 위대한 감정들 그리고 내밀함을 찾아내기 위한 진지한 여정에 나섰다. 바로 여기에서 텔레비전은 본연의 제 모습을 찾는다. 텔레비전 기기는 해가 떠 있는 외부 세계를 피해 화톳불을 둘러싸고 앉아 있는 고대인들의 무리에게 그 화톳불이 주는 것과 같은 마력을 발산한다. 이는 스위스 작가 한스요르크 셰르텐라이프 Hansjörg Schertenleib가 에세이에서 네안데르탈인이 텔레비전 세계에 재림했다고 말할 때 사용한 표현이기도 하다. "그 두 상황 모두에서 우리는 쪼그리고 앉아서, 자기 망각自己忘却 상태에서 음식을 입에 넣으며 흔들리는 마법의 불꽃을 휭하니 쳐다본다. 마치 최면에 걸린 것처럼. 편안함에 파묻힌 채. 그리고 이제 이야기가 시작된다." 〈빅 브라더〉 프로그램은 이제 더는 시뮬레이션과 실재가 구분되지 않는 위대한 감정들의 세계를 연출한다. 팝아트의 혁명 이후 실로 우리는 감정의 강렬함은 삶이 아니라 미디어에서 찾을 수 있다는 점을 알고 있다. 정말 무엇인가를 체험해 보고 싶다면 그 체험을 더는 일상에서 찾지 말고, 차라리 형식

이 제어되며 외부의 방해를 덜 받는 미디어의 가상현실에서 찾아야
할 것이다. 그리고 더 깊은 감정을 느끼고 싶다면 텔레비전 앞에 앉
거나 영화관에 가야 한다.

노출증과 관음증이 주는 즐거움

앞서 언급한 RTL2 채널의 방송은 금기 하나를 깨뜨려 버렸다.
방송 속 컨테이너에서 공적인 것과 사적인 것, 그리고 내밀한 것과
의식적인 자기표현 간의 구분은 더 이상 존중되지 않는다. 〈빅 브라
더〉는 현대의 파놉티쿰Panoptikum으로서 텔레비전 카메라뿐 아니라
웹캠을 통해 항구적으로 감시되는 세계다. 컨테이너 안에 감시되지
않는 곳은 더 이상 존재하지 않는다. 그것을 통해 이 방송은 시청자
들이 갖고 있던 뿌리 깊은 욕망을 충족해 준다. 왜냐하면 웹TV 형
태를 포함한 넓은 의미의 텔레비전은 사람들이 다른 사람들처럼 관
찰당하지 않으면서 관찰하고 싶어 한다는 점을 다른 어떤 매체보다
더 잘 보여주기 때문이다. 무엇보다 이러한 맥락에서 〈빅 브라더〉
라는 포맷은 많은 것을 가르쳐 준다. 이 방송의 유일한 주제는 관찰
당하기다. 우리는 자신들이 관찰당하고 있다는 것을 알고 있는 사
람들을 관찰한다. 그것도 보통은 관찰되지 않을 일들을 말이다. 〈빅
브라더〉는 보통 사람을 위한 브레히트 극이다. 텔레비전은 그 실험
의 실시 조건으로 주어진다. 참가자가 방송을 하면서 창피를 당하
게 될 과제를 수행하는 컨테이너는 같은 방송국의 프로그램인 〈정

글 속의 캠프)로 대체되어도 상관이 없다. 이들은 모두 경쟁적인 성격을 지닌 시험이다.

텔레비전이 과거에 극장에서 자신의 방향성을 모색했다면, 오늘날 텔레비전이 지향하는 대상은 놀이와 경기가 되었다. 현실을 정글 속 캠프나 컨테이너 안에서 연출하는 것은 즐거움을 수반하는 긴장을 자아낸다. 명확하게 정해져 있지만 참가자들이 아직 다 파악하지는 못한 놀이 규칙이 지배하는 환경에서 예상하지 못했던 일이 벌어진다. 놀이 중 긴장의 상당 부분은 참가자가 놀이 규칙을 알아내려고 시도할 때 생겨난다. 이것은 시청자에게도 긴장되는 순간이다. 기본적으로 시청자들은 마치 집단심리학 실험을 관찰하는 연구자인 듯한 자세를 취한다. 브레히트가 자신의 '서사극'으로 만들어 보려 했지만 실패했던 것이 바로 이것이다. 그것은 현실을 기획하는 텔레비전 방송에서 비로소 성공했다.

미국 칼럼니스트 스티븐 존슨Steven Johnson은 용감하게도 통상적인 문화비평의 평가 태도와는 정반대로, 텔레비전이 사회적·감정적 지능을 학습하는 학교라고 호평했다. 사실 이미 1980년대에 〈댈러스Dallas〉나 〈덴버 클랜Denver Clan〉 같은 유명 텔레비전 시리즈를 보는 시청자들은 '이 인물들이 서로 어떤 관계인 거야?' '이 사람들 간의 사회적 관계는 도대체 뭐지?' 하는 식으로 질문을 해야 했다. 실제로 그 이후의 오락 프로그램은 갈수록 더 복잡해졌다. 〈펄프 픽션Pulp Fiction〉이나 〈매트릭스The Matrix〉 같은 영화를 생각해 보라. 몇 번을 보고 나서야 이해가 가는 데이비드 핀처 감독의 여러 영화를 떠올려 보아도 좋다. 아니면 〈브레이킹 배드Breaking Bad〉 같은 최신 TV

시리즈도 좋은 예다. 내용으로 볼 때 영화와 텔레비전이 어쩌면 실제로 점점 더 멍청해지고 있을 수도 있겠지만, 형식적으로는 점점 복잡해지는 것도 사실이다. 누가 이러한 변화를 예상했단 말인가? 예전에는 할리우드로서는 손쉬운 시청자였던 장시간 TV 시청자Couch Potato가 오늘날에는 인지적 훈련을 받고 있는 셈이다.

말하자면 텔레비전의 오락 프로그램도 점점 더 놀이의 특징을 띠고 있다. 쓸데없이 문화비평을 길게 늘어놓기보다 흥미로운 사항을 바로 말하려 한다. 리얼리티 연속극의 놀이는 불확실한 미래에 대해 사회화 학습을 시켜 준다. 마치 〈빅 브라더〉나 〈정글 속의 캠프〉 같은 방송을 보기라도 한 것처럼 고대인류학자 루돌프 빌츠는 일찍이 '시청자의 신성성'이나 '감시가 주는 자극' 같은 멋진 용어를 사용했다. 이 말들은 실제로도 이러한 방송 포맷 성공의 비밀을 설명해 준다. 그러나 다른 모든 방송에서도 텔레비전이 사람들을 쳐다보고 구경하는 쾌감을 준다는 점은 동일하다. 이러한 무대 뒤 시선이 그 쇼의 일부가 된 것도 오래된 일이다. 따라서 어느 누가 텔레비전에서 성공할 수 있느냐는 그 자신의 의사소통 능력보다는 오히려 화면 너머 시청자들에게 그가 얼마나 '잘 전달되는지'를 뜻하는 표현적 재능에 달렸다.

삶이 연속적인 방송이 된다는 생각은 피터 위어Peter Weir 감독이 만들고 짐 캐리James Eugene Carrey가 주연한 1998년 영화 〈트루먼 쇼The Truman Show〉의 주제이기도 했다. 그러나 그 영화에서 주인공은 아직 순진하였기에 그저 천진난만하게 관객들의 관음증적 욕구에 봉사하고 말았을 뿐이다. 그로부터 1년 뒤 시작된 방송 프로그램 〈빅 브라더〉에서는 앞서의 관음증에 노출증이 추가된다. 나는 방송으로 전송되기에, 고로 존재한다. 그 프로그램을 방송하는 RTL2 채널의 세계에서는 이제 순진한 참가자가 존재하지 않는다. 그들은 모두 자신들에게 어떤 일이 일어날지 정확하게 예상하고 있다. 이들은 눈을 똑바로 뜬 채 자신들의 존엄성을 내기에 건다. 이들은 스스로 무엇을 원하는지 분명하게 인식하고 있는데, 그것은 바로 스타의 미디어적 명성이며, 그들은 이것을 어떤 대가를 치르더라도 쟁취하려 한다. 미래 감시 사회에 대한 경종을 울렸던 조지 오웰George Orwell 이라는 이름은 이미 오래전부터 이 노출증과 관음증으로 이루어진 새로운 문화의 안전한 마스코트에 불과한 것으로 무장해제되어 버렸다. 여기에 〈빅 브라더〉라는 방송 제목에 담긴 아이러니가 있다.

이 방송의 각 출연자는 대중의 의식에 자기가 끼어 들어갈 가능성이 있다는 것과, 또 그렇게 되지 않으면 휘르트와 포르츠 사이 어딘가에 있는 고향으로 내려가 영원히 썩을 수밖에 없다는 사실을 잘 알고 있다. 그래서 그들은 카메라 앞에 서기 전에 하나같이 다른 이들과 분명하게 구분되고 돋보이기 위해 애를 쓴다. 그런데 우리는 이를 시장에서 판매되는 상품의 특징으로 익히 알고 있었다. 따라서 우리는 방송 참가자들이 자신의 개인성에 대한 '사용권'을 일정 기간 방송에 기꺼이 판매하려는 모습을 보면서도 놀라지 않는다. 방송 출연에는 그 참가자에 대한 마케팅이 전제되는 것이다. 이러한 식으로 참가자와 방송 양자는 모두 짧은 인기를 목적으로 한 이 장기간의 TV 시리즈에서 이득을 본다. 이때 이들은 모두 대중의 관심을 놓고 벌어지는 이 싸움에서 패자는 수없이 많은 데 반해 승자는 극소수에 불과하리라는 점을 분명히 인식하고 있다. 바로 여기에서 우리는 이 방송의 핵심을 이루는 요소를 발견한다. 자연선택이 지닌 매혹적인 힘이 바로 그것이다. 누가 도태되어야 하는가? 이를 함께 결정하는 시청자들은 방송 포맷의 중심에 자리를 잡는다. 이미 일종의 미디어 다원주의가 존재하기는 했다. 그러나 〈빅 브라더〉 방송이 등장한 뒤에야 이 다원주의가 방송의 원칙으로 부상했다. 따라서 이 대목에서 텔레비전은 자기 자신의 얼굴을 들여다보고 있다고 말할 수 있게 되었다.

RTL2 채널은 〈베를린의 낮과 밤Berlin–Tag & Nacht〉이라는 방송 프로그램으로 또 한 번 신의 한 수를 두었다. 하층 시민들을 겨냥한 이 최고급 채널은 이 프로그램으로 종전의 최고 인기 프로그램 〈좋은 날들 나쁜 날들Gute Zeiten Schlechte Zeiten〉뿐 아니라 같은 채널에서 나오는 모든 다큐와 연속극, 〈정글 속의 캠프〉 그리고 이 모든 것의 원조라고 할 〈빅 브라더〉까지 능가하는 결과를 얻었다. 알다시피 처음에 이 현상은 컨테이너 건물을 사회적 실험실로 삼아 무명의 노출증 출연자들이 텔레비전 관음증 시청자들 앞에서 옷을 벗는 것으로 시작되었다. 이제 우리는 그 대신 공동 주거 아파트 안으로 자리를 옮겨, TV 앞에 앉은 지방 사람들에게 베를린의 오버바움 다리[橋]나 프리드리히스하인 구區 같은 지역을 보여주며 이것들이 이 세계에서 제일 멋진 곳인 것처럼 연출되고 있는 장면을 목도한다.

이러한 종류의 방송에 대한 명칭으로 '다큐-연속극'이라는 이름이 굳어졌다. 이 명칭은 마치 실제 사람들의 일상이 다큐멘터리처럼 기록되는 듯한 인상을 준다. 그런데 미디어학자들이 이와 같은 방송을 지칭하는 대본화된 현실Scripted Reality이라는 용어를 써보면 이 상황은 좀 더 정확하게 파악된다. 풀어 말하면, 방송에서 보이는 실제의 삶이 대본에 따라 이루어진다는 말이다. 따라서 방송의 성공을 위해서는 사실과 허구 그리고 현실과 쇼 사이의 경계를 계속 불분명하게 만드는 것이 결정적으로 중요하다. 그런데 이를 수행하기에는 초보 연기자다운 초보 연기자야말로 적격이다. 바로 이것, 즉 출연하는 연기자들이 자신의 '거의' 그대로를 연기한다는 점이 〈베를린의 낮과 밤〉 같은 프로그램의 중요한 특징이다. 사랑과 슬픔이 펼쳐지는 이 공동 주거 아파트 안에 오늘날 모든 청소년이 북적대는 가상현실 소셜 네트워크와 정반대인 진짜 현실이 있는 듯한 외양이 연출된다. 이곳에 무정부 상태와 섹스, 그리고 또 안락함과 소속감에 대한 끊임없는 희구가 이상적인 방식으로 투영된다.

하지만 이 방송의 진정한 비밀은 요즘 사람들이 '남 때문에 부끄러워하기fremdschämen'라고 부르는 심리학적 현상에 있다. 이 현상을 설명하기란 너무 쉬워서 당혹스러울 정도다. 우리는 특히 젊은이들이 자기표현을 하도록, 아니 자신을 시장에 상품화하고 스스로 벌거벗게끔 이끄는 문화 속에서 살고 있다. 모두는 눈에 띄어야 하고, 또 그러고 싶어 한다. 그 결과 예를 들어 얼굴에 피어싱을 10개씩 하거나, 머리카락을 파란색으로 물들이거나, 살찐 하반신을 억지로 스키니 진에 구겨 넣거나 하는 남 보기에 창피스러운 일들이 거듭 벌어진다. 더 나쁜 것은 이른바 '정신적 문신 새기기'라고 하겠는데, 참가자들이 자신의 이른바 '세계관'이나 '인생철학'을 화면에서 떠벌이는 모습이 그것이다. 이러한 사람들을 보면서 우리는 그들 때문에 창피함을 느낀다. 바로 이 점이 중요하다. 남 때문에 부끄러워한다는 말에는, 우리가 남들이 창피한 일을 하는 것 때문에 부끄러워하는 것 자체는 창피한 일이 아니라는 사실이 포함된다.

요컨대, 창피한 일로 말미암아 남 때문에 부끄러워하게 된다. 그런데 이것에서 재미를 느끼는 것은 그리 어려운 일이 아니다. 남의 창피한 일에 대한 쾌감이 존재한다는 것은 공공연한 사실이다. RTL2 방송은 바로 이것을 포착한 것이다. 창피한 일 덕분에 일상적인 현실이 오락거리가 되었다. 방송국 홈페이지에는 인포테인먼트나 폴리테인먼트 같은 개념에 빗대어 만들어진 리얼테인먼트라는 단어가 적혀 있다. 한마디로 현실이 엔터테인트먼트이고, 실제가 오락이 되었다.

심리학자들이 부끄러움은 과시욕의 반대말이라고 하는 것을 귀담아들어 볼 만도 하다. 그런데 RTL2 방송은 여기에서 지그문트 프로이트보다 한 걸음 더 나아갔다. 분명히 부끄러움과 역겨움의 저항을 이겨 낼 만한 과시욕도 존재한다는 것이다. 이를 '창피함의 포르노그래피'라고 부를 수도 있겠다. 화면에 의해 보호를 받은 채 우리는 남 때문에 부끄러워하는 일에서 비롯하는 쾌락을 키운다. 그리고 RTL2 방송은 놀랍도록 초지일관 그 쾌락을 착취한다. 그 방송이 별다른 이유 없이 방송 내용 중에서 가장 창피한 장면만을 모아 '헉!'이라는 이름을 붙이고 인터넷에 공개한 것이 아니다.

진실을 안다는 것이 때로는 아프게 다가온다고 해도, 나는 적어야겠다. 민영 텔레비전 방송이 보여주는 것은 사실 우리가 보고자 하는 것일 뿐이다. 이는 시청률에 따라 제작되기 때문에 그렇다.

민영 텔레비전 방송 사업체들은 광고 시간을 판매해야 하는데, 이는 오직 그들이 방송으로 시청자를 사로잡을 수 있어야 가능하다. 다른 어떤 방송국도 이 점에서 RTL보다 빼어나진 않다. 예를 들어 〈농부가 아내를 구합니다Bauer sucht Frau〉 같은 짝 찾기 쇼 프로그램은 통상 수백만 명의 시청자를 자랑한다. 이렇게 성공적인 방송에 대해 쉬이 문화비평의 잣대를 적용하는 것은 별다른 의미가 없다. 그보다 우리는 그 프로그램의 매력이 어디에 있는지 질문해야 한다.

〈농부가 아내를 구합니다〉와 〈슈퍼 내니Super Nanny〉, 〈빅 브라더〉 같은 프로그램 사이에서만이 아니라, 오디션 프로그램에서 괴짜들을 등장시킬 때도 우리는 이들 방송 간에 친족 유사성을 발견한다. 이러한 방송 포맷을 통해 우리의 관음증과 노출증이 착취된다. 우리는 옷을 걸치지 않아도 부끄러워하지 않고 자기를 보여주어야 하는 세계에 살고 있다. 비록 오디션 프로그램에 오르지 못한 사람에게도 페이스북에서 스스로 벗은 몸을 보여줄 기회는 여전히 남아 있다. 우리 문화는 마치 우리에게 '너를 전시 대상으로 내보여라'라고 명령하는 것처럼 보인다.

이것이 가능한 것은 보여주는 이의 반대편에 그보다 훨씬 더 많은 엿보기 관중이 있기 때문이다. 여기에서는 낯선 이의 내밀한 영역에 대한 관심이 작동하고 있다. 다른 이의 사적 부분을 알아내는 일은 과거에도 쾌감을 주었지만, 오늘날 텔레비전은 우리 모두를 관음증자로 만든다. 그런데 그 호기심이 향하는 대상이 단지 부자와 유명인이 아니게 된 것은 이미 오래된 일이다. 텔레비전은 이제 유명인의 반대편에 있는 이들을 발견해 냈다. 패배자들, 괴짜들 그리고 창피스러운 짓을 하는 이들이 그들이다.

이것이 바로 민영 텔레비전 방송의 가장 새로운 반전이다. 이제까지 발견되지 않았던 창피함이라는 신대륙을 용감하게 정복한 데 그치지 않고, 그에 이어 시청자들이 남의 창피한 일을 보며 쾌감을 느낀다는 점을 일깨워 준 것이 바로 반전이다. 이들은 끊임없이 '저렇게 창피한 일을……'이라고 반응하면서도 정작 눈길을 돌리지는 않는다. 하지만 기억할 것은, RTL 방송은 단지 미학적 아방가르드에 속할 뿐이라는 점이다. 여타 모든 방송국이 자의 반 타의 반으로 여기서 제시된 법칙에 따라 일하고 있다. 공영 방송은 자체 토크쇼에서 일종의 사회적 관음증을 보여주고 있다. 머지않은 시기에 프랑크 플라스베르크Frank Plasberg나 마이브리트 일너Maybrit Illner 같은 TV 토론 진행자들의 방송에 어울리는 제4차 하르츠 노동개혁 조치의 제2종 실업급여 수령자들을 연결해 주는 오디션 업체가 생길 것이다. 그러면 이들은 생방송 카메라와 수백만 시청자 앞에서 자신의 내면을 속속들이 벗겨 보여줄 것이다. 오늘날 좋은 오락거리는 창피함을 파는 대목장場에서 발견된다.

시뮬레이션은 대중민주주의적 체험이다

텔레비전, 놀이공원, 컴퓨터 게임은 나를 상상의 세계로 인도해서 내가 나를 잊을 수 있게 한다. 이것이 가능한 것은 단지 미디어와 연출 기술이 오늘날 매우 완벽해졌기 때문만은 아니다. 그것은 무엇다도, 나부터 주어진 것들을 기꺼이 의심하지 않겠다는 자세를 취하고 있기 때문에 가능해졌다. 환상의 세계가 앞뒤가 맞는다면 그 안의 나는 언제나 이러한 자세를 취할 것인데, 이 점은 심리학자나 진화생물학자에게는 그다지 놀라운 일이 아니다. 재미있는 놀이에 깊숙이 빠져 있는 사람은, 그 뇌가 아주 지적이고 비판적이며 진화사적으로 매우 최근에 만들어진 신피질로만 구성된 것이 아니기에, 이렇게 전달된 정보를 굳이 의심할 필요성을 느끼지 못한다.

이미 1817년에 시인이자 철학자였던 새뮤얼 테일러 콜리지Samuel Taylor Coleridge는 시적詩的 신앙을 "믿지 못하겠다는 마음을 기꺼이 옆으로 밀어 놓는 일"이라고 정의했다. 이를 다시 풀어보면, 해당되는 순간만큼은 우리가 우리의 불신앙이 힘을 발휘하지 못하도록 결정을 내린다는 말이다. 고대 그리스인들이 신화에 대해 취했던 자세도 이와 비슷하다. 이들은 비록 신화적 이야기를 '믿었지만', 그것은 단지 그 이야기를 듣는 순간에만 그러했다. 신화도 그렇지만 소설과 영화는 우리의 믿음뿐 아니라 가능성을 느끼는 감각기관으로서 이해된 우리의 상상력에도 호소한다. 영화관에서 우리는 공상 과학 영화를 볼 때는 물론 액션 영화를 보면서도 말도 안 되게 과장된 표현이나 장면이 나와도 그것을 의문시하지 않는다. 총을 맞고 철교 위를 달리는 기차에서 깊은 물속으로 떨어진 제임스 본드가 정말 살아났다는 것이 말이 될까? 그런데 영화관에 앉아 있는 우리는 바로 이런 식의 질문을 던지지 않는다. 여기에서도 우리가 기꺼이 속으면서 놀이를 계속 하려 한다는 점이 관찰된다.

시뮬레이션은 대중민주주의적 체험이다. 누구나 삶에서 진정한 충일감을 얻겠다고 정당하게 요구할 수 있지만, 그 요구가 모두 현실에서 실현될 수는 없다. 모두가 한 가지를 가지려고 하는 와중에 그 대상이 파괴될 것이기 때문이다. 이러한 생각은 근대에 특유한 것이기도 하지만, 사실 근대라는 시기만큼 오래된 소설에 대해서도 적용할 수 있는 관점이다. 소설은 평등주의의 첫 고향이었다. 누구라도 그 이야기 속 주인공이 될 수 있었기 때문이다. 카프카의 작품에서 주인공 K도 그러했지만, 페터 한트케Peter Handke의 작품에서 우리가 접했던 그 이상은 더 불행할 수 없는 어머니가 또 그러했다. 미국 작가 존 업다이크John Updike는 허구적인 것의 민주주의, 요컨대 소설 안에 존재하는 특별한 평등주의적 세계에 대해 다음과 같이 적었다. "중요한 것은 부나 명성이 아니라 진정성의 느낌이다." 단지 소설과 영화만이 참으로 평등주의적인데, 왜냐하면 여기에서 정말 중요한 것은 진짜 느낌이기 때문이다. 오직 사랑만이 전부인 것이다. 그런데 오늘날 사람들이 도피처를 찾는 곳은 이제 소설이 아닌 컴퓨터 게임 속의 시뮬레이션이다. 오늘날 컴퓨터 게임이 대중들에게 영화 〈매트릭스〉에서 보드리야르를 인용하면서 쓰인 표현인 '실재의 사막 속에서 발견한 시뮬레이션된 인공 낙원'에 해당한다는 점을 이해하기만 한다면, 어째서 가상 세계에서의 놀이에 중독성이 있는지 더는 놀랍지 않을 것이다.

이러한 관점에서 인터넷이 벌써 수십 년 동안 우리를 끊임없이 매혹하고 있는 이유도 설명된다. 우리는 정보의 가공을 위한 새로운 미디어에 대해 지치지 않고 설명하는 기술자와 엔지니어들의 전문 용어를 홀린 듯 오랫동안 경청해 왔다. 그다음에는 월드와이드

웹이라는 네트워크로 연결된 컴퓨터를 이용한 새로운 통신수단이 돌파구를 열었다. 마지막으로, 소셜 네트워크라고 불리는 것이 대중의 참여에 초점을 맞추기 시작했다. 오늘날 우리가 매체 진화의 그다음 단계 직전에 서 있다는 점은 분명해 보인다. 정보화, 통신 그리고 참여의 시대 이후에 오는 것은 몰입 체험의 시대다. 그런데 이미 이 글에서 여러 번 사용되었던 이 단어가 뜻하는 것은 무엇인가?

이 단어(Immersion)는 독일어에서는 외래어이지만 이 단어를 사용함으로써 '매체Medium'라는 단어가 불러오는 일부 오해를 피할 수 있다는 장점이 있기에 익숙해질 필요가 있다. 매체라는 단어를 라틴어 사전에서 찾아보면 '중간', '가운데' 또는 '중간에 있는 것'과 같은 번역어가 나온다. 그러나 이러한 말을 가지고는 새로운 매체를 정확히 이해하기에 어려움이 있다. 왜냐하면 매체가 나와 세계의 중간에 있는 무엇은 아니기 때문이다. 몰입 체험이라는 단어는 이와는 달리 앞서 나왔던 몰입적 흐름flow이라는 개념을 통해 논의했던 전체와의 합일적 경험을 지시하고 있다. 우리가 그것을 경험하고 있는 한, 우리는 지루해질 겨를이 없으며 걱정이 들 이유도 알지 못한다. 이러한 상태를 우리는 이미 영화관 안에서 경험했다. 그러나 놀이는 영화가 관람객들에 대해 행사하는 것보다 훨씬 강력한 장악력을 그 놀이의 참가자에 대해 행사한다.

인정할 것은 인정하자. 몰입적 흐름은 중독성이 있다. 그 때문에 옛 유럽 전통 그대로 교육학이나 문화비평을 전공한 이들은 경고하는 목소리로 컴퓨터 게임이 마치 카지노 게임과 같은 것인 양 혹독하게 비판한다. 그런데 그러한 비판은 실제로는 전자와 후자 두 경우 모두에 아무런 효과가 없다. 인디애나 대학의 텔레커뮤니케이션 학과 교수 에드워드 카스트로노바Edward Castronova는 이처럼 훈계하는 논조의 컴퓨터 게임에 대한 비판을 다음과 같이 제대로 반박했다. "컴퓨터 게임을 정부가 통제하려는 시도는 사이버 공간에 베를린 장벽을 세우려는 시도와도 같다."

"넌 좀 놀아야 해!"

우리가 '인터넷 서핑'이라는 낯익은 표현을 사용할 때 전제하는 것은, 인터넷을 사용하는 일이 파도타기 같은 놀이, 즉 자족적으로 즐거움을 주는 경험이라는 사실이다. 텔레비전을 볼 때처럼 인터넷 역시 화면 앞에서 사용하기는 하지만, 후자에는 상호작용이 있다는 점에서 특별한 차이가 있다. 그런데 그러한 상호작용성이 극대화되는 곳이 바로 컴퓨터 게임이다. 나는 심지어 내가 화면 앞에 앉아 있다는 사실을 잊기도 한다. 더는 한낱 시청자가 아니기에, 나는 새로운 삶의 세계로 잠겨 들어간다. '몰입'이라는 개념은 놀이에 빠진 사람이 놀이에 단지 자신의 모든 집중력을 쏟을 뿐만 아니라, 놀이가 주는 매력 때문에 빠져 그 안으로 흡수되는 경험을 하는 상황을 표현한다. 놀이 속에서 나는 현실에서 벗어나지만, 동시에 또 다른 삶이 펼쳐지는 현실 안으로 들어간다. 여기서 중요한 것은 매개가 없다는 안정적인 환상, 다시 말해 매체가 매체로서 눈에 잡히지 않는 현전감의 체험이다. 이 현전감의 체험 덕분에 놀이하는 사람은 위험

198

하다는 느낌을 실제의 위험 없이 경험할 수 있다.

　요컨대 네트워크화 다음에는 가상 세계에서 신체적으로도 현전
감을 주는 전적인 몰입이 뒤따른다. 그 세계가 완벽하게 만들어져
있기에 게임하는 사람은 몰입적 흐름을 경험한다. 그런데 그 놀이
를 완벽하게 만들기 위해서는 게임하는 사람이 적극적으로 기여하
는 부분이 필요한데, 아무리 흥미진진한 영화라고 할지라도 이러한
부분까지 관객에게 제공할 수는 없다. 게임하는 사람은 비록 게임
디자이너가 만든 하나의 '세계'를 제공받기는 하지만, 그 세계에서
무엇이 일어나느냐는 게임하는 사람이 내리는 게임상의 결정에 크
게 좌우된다. 컴퓨터 게임의 이야기는 게임하는 사람이 그 안에서
노는 것을 통해 펼쳐진다고 말해도 될 것이다. 그것이 설득력 있는
방식으로 이루어지도록 디지털 세계를 만드는 게임 디자이너들은
게임 사용자 인터페이스를 화면에서 보이지 않게 만들려 애쓴다. 더
정확하게 말하면, 이상적인 컴퓨터 게임에서 게임하는 사람은 자신
이 지금 매체 기술과 결부되어 있다는 사실을 완전히 망각해야 한
다. 이것이 성공적으로 이루어진 상태가 바로 몰입이다. 이러한 이
야기가 매일 6시간 이상 화면 앞에 앉아 있다는 청소년층에만 적용
되는 것은 아니다. 오늘날 앨런 튜링의 보편기계(여기에서는 대중화
된 PC를 말한다) 앞에 앉아 있는 사람은 모두 다 놀이하는 사람이다.
새로운 디지털의 마법과, 오래전부터 이미 '놀이하는 인간(호모 루덴
스)'이었지만 이제는 기꺼이 속아 넘어가고 싶어 하는 사람들 사이
에 마주침이 일어난다.

　물론 혼자 하는 게임 중에서도 매우 성공적인 게임들이 있다. 가

장 유명한 예는 아마 〈테트리스〉일 것이다. 이 디지털 퍼즐을 러시아 프로그래머 알렉세이 파쉬노프Alexei Paschitnow가 개발한 것은 이미 1984년의 일이다. 기본적으로 이 게임의 핵심은 위에서 내려오는 일곱 가지 다양한 모양의 기하학적 조각을 회전시켜 가면서 가능한 한 빨리 빈틈없이 평행한 일렬로 만드는 것이다. 이 놀이는 이렇게 간단하다. 그런데도 이 게임은 현재까지 약 5000만 개나 퍼져 있을 정도로 대단한 매력을 지녔다. '테트리스'는 이길 수 있는 게임이 아니다. 그럼에도 불구하고 재미가 있는 이유는 거기에 완전히 몰두해서 계속 레벨을 올릴 수 있으며, 또 즉각적으로 피드백을 받을 수 있다는 점에서 나온다. 바로 이것이 테트리스 게임이 주는 보상인데, 심지어 실수조차 다시 한 번 더 게임을 해야겠다는 자극이 된다.

〈테트리스〉는 혼자 하는 게임이었다. 그런데 오늘날 큰 성공을 거둔 게임은 대부분 대규모 인원이 함께 즐기는 방식이다. 2004년 블리자드 엔터테인먼트 사는 〈월드 오브 워크래프트〉라는 게임을 시장에 선보였다. 이 온라인 롤플레잉 게임에서는 극단적일 정도로 많은 사람들이 함께 게임을 한다. 발매 후 6년이 지난 시점에 전 세계 게이머의 수가 1000만 명을 상회한 적도 있었는데, 지금은 그보다 약간 줄어들었다. 이 게임을 하는 사람들은 도전을 극복하거나 과제를 수행하며, 적과 괴물과 싸우거나 다른 게이머들과 물건을 거래하기도 하고, 또 서로 소통하면서 '길드'라고 불리는 게이머들의 단체를 조직하기도 한다. 이러한 온라인 멀티게임의 매력은 한편으로는 게이머들에게 사교적 재미를 선사하는 데에서 오기도 하지만, 또 한편으로는 집단적 상상으로 만들어진 삶을 실제로 경험할 수 있기 때문이기도 하다. 게임 속 3차원 형태의 아바타는 컴퓨터 게임이라는 가상현실 속에서 나를 대신해 행위하면서 실재하는 다른 사람들의 그래픽을 통한 대리자인 또 다른 아바타들과 마주친다.

이 경우에도 여전히 가상현실과 '진짜 실제' 사이를 구분하는 것은 어려운 일이다. 나의 아바타는 미디어학자 마셜 매클루언이 "미디어(Medium, 매체)는 인간의 확장이다"라고 했던 것에 정확히 일치한다. 컴퓨터 게임을 하는 사람들은 서로의 아바타를 바로 이러한 방식으로 경험한다. 그리고 네트워크에 더 많은 사람이 들어올수록 그 게임은 더욱더 현실감을 준다. 여기에서 1928년 미국 사회학자 윌리엄 I. 토머스가 주장했던 명제, 즉 "사람들이 어떤 상황을 실제라고 정의했을 경우, 그 결과 역시 실제다"라는 말이 타당했음이 인상적으로 증명되었다. 화면 해상도가 높은 것보다, 다른 무엇보다 게임하는 사람들의 참여도가 높을수록 그들은 실재감과 몰입의 효과를 더 많이 누리게 된다. 매클루언은 이를 넘어 심지어 주어진 정보가 적을수록 그 매체에 참여하고자 하는 자발적 의사의 정도가 높아진다고까지 주장했다. 매클루언은 여기에서 중요한 측면을 포착했던 것인데, 이에 대해서는 좀 더 자세하게 논의해야 한다.

지금까지 우리가 전제한 것은 놀이 규칙이 단순하고 모두에게 알려져 있기에 놀이가 잘 작동한다는 생각이었다. 그런데 컴퓨터 게임에서는 게임 규칙에 대한 정보가 불충분하기 때문에 오히려 매력이 생기고 사람들이 찾는 유형의 게임이 늘어나고 있다. 다시 말해 그 놀이터, 그리고 놀이의 규칙이 명확하게 규정되어 있는 놀이만 있는 것은 아니다. 온전한 체계를 가지고 있지만 놀이를 시작하는 내게는 모두 알려지지 않은 규칙들이 적용되는 '세계'를 제공하는 놀이도 존재한다. 그런데 '실제 세계'에서와는 달리 나는 처음에는 몰랐다고 할지라도 게임 속의 세계에 그러한 규칙이 존재하리라는 사실 자체는 알고 있다.

물론 다른 많은 게임 역시 게이머들이 모든 정보를 갖고 있지 않다는 바로 그 사실을 활용하기도 한다. 내가 컴퓨터 게임의 규칙을 아직 모른다는 점은 일견 슈카트 카드게임이나 포커에서 내가 다른 사람들의 카드 패를 알지 못한다는 점과 비슷해 보인다. 그러나 카드놀이의 경우 카드놀이 자체에 포함된 전체 카드가 무엇인지는 분명히 알고 있으며, 카드를 내면서 놀이가 진행됨에 따라 전체에 대한 더 완전한 상이 만들어진다. 포커가 비록 정보가 불충분하게 주어지는 게임이라고 하더라도, 기본적으로 이 놀이에서는 우연성이 중요하게 작용한다. 판돈이 큰 포커의 변형 게임인 '텍사스 멈추시오! Texas hold'em!'에서 각 참가자는 카드 2장을 받은 뒤 5장을 추가로 받아 테이블에 펼쳐 놓는다. 모든 참가자는 이 펼쳐진 카드를 각각 2장씩 갖고 있는 자기 카드와 조합하여 새로 5장의 '카드 패'를 만들 수 있다. 이때 가능한 경우의 수는 무한하게 많아서 이를 이성적으로 계산한다는 것은 거의 불가능에 가깝고, 따라서 거의 우연이나 허풍만이 중요해진다. 이에 반해 컴퓨터 게임에서는 거의 모든 것이 나의 결정, 나와 함께 게임에 참가한 게이머들의 게임 내 행위에 의해 결정된다.

발매 후 3일 만에 이미 수십 억 달러를 벌어들인 게임 〈그랜드 테프트 오토 5(Grand Theft Auto V, 이하 GTA V)〉에서는 GTA 이전 판에서처럼 범죄자들의 관점에서 이야기가 펼쳐진다. 이 게임에서도 물론 미션을 수행하고 추가 과제를 해결할 수 있다. 그러나 그보다 훨씬 더 놀라운 것은, 게이머가 이 가상 세계 안에서 얼마나 자유롭게 움직일 수 있느냐는 것이다. 그래서 많은 게이머들은 주어진 과제를 해결하는 일보다는 이 게임의 세계를 탐색하는 데 집중한다. 바로 이것이 흥미로운 측면이다. 불충분한 정보를 제공하는 게임은 연구하고 탐색해야 할 과제를 던진다. 그것을 통해 우리는 '놀이는 복잡성의 탐색'이라는 새로운 정의를 도출할 수 있다. 이때 게임 디자이너에게 결정적으로 중요한 것은, 그 복잡성이 너무 피곤하게만 해서는 안 된다는 점이다. 그것이 가능할 경우에만 복잡성이 게임을 반복할 재미를 창출하기 때문이다.

컴퓨터 게임은 어떻게 게임을 하고자 하는지 내게 질문을 던진다. 나는 게임을 하면서 그 게임을 하는 방법을 배우는데, 그런 가운데 규칙이 어떻게 드러나는지에 게임의 극적 요소가 달려 있다. 이와 같은 놀이 중의 쾌감은 우리가 이제까지 분명하게 논의하지 못했던 새로운 것이다. 이 새로운 오락거리는 우리가 가상 세계를 탐색하면서 그 복잡성을 정복하게 될 때 쾌감을 선사한다. 이처럼 어떤 방식으로 흥미롭게 디자인할 것이냐는 문제는 행동주의적으로 해결된다. 다른 말로 표현하면, 게임 디자이너들은 게임의 시스템을 뇌의 보상 시스템과 결부한다는 말이다. 컴퓨터 게임 디자인은 모든 곳에 보상이 기다리게끔 이루어진다. 이 때문에 게임 안에서 하나의 행위는 그 다음 결과를 보고 싶다는 소망을 불러일으킨다. 우리는 허구 속의 환경을 탐사하고 그곳에 숨겨진 놀이 규칙과 방식을 파악했을 때 보상을 받는다. 실제로 이를 통해 디지털 게임 세계를 탐색할 동기를 부여받는 것이다.

책이나 영화와는 달리, 게임은 우리가 우선순위를 정하고 결정을 내릴 것을 요구한다. 책과 영화는 사건들에 대한 이야기를 들려준다. 게임은 이와는 달리 우리에게 과제를 던진다. 요컨대 게임은 이야기보다는 프로그래밍과 더 많은 유사성을 지닌다. 컴퓨터 게임은 우리를 복잡한 세계로 인도하는데, 우리는 이를 스티븐 존슨의 적절한 표현처럼 '탐색하고' '망원경으로 조사'해야 한다. 왜냐하면 우리가 게임에 필요한 정보를 모두 알고 있지는 못하기 때문이다. 언어순수주의자는 분명 영어의 '말이 된다make sense'라는 표현을 독일어에서 '진 마헨Sinn machen'이라는 식으로 차용해 쓰는 것을 보면 눈살을 찌푸릴 것이다. 그런데 바로 이것이 정확히 컴퓨터 게임에 해당하는 말이다. 게임 속에서 과제를 하나하나 해결하면서, 또 가상적 공간을 돌아다니며 그것을 파악하는 중에 게이머는 의미를 만들며Sinn machen, 또 행위 양식을 발견하고 질서를 부여한다.

그러니 점점 더 많은 교육자들이 이 지점에서 새로운 교육 문화의 가능성을 보는 것은 놀라운 일이 아니다. 우리가 컴퓨터 게임을 사고를 돕는 보조 도구로 사용할 수도 있지 않을까? 실제로 간단한 학습과정에서 컴퓨터를 사용하는 것은 최선의 보조 수단이기도 하다. 컴퓨터는 이미 기술적 매체로서 학습에 편리한 환경을 마련해주고 있다. 컴퓨터 덕에 우리가 실수하지 않을까 하는 두려움이 감소했기 때문이다. 분명 이런 유의 실수에 대한 두려움은 학습에 지장이 된다. 그런데 이런 학습은 오늘날 학교보다는 오히려 콘솔 비디오 게임이 비추는 화면 앞에서 일어난다. 비디오 게임은 새로운 교육 미디어로 인식될 수도 있다. 이에 견주면 고전적 학교 수업은 전형적으로 지루한 분위기를 자아내기에 학생들은 그저 꾸벅꾸벅 졸거나 '마구간에 갇힌 망아지들처럼 어수선한' 반응을 보이곤 한다. 졸음이란 학교가 충분한 자극을 주지 못해서 나오는 자연스러운 적응 방식이다. '마구간에 갇힌 망아지들처럼 어수선한' 상태는 행동연구자들의 용어로, 적체된 에너지가 거칠게 공회전하는 상태를 말한다. 이제 이처럼 지루한 학교 교육 환경을 컴퓨터 게임의 자극적 환경과 비교해 보자. 다중 접속 비디오 게임은 게이머들을 비밀과 액션 그리고 극적 전개를 통해 자극하고 있음을 알 수 있을 것이다.

컴퓨터 게임은 결정을 내리는 일에 대해, 또 복잡한 시스템을 다루는 데도 좋은 훈련이 된다. 다른 어떤 미디어보다도 컴퓨터 게임은 정신적으로 현재에 집중하는 능력을 장려한다. 그뿐 아니라 게이머는 매우 즐거운 오락을 즐기는 가운데 시각적 언어와 이야기를 대규모의 정보를 가공하는 미디어로 사용하는 것을 학습한다. 에듀테인먼트는 이러한 새로운 교육적 오락을 가리키는 유용한 개념이다. 호라티우스의 격언을 문학에 대해 적용했던 '유용하고도 재미있어야 한다Prodesse et delectare'라는 18세기의 표현을 오늘날 잘 만들어진 컴퓨터 게임에 대해서도 사용할 수 있다. 게이머는 인공적 환경을 탐색함으로써 복잡한 것에 대해서도 더 관심을 갖게 된다. 그러므로 우리는 문화비평가들에게 이 새로운 유희적 학습 환경은 '교육'의 위기가 아니라 해결책이라고 말해 주어야 한다.

2014년 1월 13일자 《슈피겔》에는 '넌 좀 놀아야 해!'라는 제목의 표지 기사가 실렸다. 이 기사는 문화비판적이고 미디어에 적대적인 독일인들에게 컴퓨터 게임에 대한 두려움을 좀 적게 가져도 좋다고 제언했다. "게임은 섹스만큼이나 강력한 충동이다. 게임은 우리의 아동기를 규정하고, 그 도움 속에서 우리는 세계를 배우고 새로운 경험을 할 욕구를 얻는다. 게임이 예상보다 잘될 때 우리의 신체는 행복감의 호르몬인 도파민을 분비한다. 게임을 하며 우리 뇌의 용량이 커지고, 뉴런 간 결합도 늘어난다." 학습 중심의 놀이에 대한 이와 같은 진지한 칭찬을 염두에 둔다면 정치 부문에서도 놀이에 다른 자세를 취하는 것이 가능하다. 《슈피겔》의 '놀면 더 똑똑해진다'라는 구호가 꼭 컴퓨터 게임에만 적용될 필요는 없기 때문이다.

컴퓨터는 모든 놀이를 위한 보편적 장난감이다

판매될 새 컴퓨터 소프트웨어에 흔히 도구Tools라는 이름을 붙이곤 한다. 그런데 내 생각으로는 컴퓨터를 도구가 아니라 '장난감toy'이자 파트너로 고찰하는 것이 더 중요하다. 그리고 이때 컴퓨터는 흔히 볼 수 있는 장난감과는 다른 보편적 장난감이다. 하이테크 장난감에 에로스적 애착을 강하게 보이는 전자제품 마니아나 애플 사제품 팬, 그리고 해커와 같은 사례에서 이 점을 특히 뚜렷하게 파악할 수 있다. 이 점은 사실 보통 고객들에게도 적용된다. 단지 스마트폰이나 우아한 모습의 태블릿 컴퓨터를 떠올려 보기만 하면 된다.

이것들은 해당하는 사람들에게 이상적 기계 또는 기술적 놀이거리다. 그렇기에 나는 위에서 이 새로운 미디어들을 도구가 아니라 장난감으로 고찰할 때 그것을 더 잘 파악할 수 있다고 했다. 그래서 대부분의 경우에 아이들은 성인들보다 컴퓨터 기술에 더 빠르고도 문제없이 접근한다. 요컨대, 컴퓨터 문화의 목표는 경제적 인간과 그의 도구를 향하는 것이 아니라 놀이하는 인간과 놀이에서의 기쁨을 지향한다. 지난 30년 동안 애플은 대부분의 사람들이 '저건 꼭 사야 해'라는 충동을 느끼게 하는 인기 제품들을 시장에 내놓았다. 설령 본인에게는 애플 제품이 없다고 할지라도, 적어도 자녀들은 아이팟이나 아이패드, 아이폰 같은 제품을 가지고 있다. 이것들은 일종의 이상형에 가까운 기계로서, 손에 쥐고 이렇게 저렇게 갖고 놀고 싶은 마음을 불러일으키는 물건이다.

우리 책상 위에 놓인 멋진 노트북과 태블릿은 그것을 사용하는 것이 그것에 대해 설명하는 것보다 쉬운 기술 제품이다. 그것을 이해하기 위한 왕도는 그것을 가지고 노는 것이다. 그런데 이 점은 컴퓨터뿐 아니라 디지털 카메라와 핸드폰에도 그대로 적용된다. 이것들은 도구인가 아니면 장난감인가? 하지만 이러한 질문도 잘못되었다. 우리는 이러한 미디어 기술을 놀이 속에서 이해함으로써 그 도구적 잠재성을 인식하는 것이다. 다시 말해, 도구와 장난감 간에는 상승적 관계가 존재한다. 유희충동은 우리를 새 미디어에 개방적으로 만든다.

그렇다 보니 아이들은 새로운 미디어 현실에 참으로 쉽게 적응한다. 일찍이 지금 성인인 사람들의 교육을 책이 쉽게 해주었다면, 오늘날에는 컴퓨터가 아동의 학습을 용이하게 한다. 아이들은 여가용 전자기기라는 이름으로 판매되는 수많은 기기가 실은 도구가 아니라 흥분제, 페티시, 놀잇감이라는 것을 느낀다. 그래서 애플의 전 사장 마이클 스핀들러Michael Spindler는 다음과 같이 진실을 말했다. "우리는 단지 사용자 친화적일 뿐 아니라 마치 닌텐도 게임처럼 중독성이 있는 그래픽 인터페이스가 필요하다."

그러므로 게임이야말로 디지털 세계로 향하는 왕도라 하겠다. 스티브 잡스Steve Jobs는 컴퓨터를 도구에서 장난감으로 변화시켰다. 우리는 미디어 사용 능력을 사용자 안내서를 읽으면서가 아니라 프로그램을 재미있게 사용하면서 습득한다. 인간과 컴퓨터 간의 상호작용 속에서 '내가 이 일을 해냈어!'라고 성공적인 체험을 했을 때, 그 각각의 체험에서 두 영역이 교차되는 경계가 드러난다. 컴퓨터를 단지 이미 알려진 과제를 해결하는 데만 사용하는 것이 아니라, 컴퓨터 사용자가 새롭고도 예상하지 못했던 방식들을 접해 보면서 그 매력에 사로잡히는 것 역시 중요하다. 우리가 이 가능성에 더 깊이 천착할수록 일터와 놀이터의 경계도 분간하기 어려워질 것이다. 단지 컴퓨터와 함께 놀이하는 사람만이 이를 도구로서 최적으로 사용하는 한편 재미를 느끼면서 사용할 수도 있다.

지난 몇 개월 동안 나는 이 책을 쓰기 위해 내 노트북을 단지 전자 타자기로만 사용했다. 그때 한 번 실수로 키보드 조합을 잘못 눌러서 화면에 그리스어 철자가 표시된 적이 있었다. '되돌리기' 버튼이 표시되어 있어야 할 프로그램의 옵션 리본이 마침 닫힌 상태였기에, 어떻게 해야 정상적인 문제 입력 화면으로 돌아갈 수 있을지 알 수 없었다. 그때부터 두 시간에 걸쳐 나는 이 문서 작성 프로그램의 논리적 층위를 탐험하는 긴 여행을 떠나게 되었다. 처음에 나는 내 무능력과 잃어버린 시간 때문에 분통이 터졌다. 그러나 얼마 지나지 않아 나의 서투름을 또 다르게, 즉 놀이로서 해석할 수 있다는 것을 깨달았다. 버튼들을 눌러서 한번 무슨 일이 생길지 보자! 여러분의 컴퓨터를 놀이 속에서 알아 갈 수 있는 복잡한 정보 공간으로 이해해 보라. 실제로도 요즘에는 태블릿이나 아이패드를 구입한 다음에 단지 '간단 설명서'만을 읽곤 하며, 다른 내용은 '쓰다 보면 저절로 알게 되는' 것으로 치부하곤 한다. 그런데 이는 정말 맞는 생각이다! 스티븐 존슨이 탐색이라는 개념으로 말하고자 했던 것도 바로 이것이다. 이끌어 주는 사람 없이 복잡한 시스템의 규칙을 학습하는 것 말이다.

그렇다면 다시 장난감이라는 단어로 돌아와 보자! 앞서 언급한 위니콧의 중간 대상이라는 개념에 다시 주의를 환기하고 싶다. 곰인형뿐 아니라 스마트폰도 바로 그러한 중간 대상이기 때문이다. 아이들 방에 놓아 준 컴퓨터를 곰곰이 지켜보면 이것이 단순한 놀잇거리가 아니라 아이의 파트너라는 사실을 깨닫게 된다. 그 컴퓨터는 '물리적인 것'과 '심리적인 것' 중간, 그리고 '무생물적인 것'과 '살아 있는 것' 중간 그 어디에 존재한다. 이러한 중간 대상은 사용자 자신과 외부 세계 모두에 그 기원이 있다. 이러한 사회적 관계 맺음과 관련된 기술의 스펙트럼은 그사이에 엄청나게 넓어졌는데, 여기에는 인형과 같은 전통적인 장난감이나 다마고치, 퍼비 인형, 최신형 애완동물 로봇 등이 포함된다. 이것들은 모두 관계적 인공물Beziehungsartefakte이다.

　점점 더 많은 사람들이 미디어 기술에 대한 사회적 태도에 변화를 보이고 있다. 사회학자 카린 크노르체티나Karin Knorr-Cetina는 이와 같은 대상과의 사회적 관계 맺음에 대해 중요한 글을 썼다. 이 논문에서 그녀는 현대 세계에 특징적인 개인화 현상에 대해 새로운 시각을 선보였다. 크노르체티나의 기본 명제는 놀랍도록 간단하다. 요컨대, 우리는 공동체의 상실을 기술적 대상에 대한 사회적 관계 맺음으로써 보상받는다는 것이다. 그리고 바로 이 생각이 오늘날 소셜 네트워크라는 개념에 들어 있다. 개인은 대상 중심적 환경 속에서 자신의 안정을 찾는데, 이는 두 가지 형태로 이루어진다. 하나는 공통적 관심사를 중심으로 모인 사람들로 구성된 소셜 네트워크다. 또 다른 하나는 그 대상들이 직접 파트너가 되는 경우다. 이 경우에는 사람들이 관계를 맺는 인공적인 주체를 디자인하는 것이 문제가 된다. 크노르체티나는 전통적 사회관계가 소멸하는 것과 소비와 미디어 기술이 점차 중요해지는 것 사이에 긴밀한 연관 관계가 있다고 보았다. 다시 말해, 중간 대상과 관계적 인공물은 '소외' 현상에서 살아남은 승자라고 하겠다. 사람이 자신의 파트너로 경험하는 로봇과 아바타가 그에 해당한다. 마찬가지로 다마고치의 유행이나 소니 사에서 만든 강아지 로봇 아이보AIBO, 또 지금까지 1억 개 이상의 판매고로 기록을 경신한 컴퓨터 게임 심즈The Sims 역시 이러한 사례에 해당한다. 이상의 예에서 사람들은 특정 가상 생명체의 행복을 위해 노력한다. 그럼으로써 아이 때 꿈꿨던 전능함의 환상이 마침내 충족될 수도 있을 것이다. 이때 게이머는 단순히 승리하는 것보다는 더 고귀한 느낌, 마치 신과 같은 존재일 때 갖게 될 느낌을 받는다. 컴퓨터 문화 잡지 〈와이어드Wired〉의 책임 편집자였던 케빈 켈리Kevin Kelly는 '신神이 되기 놀이'라는 표현을 사용했다. 신이 되기 놀이에 중독성이 있을 수도 있다.

마셜 매클루언은 이미 50년 전에 다음과 같이 대담하게 표현한 바 있다. "인간은 기계 세계의 성性적 기관이다." 다른 사람들이 열심히 스마트폰을 보고 누르는 것을 관찰하면 이러한 기능적 쾌감에 대해 쉽게 이해된다. 미국인들은 이를 '화면을 누를 때의 행복감Trigger happy'이라고 부른다. 우리가 기술을 사용하는 것은 그것이 필요해서가 아니라 그것이 존재하기 때문이다. 이러한 기능적 쾌감과 기기의 본능 유발적 자극Auslöserwirkung 때문에 우리가 기계를 다룰 때 이 기계와 쉽게 처리할 수 있는 과제를 선호하는 결과가 나온다.

무엇보다 새로운 미디어의 세계에서 우리는 점점 더 많은 물건을 좋아하고 우리 몸 가까이 두고자 한다. 그런 까닭에 나는 이 물건들을 심리분석학자 위니콧의 개념인 중간 대상이라고 불렀다. 우리가 새롭고도 아직은 알 수 없는 세계로 넘어갈 때 이것들은 성인을 위한 곰인형으로서 기능한다. 사람들은 자신들의 무력함에 대한 치료약을 기술적 통제 속에서 찾아낸다. 통제하고자 하는 소망은 오늘날 기술적 차원에서, 다시 말해 리모컨과 컴퓨터 시뮬레이션을 통해 만족을 얻는다. 우리는 우리에 반응하며 응답하는 미디어 기술의 세계에 기꺼이 사로잡히고자 한다.

제 7 장

현실로 침투하는 놀이

세상은 무대다

세상은 무대요, 우리는 이 무대에서 연기하는 배우일 뿐이다. 윌리엄 셰익스피어William Shakespeare가 느꼈던 이 삶의 느낌은 그가 살던 시대에만 유효한 것은 아니다. 세상은 연극이라는 이 은유는 과거로는 고대까지 거슬러 올라가며 현재 20세기에도 여전히 설득력을 갖고 있다. 사람person이라는 오늘날의 개념은 페르소나persona 즉 고대 연극의 가면이라는 개념에서 나왔다. 라틴어 단어인 personare의 의미는 '관통해서 소리를 내다'이다. 배우의 목소리가 고정된 역할을 표현하는 가면을 뚫고 나오기 때문이다. 이탈리아의 코메디아 델라르테Commedia dell'arte에 나오는 '인물 가면'도 같은 맥락에서 볼 수 있다. 카를 마르크스Karl Marx는 이 개념을 자본주의 비판에 사용해서 대중화한 바 있다.

조지 버나드 쇼George Bernard Shaw가 한 다음의 말은 진실로 옳다. "연극을 관람할 때 나는 오필리어로 분한 유명한 여배우를 보는 것이 아니라 그 배우로 현한 오필리어를 본다. 그래야만 나에게서 감정이 일어난다." 오필리어가 무대를 떠나면 이 배우는 연기를 멈춘 것이 아니라 다만 또 다른 역할, 예컨대 유명 인사의 역할로 바꾸는 것일 뿐이다. '퍼포먼스'와 '연출' 같은 말도 우리 모두가 일상의 삶 속에서 일정한 역할을 하는 배우이며, 늘 무대에 올라갈 준비를 한다는 사실을 보여준다. 여기서 나는 앞에서 캐스팅 쇼에 관해 언급했던 것을 다시 한 번 상기시키고자 한다. 모든 이들은 일상의 삶에서 자기를 연출하는 연습을 한다. 소설가 게오르크 푹스Georg Fuchs는 이미 1905년에 다음과 같이 단언했다. "미래의 미적인 것이란 신체 단련, 즉 자기훈련이 될 것이다." 우리는 계속해서 사회적 역할을 훈련한다. 미국의 사회학자 어빙 고프먼Erving Goffman이 쓴 책의 독일어 제목, '우리는 모두 연극을 한다'도 이를 잘 표현하고 있다. 고프먼은 이 책에서 일상생활에서의 자기 연출에 대해 서술하는 가운데 역할사회학Rollensoziologie이라는 용어를 회자시켰다. 이 용어는 랄프 다렌도르프Ralf Dahrendorf의 여전히 읽을 가치가 있는 저서《호모 소시올로지쿠스Homo Sociologicus》에서 좀 더 세련된 형태로 표현되기도 했다.

어떤 사회적 상황을 역할 놀이로 볼 수 있을 때 그 상황에서 해야 하는 것이 무엇인지 분명해진다. 하나의 사회적 역할을 연기하는 사람에게 세계는 하나의 구조를 가진 대상이 된다. 이런 세계 속에서는 분명한 구조를 가진 행위 또한 가능하다. 우리 모두는 다른 사람의 역할 놀이 속에 있는 하나의 인물이다. 사회적 역할은 내가 어떤 행동을 해야 하는지 결정해 준다. 역할사회학에서는 우리 모두가 끊임없이 여러 가지 역할을 교대로 바꾸면서 살아야 한다고 말한다. 나는 선생이기도 하고 정당의 회원이기도 하며, 축구의 레프트 윙이기도 하고 남편이면서 아버지다. 선생일 때 나는 양복을 입고, 정당의 회원일 때는 캐주얼한 바지를 입으며 레프트 윙일 때는 우리 팀의 유니폼을 입는다. 그리고 가족의 아버지일 때는 추리닝 바지를 입는다. 역할사회학이 오늘날에도 여전히 설득력을 갖고 있는 이유는 우리가 예나 지금이나 딱딱한 전문 용어로 말하자면 '기능적으로 차별화된' 사회 속에서 살고 있기 때문이다. 알기 쉽게 말해 우리의 일상을 규정하는 여러 사회 시스템이 서로 거의 아무 상관없이 돌아간다는 것이다. 이 시스템들은 각기 다른 게임 규칙과 코드를 따른다. 따라서 우리가 그때그때 충족해야 하는 기능과 역할은 항상 다를 수밖에 없다.

그런데 우리 모두가 연극을 하는 데에는 훨씬 더 중요한 다른 이유가 있다. 잘 알다시피 오늘날의 도덕 상식으로는 나체로 거리를 활보하는 것이 허용되지 않는다. 마찬가지로 누군가 '사회적 나체로' 다닌다면 이 또한 받아들여질 수 없다. 이것이 우리 모두가 가면을 쓰는 이유다. 우리는 사회적 형식이라는 외형을 필요로 한다. 달리 표현하면 한 사회 안에서 받아들여지고 싶은 사람은 역할 놀이를 해야 한다. 우리는 하나의 역할을 연기하고 사회적 형식을 존중함으로써 우리 자신을 보호한다. 철학자 헬무트 플레스너는 이 놀이의 강제를 '탈현실화의 강제'라고 부른 바 있다. 그는 공동체의 한계에 대해 쓴 책에서 다음과 같이 말했다. "사회적 형식을 지키는 것은 게임의 규칙을 지키는 것과 같은 의미를 갖는다. 보통 사회생활에서는 한 사람이 기능과 역할에서 서로 다른 인물들이 되어야 한다. 사회적 형식을 지킬 때 사회생활은 그 본래적 성격에서 역할 놀이가 된다." 그러나 이렇게 보면 '솔직한 사람', 끊임없이 투명성과 진실성을 요구하는 솔직한 사람은 바보는 아닐지 몰라도 사회적으로는 놀이판을 깨는 사람이 된다. 왜냐하면 "사회는 놀이의 정신으로만 지탱되기 때문이다."

나는 현재에도 이 견해가 유효하다고 본다. 사회 이론은 역할사회학을 통해 현대의 현실에 놀이가 얼마나 깊이 스며들어 있는지를 보여준다. 그럼에도 현대의 일상에서 사회적 역할을 하는 사람을 진짜 놀이를 하는 사람과 혼동한다면 이는 오해다. 사회적 역할을 하는 사람은 호모 에코노미쿠스이자 호모 소시올로지쿠스다. 다시 말해, 합리적으로 계산하는 시장 참여자이자 사회적으로 이미 정해져 있는 역할에 끼어져 있는 시민이다. 이에 반해 진짜로 놀이를 하는 사람은 호모 루덴스다. 그는 가능성을 꿈꾼다는 점에서 사회적 역할이라는 놀이를 하는 사람과 구분된다. 간단히 표현하면, 호모 소시올로지쿠스는 '소외된 인간'이고, 호모 루덴스는 자유로운 개인이다. 왜냐하면 자유라는 여지는 놀 수 있는 공간이 있을 때여야만 존재할 수 있기 때문이다.

게임이론과 죄수의 딜레마

미국의 수학자 메릴 플러드Merrill Flood와 멜빈 드레셔Melvin Dresher는

1950년 랜드RAND 사에서 일하는 동안 아주 멋진 게임을 고안했다. 이 게임은 우리에게 '못된 사람이 가지는 주인의 도덕과 착한 사람이 가지는 노예의 도덕 사이에서 적절한 균형점이 존재할 수 있을까?'라는 질문을 던진다. '보편주의적' 원칙에 기대지 않고 이기주의자들의 협동 도덕이 가능할 것인가? 죄수의 딜레마로 유명한 이 게임의 시나리오는 다음과 같다. 함께 범죄를 저지른 두 범죄자가 똑같은 형을 받고 각기 다른 감방에 갇혔다. 교도소장은 두 사람에게 각각 다른 사람의 범죄를 폭로하면 형을 감해 주겠다고 제안한다. 이제 다음과 같은 상황이 발생한다. 범죄자 둘이 서로 고발하지 않으면 원래 저지른 범죄에 비해 더 적은 형만 받게 되고 그 경우 각기 3년씩 감옥에 있게 된다. 한 사람이 다른 하나를 배신하고 사실을 말하는 경우 자백한 사람은 1년 형을 받고 다른 범죄자는 10년 형을 받는다. 둘 다 서로 배신하고 사실을 털어 놓을 경우 각기 6년 형을 받는다. 이제 이 범죄자들은 어떤 선택을 할까? 여기서 자칫 잘못된 선택을 하면 감수해야 할 것이 크기 때문에 사람들은 보통 이런 경우 합리적이 된다. 하지만 이 상황에서 합리적으로 행동한다는 것은 무슨 뜻인가? 얼마간 고민한 끝에 둘은 각각 동료를 배신하기로 결정했다. 왜냐하면 배신하는 것이 모든 경우의 수에서 최선의 선택이기 때문이다. 다른 동료가 배신하지 않는다면 그는 1년 형만 받는다. 동료가 배신해도 최고형은 면할 수 있다. 물론 동료 범죄자도 똑같이 생각한다.

한 사람만 놓고 보면 죄수의 딜레마에서 공격적인 수를 두는 것이 합리적인 행동이다. 왜냐하면 어떤 경우의 수에도 상대편이라는 변수가 있기 때문이다. 그렇기 때문에 배신이야말로 개인에게 최상의 선택이 된다. 그러나 이론상의 필연적 귀결이 반드시 영리한 선택이 되는 것은 아니다. 한 명 한 명의 합리적 판단은 둘 모두에게는 나쁜 결과를 가져온다. 이 딜레마를 좀 더 극단적으로 표현하면, 한 명 한 명은 이기적일 때 잘 살 수 있지만 둘 다 잘 사는 때는 둘이 협력할 때다.

이 시나리오가 수학자의 머리에서 나온 것이며 '현실의' 삶과는 아무 관련이 없다고 생각하는 사람은 오페라에 한번 가보시라. 특히 푸치니의 〈토스카〉가 좋겠다. 이야기는 간단하다. 부패한 경찰청장 스카르피아는 토스카의 연인 카바라도시에게 사형을 선고한다. 그리고 스카르피아는 토스카에게 은밀한 거래를 제안한다. 간단히 말해 목숨과 섹스를 교환하자는 것이다. 토스카가 그의 제안에 응하겠다는 뜻을 밝히자 그는 발포 담당 경관에게 경고탄을 장착하라고 시킨다. 이론적으로만 생각하면 이제 네 가지 가능성이 있다. 첫째, 스카르피아는 토스카를 얻고 카바라도시는 목숨을 건진다. 둘째, 스카르피아는 토스카를 얻지만 카바라도시는 총에 맞아 죽는다. 셋째, 카바라도시는 목숨을 건지지만 토스카는 몸을 허락하지 않는다. 넷째 둘은 서로를 배신한다. 즉 섹스는 없고 카바라도시는 총에 맞아 죽는다. 푸치니의 오페라에서는 알다시피 마지막 가능성이 전개된다. 죄수의 딜레마가 논리적으로, 다시 말해 비극으로 끝나는 것이다.

정치경제학자 애덤 스미스Adam Smith의 '보이지 않는 손'이라는 유명한 개념은 각 개인의 이기주의가 보편적 선으로 귀결된다는 것을 보여주고자 했다. 이에 반해 죄수의 딜레마는 이기주의의 합리성이 어떻게 보편적 불이익으로 귀결되는지를 잘 보여준다. 다시 말해, 죄수의 딜레마가 말하고자 하는 것은 개인의 합리적 선택이 최적의 결과를 낳는 것은 아니라는 점이다. 영화관에서 불이 나서 모두 출구로 뛰쳐나가는 경우를 생각해 보자. 이렇게 해서 생긴 극도의 혼란 상태는 개인의 합리적 행위가 낳은 직접적 결과다. 이에 반해 모든 관람객이 '침착하게 행동하십시오!'라는 협동의 규칙을 따랐다면, 훨씬 순조롭게 대피했을 것이다. 그러나 하나하나의 개인은 살기 위해 뛰었고, 이들의 행동은 이들 자신에게 더할 나위 없이 합리적이었다.

죄수의 딜레마는 개인적 합리성과 집단적 합리성, 그리고 게임 이론적 합리성과 진짜 성공적인 행동 사이의 모순을 보여준다. 이 문제는 기술적 해결책으로 풀리지 않는다. 이 모순은 타인이 나의 선택에 반응할 수 있는 경우라면 늘 발생할 수 있는 문제다. 어떤 일이든 그렇게 되지 않았을 가능성이 항상 존재한다. 현대 세계의 이 유일한 필연성, 다시 말해 존재하는 모든 것은 그렇게 되지 않았을 수도 있다는 사실 앞에서 우리는 어떻게 행동해야 할지 늘 난감하기만 하다.

그러나 죄수의 딜레마에는 정말 해결책이 없는 것일까? 게임 참여자가 서로 더 자주 만난다면 어떤 변화가 일어날까? 개인적 합리성에 대한 좋지 않았던 경험을 바탕으로 이기주의적이지 않은 결정을 내리고 협력적으로 행동하게 될 수 있을까? 미국의 정치학자 로버트 액설로드Robert Axelrod는 유명한 컴퓨터 토너먼트 시합에서 바로 이 문제를 연구했다. 만일 사람들로 하여금 이 딜레마를 여러 번 반복하게 해서 여러 가지 상반된 전략이 나오게 하면 어떤 일이 벌어질까? 이 컴퓨터 토너먼트가 보여준 가장 중요한 결과는 전략의 성공은 그 환경에 좌우된다는 것이다. 다시 말해, 승자를 위한 게임 규칙 같은 것은 없다는 것이다. 무엇이 최상의 전략인지는 상대방의 태도에 달려 있다. 달리 말해 미래를 계산에 넣고 생각한다면 '최상의' 전략이란 것은 없다. 따라서 이제 문제는 전략을 최적화하는 것이 아니라 강하게 만드는 것이 된다.

여기서 '강하다'라는 것이 무엇을 의미하는지, 상당히 정확하게 규정할 수 있다. 강한 전략은 상냥하다. 협동할 준비가 되어 있다. 여기서 '상냥하다'를 가장 간단하게 정의하자면 먼저 공격을 하지 않는다는 것이다. 강한 전략은 자극을 받으면 공격적 태세를 취할 수는 있다. 다시 말해 강한 전략은 그냥 당하지는 않는다. 필요한 경우 강한 전략은 맞받아칠 준비가 되어 있다. 강한 전략은 화해할 줄 안다. 화해는 배신을 당하고도 곧바로 다시 협력할 수 있는 가능성이다. 즉 강한 전략은 공격을 당한 뒤에도 협력 제안에 응할 준비가 되어 있다. 도덕주의자들이 불쾌하게 여기더라도 여기서 '화해할 줄 아는'이라는 표현 대신에 '잘 잊어버리는'이라고 바꿔 말할 수도 있다. 왜냐하면 이 전략에서는 바로 전에 놓인 수手만 기억하면 되기 때문이다. 강한 전략은 질투하지 않는다. 심리학적으로 볼 때 질투는 분명 성공적인 게임 참여자가 극복해야 할 가장 큰 장애물이다. 왜냐하면 성공의 비밀은 다른 사람의 성공을 부러워하지 않는데 있기 때문이다. 마지막으로, 강한 전략은 투명하다. 이것이야말로 승리자가 패자가 잃은 것을 갖는 제로섬 게임과 모든 게임 참여자들이 이길 수 있는 비제로섬 게임의 대단히 흥미로운 차이점이다. 축구와 같은 제로섬 게임에서는 전략을 숨겨야 하는 반면 비제로섬 게임에서는 신뢰를 구축하기 위해 전략을 공개해야 한다.

수학자이자 사회심리학자인 아나톨 래포포트Anatol Rapoport는 이 전략을 저 유명하면서도 간단한 '맞받아치기Tit for Tat' 전략으로 공식화했다. 쉽게 말해 '눈에는 눈, 이에는 이' 전략인 셈이다. 게임은 협동적으로 시작된다. 그 후 다음 수를 둘 때는 상대방이 했던 수를 똑같이 따라서 둔다. 여기서 놀라운 결과가 나타난다. 맞받아치기 전략은 모든 공격적 전략에 패배하며 단 하나의 전략에도 이길 수 없다. 그러나 마지막에 가서는 모두를 쓰러뜨린다. 앞서 언급했듯이 환경에 좌우되지 않는 최상의 전략이란 존재하지 않는다. 협력적인가 아니면 공격적인가, 이것이 문제다. 너무 협력적인 사람은 상대방에게 이용될 위험이 있다. 너무 공격적인 경우에는 상대방도 그렇게 공격적으로 나올 위험이 있다. 그 가운데 균형을 이루고 있는 것이 강한 전략이다. 이 전략은 협동적으로 시작하지만 상대방의 수를 따라서 움직인다. 구약성경의 표현을 빌리면 눈에는 눈인 것이다. 착한 사람은 조건 없는 협력이라는 예수의 전략을 사용한다. 누가 너의 한쪽 뺨을 때리거든 다른 뺨도 내밀어라. 이 계획은 상냥하긴 하지만 도발에 대응하는 자세가 결여되어 있다. 이에 반해 못된 사람은 조건 없이 공격적이다. 이 전략은 상냥하지도 않고 화해를 할 줄도 모른다. 이 전략은 불신으로 균형을 만드는 미니맥스Minimax 전략에 해당한다. 이 전략에서 가능한 최선은 오직 최악을 피하는 것이다. 이 전략의 결과로 나타나는 것은 놀랍게도 '최후까지 버틴 지독한 놈'이라는 저 기꺼운 명성을 얻을 수 없다는 것이다. 왜냐하면 이 전략에서는 늘 반격을 당하게 되어 있기 때문이다. 이 전략으로 얻을 수 있는 것은 별로 없다. 죄수의 딜레마는 이 게임이론의 중심 원칙을 분명히 보여준다. 가장 나쁜 가능성 중에서 가장 나은 것을 선택하라. 그것은 당연히 당신을 행복하게 만들지는 않겠지만 좋은 처신일 수는 있다.

오늘날 우리의 일상은 별 일 없이 지나가고, 현대의 정치에는 비전도 커다란 개혁도 없다. 하지만 이런 현실도 방금 말했던 것과 연관시켜서 생각해 보면 좋게 해석될 여지가 있다. 즉 이런 현상은 사회적 발전이 여러 개의 작은 단위로 분산된 결과다! 어떤 큰 계획이 작은 계획들로 나눠질 수 있을 때 이 계획은 더 성공에 가까워질 수 있다. 왜냐하면 이렇게 될 경우 배신의 대가가 적어지기 때문이다. 나는 다른 사람에게 작게 한 걸음 다가가 그에게 협력할 기회를 준다. 이때 그가 공격적으로 반응한다 해도 내가 잃는 것은 적다. 요컨대 정치적 목표 달성의 과정을 여러 작은 단계로 나눌 때 협력의 용의를 고조할 수 있다.

우리가 가치보편주의에 대한 신앙고백, 또는 전 지구적 합의라는 가치보편주의적인 정치를 지지한다는 고백을 하지 않아도 된다는 것은 다행스러운 일이다. 우리에게는 상냥한 것이 똑똑한 것이라는 게임이론의 경험이면 충분하다. 그러나 액설로드의 컴퓨터 토너먼트 시합은 상냥한 개인 한 사람은 못된 인간들의 세계에서 이기지 못한다는 것을 확실하게 보여준다. 상냥한 사람들이 이기려면 집단으로 게임에 임해야 한다. 이때 상냥함의 공격을 성공으로 이끌기 위해 이 상냥한 사람들의 집단의 크기가 어느 정도여야 하느냐는 것은 완전히 수학적인 문제다. 그러나 어떻게 상냥한 사람들이 '남을 밀쳐야 성공하는 사회'에서, 그러니까 '냉정한 시민들'이라는 조건에서 살아남을 수 있을까 하는 질문은 던져 볼 수 있다. 노벨 경제학상 수상자인 허버트 A. 사이먼Herbert A. Simon에게서 이에 대해 한 가지 훌륭한 답을 들을 수 있다. 그는 이타주의적 행동의 공진화共進化적 측면을 지적한 학자다. 그가 제시한 이 이론은 게임이론을 먹기 좋게 만드는 설탕 시럽에 비유할 수 있다.

이에 반해 타인의 어리석음을 이용해 성공하는 사람은 성공을 거둘 수 있는 환경을 파괴한다. 이것은 죄수의 딜레마를 반복해서 행하게 한 컴퓨터 시뮬레이션에서도 잘 드러난다. 상냥하지 않은 사람은 단기적으로 성공을 거두긴 하지만 장기적으로 성공의 조건을 파괴한다. 그러니까 다른 사람의 것을 빼앗는 전략은 자신의 성공을 위한 환경 조건도 파괴한다는 것이다. 강하고 상냥함이라는 전략은 정확히 이에 반대된다. 이 전략을 가진 상냥한 사람은 다른 사람을 쓰러뜨리지 않으면서 이긴다. 이 사람은 타자의 성공을 자신의 성공 조건으로 이해한다. 이런 관점에 따르면 나는 타자의 약함을 통해서가 아니라 상호간의 이익을 증대함으로써 성공을 거두는 것이다. 성공하는 사람은 성공적인 사람들과 상호작용하는 사람이다. 죄수의 딜레마의 해결책을 논리적으로는 풀 수 없다는 지적은 맞다. 그러나 거듭 반복하여 게임을 하면 답을 찾을 수 있다. 이렇게 하면 미래의 그림자가 현재로 드리우게 되고, 그 결과 게임 참여자들이 협동할 용의를 갖게 될 수 있다.

비제로섬 게임과 일명 윈윈 상황의 구조를 들여다보면 양자는 서로 적수로 경쟁하는 것이 아니라 함께 게임을 한다는 것을 알 수 있다. 중요한 것은 협력이지 제로섬 게임에서와 같은 경쟁이 아니다. 그러나 자본주의에서는 경쟁이 없을 수 없기 때문에 오늘날 경영계에서는 '코피티션Co-opetition'이라는 신조어를 만들어 협력과 경쟁을 합성해 부른다. 어찌되었든 간에 이 신조어 뒤에는 성공이 경쟁자를 파괴하는 데 있지 않다는 새로운 기업 철학이 깔려 있다. 그럼에도 협력이 무조건 긍정적 가치를 갖는다고 포장하는 것은 삼가야 한다. 부패 또한 협력의 일종이니 말이다.

게이미피케이션이란 무엇인가?

비제로섬 게임에 대한 관심이 높아진다는 것은 오늘날 게임 분야도 정치적으로 바람직한 태도를 의식하고 있음을 보여준다. 윈윈 상황을 추구하는 협력 게임이 전하는 메시지는 이런 것이다. "아무도 져서는 안 된다. 아무도 싸움에서 패배해서는 안 된다. 우리는 모두 게임을 통해 배우는 것이 있어야 한다." 일상의 과정이 게임으로 바뀌는 게이미피케이션을 통해 생산 활동을 하고, 서비스를 제공하며, 학습하는 과정에서 만족스러운 경험을 만들어야 한다.

게이미피케이션이라는 이 과정은 최근의 신조어에서 아주 쉽게 접할 수 있다. '오락'을 의미하는 영어 접미사 '-tainment'와 함께 조성된 단어들이 그것이다. 몇 가지 예를 들어보면, 인포테인먼트, 폴리테인먼트, 에듀테인먼트가 있다. 인포테인먼트는 정보와 오락의 합성이다. 이 단어를 가장 잘 보여주는 예로는 〈퀴즈 쇼 1대 100〉 같은 것이 있다. 사실 고전적인 십자 낱말 맞추기도 이미 정보와 놀이를 혼합한 형태라고 볼 수 있다. 폴리테인먼트, 즉 정치와 오락을 합친 이 단어의 가장 이상적인 놀이터는 토론 방송이다. 다른 한편 새로운 시대 현상 또한 이 맥락과 연관 지어 생각할 수 있다. 옥스퍼드 영어사전은 '셀카'를 올해의 단어로 선정했다. 이 단어는 스마트폰으로 자신을 찍어 예컨대 페이스북 같은 곳에 올리는 것을 의미한다. 오바마가 남아프리카공화국에서 셀카를 찍은 것을 보면, 셀카는 가장 유명한 인사들까지도 하는 것이라는 걸 알 수 있다. 이러한 도상적 전환Iconic Turn은 정치에도 영향을 미치고 있다. 사람들은 이제 생각 대신 그림을 보여준다. 과연 한 장의 그림은 천 마디의 공허한 말보다 더 많은 것을 말한다. 정치가들은 자신들의 '일상생활'을 찍은 즐거운 사진으로 정치적 무관심에 맞선다. 말할 게 없는 사람들도 자신을 보여줄 수는 있다. 마지막으로, 에듀테인먼트는 학습에 오락을 가미하려고 시도한다. 나는 이미 고전적 형태의 학교 수업은 지루한 환경의 전형이라는 것을 언급한 바 있다. 학생들은 이 환경 속에서 졸거나 공격적인 행동으로 반응한다. 이러한 문제는 학생들이 더 많은 자극을 제공하는 컴퓨터 세계에 길들여질수록 더 심각해질 것이다. 이제 교사들은 고민 끝에 학습 내용을 재미있게 만들려고 노력한다. 이렇게 해서 이들은 '새로운 미디어'들이 기적 같은 일을 일으켜 주기를 바란다.

그러나 다른 한편으로 게이미피케이션은 이와는 다른 완전히 새로운 차원 또한 보여준다. 오늘날 많은 게임 디자이너들이 미하이 칙센트미하이가 제시한 '몰입적 흐름' 개념을 기술적으로 이식하는 과제를 안고 있다. '몰입적 흐름'은 게임에서 일종의 더 높은 기능성을 발휘할 수 있도록 해주는 흐름의 균형을 말한다. 설명이 좀 복잡하게 들리지만 사실은 그렇지 않다. 핵심은, 게이미피케이션은 문제를 해결하고 사람들의 동기를 높이도록 해야 한다는 것이다. 일상의 문제가 놀이의 형태를 띠게 되면 해야 할 과제가 분명해지며, 이에 대한 지속적인 피드백과 현재 내가 있는 위치에 대한 정보를 얻을 수 있다. 피드백은 예를 들어 내가 딴 점수다. 또 현재 위치에 대한 정보는 '내가 하는 일이 어느 정도 진척되었는가?'라는 질문에 답을 준다. 점수를 따는 데서 얻는 만족감은 오락실 게임에서만 얻을 수 있는 것은 아니다. 그것은 포인트 적립 카드나 항공사의 마일리지에서도 얻을 수 있다. 2009년 발표한 제이슨 라이트먼Jason Reitman의 영화 〈인 디 에어Up in the Air〉의 주제가 바로 이것이다. 이 영화에서 조지 클루니는 쉼 없이 미국 전역을 비행기로 출장 다니는 회사원을 연기했다. 그의 인생 목표는 1000만 포인트 이상의 마일리지를 쌓는 것이었다.

놀이가 현실로 침투하는 이 현상은 오늘날에는 게이미피케이션이라는 모습으로 나타난다. 놀이터를 떠나 일상의 현실로 들어가는 호모 루덴스 가운데 디자이너로 일하는 사람의 경우를 살펴보자. 물론 현실에서 그는 마케팅과 경영을 매우 중요하게 생각한다. 그가 주로 관심을 갖는 문제는 이런 형태로 나타난다. 어떤 게임으로 직원들에게 돈을 들이지 않고 동기를 부여할 수 있을까? 어떤 게임으로 고객들의 충성도를 배가할 수 있을까? 요컨대, 어떻게 놀이의 마술을 행동심리학적으로 이용할 수 있을까? 어떻게 게임으로 참여발전기를 만들 수 있을까? 게임 디자이너 제인 맥고니걸은 여기서 한 걸음 더 나아간다. 그녀는 모든 컴퓨터 게임에서 온라인 클라우드 소싱 프로젝트에서 함께할 미래의 직원을 발견한다. 이 프로젝트는 아주 단순하게 더 나은 세상을 위한 프로젝트다. 간단히 표현하면 다음과 같다. 현대 세계 전체를 게임 디자이너를 위한 문제로 이해할 수는 없을까? 〈월드 오브 워크래프트〉 게이머들이 갑자기 WWO World Without Oil을 하게 되면 어떻게 될까? 그렇게 되면 수백만 명의 게이머들은 함께 고민을 할 것이다. 함께 가상의 시나리오를 짤 것이다. 어떻게 세계가 대형 오일 파동 없이 굴러갈 수 있을지, 다수의 지혜가 게임을 통해 발휘될 것이다. 여기서 제인 맥고니걸이 전하는 메시지는 이런 것이다. 세계가 갖고 있는 문제를 해결하기 위해 우리는 게임을 해야 한다. 세계가 갖고 있는 문제를 게임으로 만들면 모든 게이머들이 자발적인 봉사자로 나서는 모습을 볼 수 있다. 이렇게 해서 우리는 사실상 비제로섬 게임의 세계에 도달했다. 이곳은 성공하기 위해 다른 사람보다 더 나을 필요가 없는 세상이다.

축구 선수들과 팬들은 이러한 비제로섬 게임에 대한 열광을 이해하기 힘들다. 축구는 전형적인 제로섬 게임이기 때문이다. 이는 3점 규칙으로 더욱 강화되기까지 했다. 이 규칙은 경기에서 무승부를 기록한 팀이 불리해지는 제도다. 보기에 따라, 무승부이면 양 팀이 나란히 똑같은 점수를 받으니 더 좋아진 것이라고 할 수도 있다. 하지만 그뿐이다. 무승부를 한 팀은 각기 1점을 얻지만 승리를 하면 3점을 받기 때문이다. 이런 점에서 볼 때 3점 규칙은 승리를 하면 2점을 받았던 2점 규칙에 비해 승리의 중요성이 더 강화된 룰이다.

우리는 어릴 때부터 제로섬 게임의 놀이를 배운다. 이 게임에서 보상은 단 하나, 승리 그 자체다. 내가 이긴다는 것은 다른 사람이 진다는 것을 뜻한다. 제로섬 게임에서 공정함은 모든 게임 참여자가 이기려고 한다는 데 있다. 이를 달리 표현하면, 이 게임에서는 자신의 점수를 올리는 것보다 상대방을 쓰러뜨리는 것이 더 중요하다. 세 골을 넣어도 상대편이 네 골을 넣으면 이 세 골은 가치가 없어진다. 다시 말해 여기에서는 다른 사람하고 상관없이 절대적으로 자기만의 점수를 올리는 것이 중요한 것이 아니다. 상대적으로 점수를 따야 한다. 제로섬 게임에서는 '많이'보다 '더 많이'가 중요하다. 올림픽에서 개인은 최고 성적을 달성할 수 있다. 그러나 이 성적이 메달을 따기에 충분하지 않다면 무슨 소용인가? 승리만이 중요할 뿐이다. 경쟁하고자 하는 충동은 이 공격적 전략을 강화한다. 이 전략은 언제고 가열될 위험을 안고 있다. 질투심에 차서 우리는 우리 자신을 다른 사람과 비교한다. 윈윈 관점은 바로 이런 시각을 버리게 해준다. 일상과 분리되어 있는 경기장에서 제로섬 게임을 잘하는 사람이 현실에서는 흔히 윈윈 게임에 약한 이유도 동일한 맥락에서 설명할 수 있다. 현실에서는 이기고자 하는 욕구가 제 이익을 극대화할 가능성을 가로막는 걸림돌이 되기 때문이다.

세렌디피티 또는 X에 대한 즐거움

콜럼버스Christopher Columbus는 인도로 가는 새로운 항로를 찾다가 1492년에 아메리카를 발견했다. 샌드위치에 있는 화이자 제약회사 연구소는 원래 심장병을 위한 새로운 약을 개발하려다가 발기부전 치료제를 발견했다. 이 약은 1998년 비아그라라는 이름으로 시장에 출시되었다. 사회학자 로버트 머튼Robert Merton은 이러한 사건들을 '세렌디피티의 행운의 순간, 즉 우연에 의해 발견되는 경우'라고 불렀다. 다시 말해, 원래 그것을 찾으려고 했던 것은 아닌데 우연히 중요한 사실을 발견하는 경우다. 이 아름다운 신조어 '세렌디피티serendipity'는 영국 소설가 호러스 월폴Horace Walpole이 1754년 1월 28일에 쓴 편지에 처음 등장한다. 이 편지에서는 페르시아 동화에 나오는 세렌디프의 세 왕자가 언급된다. 이 왕자들은 찾으려고 애쓰지 않았는데도 운 좋게 늘 무엇인가를 발견한다.

좀 덜 시적으로 표현하면, 세렌디피티는 무작위 변수를 통해 새로운 것에 도달하는 방법을 말한다. 혁신적인 학자라면 누구에게나 놀이하는 인간의 모습이 들어 있다. 놀이하는 인간은 기회주의적이며 흥미로운 것에 끌리는 사람이다. 그렇다고 해서 세렌디피티가 무조건 임의적인 것은 아니다. 이는 잘 훈련된 정신만이 행운을 잡을 수 있다는 저 오래된 통찰을 통해서도 잘 드러난다. 내가 무엇을 알고 있는가 하는 조건이 내가 어떤 공간에서 놀게 될 것인지를 결정한다. 이 공간에서 나는 우연과 놀이하며 행운의 우연을 노린다. 여기서 새로운 무언가를 얻는 것은 학습을 통해서가 아니다. 다시 말해, 혁신적인 사람은 배우는 학생이 아니라 놀이를 하는 사람이다.

나는 앞서 놀이가 현실에 침투하는 현상에 대해 설명했다. 이 현상은 이 맥락 속에서는 이렇게 해석된다. 공부하는 대신 놀기. 생각하기 귀찮아하는 사람들에게 이는 당연히 유혹적으로 들릴 것이다. 그러나 이 말의 배후에 있는 것은 새로운 형태의 합리성이라는 것을 알아야 한다. 성공적인 사람들은 최소의 정보라는 원칙에 따라 일한다. 이들은 항상 더는 수가 없을 때에만 학습을 하려고 한다는 뜻이다. 이들은 진리를 찾는 대신에 여러 정보가 벌이는 경쟁을 신뢰한다. 주어진 조건에서 해결책을 발견하는 일명 발견적 방법, 요컨대 완벽하지는 않지만 대충 근사한 값을 얻을 수 있는 법칙이 발달해 있는 것을 생각해 보면 우리가 어떤 것을 '아주 정확히' 알려고 할 필요는 없다는 것을 알 수 있다. 바로 이 점이 결정을 진정한 의미에서의 결정으로 만든다. 어쩔 수 없다고 생각하면서 하는 수동적 선택이 아니라 자신의 의지로 내리는 적극적 선택으로 만드는 것이다. 왜냐하면 이때 우리는 충분하지 않은 정보라는 위험을 무릅쓰는 것이 아니라 최소한의 정보라는 위험을 무릅쓰는 것이기 때문이다.

그렇다면 호모 루덴스는 생활의 경제학을 어떻게 이해하는가? 그는 완벽하게 하는 게 아니라 충분히 한다. 최상이 해결책이 되는 것이 아니라 만족스러운 것이 답이 된다. 그렇게 해야만 주어진 시간에 행동을 취할 수 있기 때문이다. 오늘날 중요한 것은 모두 시간적 제한이 있다. 소설가 로베르트 무질Robert Musil의 말을 빌리면, 모든 것은 "임시적으로 확정적이다." 이런 태도는 오류에 관대하고 위험을 기꺼이 감수하려는 문화를 전제로 한다. 우리가 어떤 일이 일어날 위험이 있다고 말한다는 것은 우리가 어떤 위험한 상황을 통제 가능한 것으로 생각한다는 뜻이다. 위험한 상황을 조절할 수 있다는 느낌은 분명 삶의 가장 커다란 즐거움이다. 그러나 강조하건대 여기서 기쁨은 위험에 대한 기쁨이 아니라 그에 대처할 수 있는 자신의 능력에 대한 기쁨이다.

호모 루덴스에게 새로운 것은 모두 신나는 것이고, 놀라운 것은 모두 자극을 주는 것이다. 세렌디프 왕자들의 호기심에는 놀라움에 대한 기대, 문제 해결 태도, 새로운 것에 대한 갈구가 함께 들어 있다. 학문과 기술의 혁신 초기 단계에는 대부분의 경우 많은 혼란이 존재한다. 확실한 것이 얼마 없기 때문에 많은 비판이 따르기 마련이다. 그러나 이러한 혼란은 창의적인 사람에게는 곧 퍼즐 문제가 된다. 그렇게 되면 이 퍼즐 문제는 규칙을 가진 놀이가 된다. 이렇게 해서 문제가 무엇인지 표현할 수 있게 되고, 새로운 발견이 이루어질 수 있게 된다. 창의성은 유희의 즐거움과 밀접한 관계를 갖는다. 이런 창의성이 생기려면 우연에 겁먹지 않고 오히려 그것에 자극을 받을 수 있어야 한다.

《즐거운 학문Fröhlichen Wissenschaft》의 머리말에서 니체Friedrich Wilhelm Nietzsche는 문제를 좋아하는 태도에 대해 고찰했다. 여기서 그는 월폴의 멋진 표현 '세렌디피티'에 대한 최고의 번역어를 발견했다. 'X에 대한 즐거움'이 그것이다. 이 말은 삶에 대한 진지성을 표현하는 것으로 들리기보다는 아이들이 하는 장난을 묘사하는 것으로 들린다.

그러나 연구소 실험실과 대기업 혁신 팀, 더 나아가 테크놀로지에 미친 오타쿠의 차고에서 벌어지고 있는 놀이는 장난이 아니다. 이 놀이들은 매우 진지하다. 좋은 아이디어는 모두 그 아이디어를 가지고 놀이를 하고픈 욕구를 불러일으킨다. 그렇게 해서 아이디어를 가진 사람들은 제일 먼저 모형을 기획하고, 그다음에 1차 모델을 만든 뒤 이를 가지고 실험에 들어간다. 그리고 처음부터 이 과정을 다시 반복한다. 이것이 창조의 반복 과정이다. 이때 비전vision은 리비전revision, 즉 개선改善과 거의 구분되지 않는다. 재미있으면서도 동시에 힘든 놀이를 하는 사람들이 있는 곳에서는 어디에서나 새로움이 태어난다. 진지한 사람들이야말로 자신들의 편견에 사로잡힌 죄수들이다. 그들은 진지함 때문에 자신들이 운영하는 시스템에서 빠져나오지 못할뿐더러 그 시스템을 외부에서 바라보지도 못한다.

자본주의의 카지노에서 일하는 것은 왜 재미있는가?

잠시 우리의 과거를 돌이켜 보자. 산업사회 이전의 노동과정은 인간과 자연의 싸움이라는 특징을 갖는다. 산업사회는 그 후 노동의 개념을 새롭게 정의했다. 요컨대 인간은 자연과 대결하는 것이 아니라 기계와 싸운다. 노동조합과 사회민주주의자들이 꿈꾸는 낭만적 사회에서 오랫동안 전형적인 노동자상을 대변했던 것은 루어 지방의 용광로였다. 그러나 이 또한 얼마 전에 과거가 되어 버렸다. 오늘날의 사회가 후기 산업사회라는 것은 맞는다. 현재 노동은 일차적으로 개인들 사이의 놀이이기 때문이다. 또한 21세기에 놀이를 즐기는 시간과 생산적이고 성공적인 노동은 그다지 구분이 되지 않는다. 나는 바로 위에서 혁신이 이루어지는 과정을 묘사하면서 바로 이런 점을 보여주고자 했다. 어떤 모델이나 계획에서 드러나는 좋은 아이디어는 이를 가지고 놀고 싶은 욕구를 일으킨다. 1차 모델을 가지고 하는 이 놀이는 이론과 실천을 연결한다.

이렇게 해서 '새로움은 어디에서 나오는가?'라는 질문은 우리를 다시금 놀이하는 인간상으로 안내한다. 놀이하는 인간은 놀이를 할 때에만 '전적으로 사람'이다. 다시 말해, 진정으로 창의적이다. 이런 점에서 실러가 한 말은 옳았다. 그러나 놀이가 노동의 반대가 아니라는 것도 분명하다. 또한 놀이는 진지함의 반대가 아니라는 것도 분명하다. 재미있는 노동은 놀이이며, 대부분의 경우 보수도 잘 받는다. 얼마나 불공평한 세상인가. 우리는 워커홀릭을 호모 루덴스라고, 즉 행복한 사람이라고 생각해야 한다. 그는 자신의 일을 진지한 놀이로 하며, 그것은 그에게 힘든 즐거움을 안겨 준다. 따라서 그에게는 언제든지 연락이 닿으며 무제한 이용할 수 있다. 그의 신조는 다음과 같다. "내 상태는 최고다. 나는 내 일에서 우수하다. 일 외에 그 밖의 어떤 정보도 나의 주의를 뺏을 수 없다."

노동이 놀이가 될 수 있다는 것, 또한 보수도 잘 받을 수 있다는 것을 알려 주는 좋은 예는 증권 딜러다. 그는 여러 개의 모니터가 놓여 있는 책상에 앉아 있고 모니터에는 끊임없이 데이터와 자료가 올라온다. 그는 이 정보를 가지고 주식을 매입할 것인지 매각할 것인지 결정해야 한다. 여기서 벌어지고 있는 것은 주식 놀이다. 여기서 중요한 것은 정보뿐이다. 왜냐하면 금융시장은 이른바 실물경제와 멀리 떨어져 있기 때문이다. 날마다 거의 1조 달러가 거래된다. 그러나 세계 주식시장에서 금융 거래의 90퍼센트는 현실 상품 유동과 전혀 무관하다. 오늘날 세계 주식시장은 이미 자본주의의 가상 카지노를 만들었다. 이 카지노에서 가상의 데이터 게이머들이 베팅을 한다. 미래를 가지고 하는 이 거래에서 경제는 요세프 슘페터Joseph Schumpeter와 같은 경제학자의 전통적인 생각으로는 더 이상 이해할 수 없는 복잡성에 도달했다. 그에게 화폐는 '상품에 붙어 다니는 곁다리'일 뿐이었다. 이러한 변화는 1대 10이라는 투자 대 투기의 비율을 통해 확실하게 드러난다. 디자이너 오틀 아이허Otl Aicher는 이미 30년 전에 이를 정확히 지적했다. "금융 사업은 추상적 형태의 노동이다. 이 사업의 유일한 물질적 실체는 전자 기기와 전자 통신이다. 그 밖의 모든 것은 숫자, 번호, 수익률이다. 투기가 가짜와 허구가 되는 경우도 흔하다. 요컨대 현실적 근간이 저 카드로 만든 집에 점점 더 가까워지고 있다."

전 세계적 금융시장은 주식 딜러의 컴퓨터 모니터에 존재한다. 우리는 이 사실을 말 그대로 이해해야 한다. 모니터는 우리에게 '바깥에 있는' 금융 현실을 다만 보여주기만 하는 것이 아니라 그것 자체가 사건이 벌어지는 현장이다. 모니터는 선택의 가능성을 끝없이 토해 내며 위험한 결정을 내릴 것을 요구한다. 사회학자 카린 크노르체티나는 글로벌 시장에 관한 훌륭한 논문에서 주식시장 딜러가 6~8개의 모니터를 '동시에' 쳐다보는 동안 어떻게 그의 몸이 이 모니터들에 완전히 합쳐지는지 보여주었다. 금융시장은 오늘날 말 그대로 쌍방으로 작용하는 컴퓨터 게임이다. 여기서 핵심어가 무엇이될지 우리는 이미 알고 있다. 총체적 침입, 바로 그것이다. 딜러의 컴퓨터 모니터는 매개체가 아니라 그것 자체가 삶이다.

브로커들이 자기 회사의 돈으로, 즉 고객의 주문 없이 주식을 매입하거나 매각하는 경우 이를 '슈필링spieling'이라고 한다는 것은 많은 의미를 함축한다. 이런 현상은 브로커들이 이익을 추구한다는 사실만으로는 설명되지 않는다. 여기서 우리는 브로커들이 열광적인 게이머라는 사실에 주목해야 한다. 그들은 말하자면 경제계의 극한 스포츠 선수인 것이다. 그러나 금융계의 '국민 스포츠', 즉 주식시장에서 취미로 게임에 참가하는 사람들이라고 해도 크게 다르지는 않다. 나는 앞서 후베르트 부르다가 당일 매매를 일컬어 주부들을 위한 번지 점프라고 했다는 것을 언급했다. 사행성 게임을 하는 사람들이 운과 씨름하듯이 열광적인 주식투자자들은 금융시장의 장 마감과 씨름한다. 우연을 가지고 하는 게임에서는 운이 게임을 좌지우지하는 것이지 게임하는 사람이 게임을 조절하는 것이 아니다. 그럼에도 이 게임들은 스스로 게임을 완전히 조절할 수 있다는 환상을 불러일으킨다. 이제 내 번호가 나올 것이다! 이런 환상을 품는 것은 룰렛 게이머뿐만이 아니다. 주식시장의 게이머들도 마찬가지다.

주사위 또는 룰렛 구슬이 만드는 우연과 이 게임을 하는 사람들의 관계는 시장의 주가 변동성과 딜러의 관계와 같다. 우리에게 미디어를 통해 알려진 게이머로서의 딜러 이미지는 1초도 안 되는 시간에 수백만 달러를 날려 버릴 수 있는 무모한 룰렛 게이머다. 실제로 이 딜러들은 시장을 그렇게 진지하게 생각하지 않는다. 그리고 바로 그렇기 때문에 자신의 일에서 재미를 느낀다. 그는 몰입 상태에 있기 때문에 대개는 진지하거나 무서워하는 태도를 보이는 사람들보다 더 성공적이다. 브로커들과 주식 딜러들이 자신의 일을 놀이로 즐길 수 있는 것은 무엇보다 그들의 '놀이터'가 나머지 세계와 확연히 구분되기 때문이다. 보통 사람들 중에 그들이 거기서 도대체 무슨 일을 하는지 아는 사람은 없다.

내가 여기서 주식 게임이라고 하는 것은 단지 은유로 하는 말이 아니다. 실제로 주식은 운으로 하는 게임이다. 1900년 수학자 루이 바슐리에Louis Bachelier는 모든 주가는 예측 불허라고 주장했다. 왜냐하면 자본주의경제의 경쟁 시장가격은 우연적으로 움직이기 때문이다. 이 우연적 변동은 법칙적으로 움직이는 많은 개별 요소가 집적됨으로써 생겨난다. 여기에서 경제적 불확실성이라는 하나의 원리가 나오며, 이를 잘 표현하는 것이 주식이라는 사행성 게임이다. 이로부터 불과 5년이 지난 뒤 폴 라파르그Paul Lafargue는 독일 사회민주당이 발간하는 기관지《노이에 차이트Die Neue Zeit》에 종교적 신앙의 원인에 대한 연구를 발표했다. 이 논문에서 그는 주식이 부르주아를 게이머로 만든다는 것을 보여주었다. "현대의 모든 경제적 발전은 자본주의적 사회를 더욱더 거대한 국제적 도박장으로 만드는 경향이 있다." 사행성 게임에서처럼 주식시장에서 게임하는 사람들 또한 어떻게 그렇게 되는지 알지 못한 채 이익과 손실을 본다. 주식시장 게임과 카지노 자본주의라고 말하는 것은 그저 한낱 은유일 뿐인 것만은 아니라는 말이다. "노름판에서와 마찬가지로 시민사회

속에서도 '도무지 그 논리가 파악되지 않는' 것이 왕좌에 오른다."

사회경제학자 베르너 좀바르트는 주식은 사람들의 "놀이에 대한 광적 열광"을 "자본주의적 관심이라는 선로로" 옮겨 놓는 데 성공했다고 말한 바 있다. 그는 현대 경제적 인간의 정신사에 대해 쓴 책에서 다음과 같이 진단했다. "주식 게임 말고는 이러한 대형 투기 모험은 다시 없을 것이다. 이 게임은 영혼 전체를 뒤흔들며, 속속들이 빨갛게 달아오르게 하는 불꽃이다." 어떤 사람들은 엄청난 이익을 얻을 것이라는 희망 속에서 미래에 한 재산을 거는 위험을 감수한다. 이렇게 미래에 운을 거는 게임은 우연과 벌이는 한 판 씨름과 같다. 헤지펀드의 매혹의 힘은 잃을 위험은 높지만 성공하면 엄청나게 높은 수익을 얻을 수 있다는 바로 그 사실에 있지 않은가. 사람들은 올라가고 떨어지는 주가에 돈을 걸어 이익을 노린다. 이때 이용되는 것이 이른바 파생상품과 같은 금융 수단이다. 이런 상품 덕분에 현실을 근간으로 한 경제와 무관하게 시장 가능성과 시장 위험만을 가지고 게임을 하는 일이 가능해진다.

슈퍼 부자들도 게이머다. 억만장자, 아니 조만장자들은 소비의 기회를 즐기는 데서 기쁨을 찾는 것이 아니라 돈으로 쌓은 울타리 안에서 자신들의 훌륭한 솜씨에 감탄하며 즐거워한다. 헤지펀드는 부자들의 내기 도박장이다. 이들은 투자를 하는 게 아니라 내기를 한다. 가난한 사람들과 겁 많은 사람들이 로또를 하는 동안 부자들과 권력자들은 증권을 갖고 논다. 평범한 사람들의 도박장이나 로또와는 달리 부자들의 내기판 판돈에는 한계가 없다. 이것이 바로 증권으로 하는 게임이 공식적으로 사행성 게임으로 취급되지 않는 가장 중요한 이유다. 주식은 '순수한' 게임이 아니다. 사람들이 이 게임의 규칙에 대해 완전히 알지 못하기 때문이다. 또 이 게임에는 판돈의 한계가 없다. 전쟁도 이와 비슷하다. 이제 이에 대해 살펴보려 한다.

컴퓨터 게임이 된 전쟁

철학자 오도 마르크바르트는 우리의 현실 "곳곳이 허구화되어 있다"고 말했다. 이 말이 너무 추상적으로 들리는 사람은 군대와 우주 항공 산업에서 첨단 기술 기기를 생각해 보기만 하면 쉽게 이해할 수 있다. 여기서는 모의 연습에 드는 비용이 실제 전투에 드는 비용과 더 이상 전혀 차이가 나지 않는다. 신형 비행기는 컴퓨터로 구성되어 있을 뿐 아니라 아예 컴퓨터로 시범 비행을 한다. 군대에서조차 비행기 조종사가 전투기를 타고 적지를 뚫고 비행하는 것과 컴퓨터에서 데이터의 미로를 뚫고 비행하는 것 사이에 거의 차이가 없다. 오늘날 조종사들은 추락의 위험 없이 3차원 시뮬레이션 세계에서 훈련을 받는다. 여기서 중요한 것은 훈련을 받는 사람이 수동적으로 모니터를 쳐다보기만 하는 것이 아니라 직접 가상 화면에 조작을 가할 수 있다는 사실이다. 이들이 다루는 것은 상호작용하는 컴퓨터 그래픽이다. 이런 점에서 보면 비행 시뮬레이션 기기는 모든 비디오 게임의 원조라고 할 수 있다. 여기서 기계와 협동하는 사람의 최고 능력은 자기가 갖고 있는 신체 감각이 아니라 화면의 데이터와 그래픽을 그것이 실제인 것처럼 믿을 수 있는 능력이다. 프랑스의 미디어 철학자 폴 비릴리오Paul Virilio는 베트남 전쟁의 전투기 조종사들을 예로 들어 이를 분명하게 보여주었다. "그가 머리를 들자 (시각적-전자 또는 홀로그래픽) 디지털 계기판이 달린 앞 유리판 시준기가 보였고 고개를 숙이자 레이더 스크린, 계기판, 보드 컴퓨터, 라디오, 비디오 모니터가 보였다. 이 모니터를 통해 조종사는 4~5개의 목표물, 그리고 자신이 쏜 미사일을 추적할 수 있었다. 미사일은 카메라 또는 적외선 탐지기가 장착된 사이드와인더 미사일이었다."

현대의 전쟁터는 모니터로만 나타난다. 최신식 무기에는 칩이 장착되어 있고, 컴퓨터 시뮬레이션은 현실에서 군사 행동이 진행되는 것과 같은 시간에 이를 전쟁 게임으로 경험하게 한다. 미사일은 목표물을 찾아내는 과정을 사령본부에 생중계한다. 현대식 무기는 다시 말해 통신의 기적이다. 지능형 폭탄은 목표물까지 스스로 조정해 날아가며 동시에 어떻게 이것이 실행되는지를 비디오로 보여준다. 컴퓨터가 방어 미사일을 발사함으로써 완전 자동화된 전자식 전투가 시작된다. 제1차 걸프전 때 스커드 미사일이 발사되자마자 조기경보 위성, 조기경보 체계를 탑재한 비행기, 위상 배열 지상 레이더, 패트리어트 미사일에 장착된 레이더 시스템은 서로 간에 데이터 전송을 시작했다. 고도로 복잡한 이 데이터 전송에 걸린 시간은 최대 7분이었다. 스커드 미사일이 리야드를 공격했을 때 기자들은 하이야트 호텔 프레스 센터에 앉아서 CNN의 실시간 중계를 보며 그들 자신에게로 향해 오고 있는 미사일 꼬리에 경탄을 날리고 있었다. 이 폭격 피해자들은 전 세계의 텔레비전 시청자들과 똑같은 시간에 똑같은 화면만을 보았을 뿐 그 이상의 것은 보지 못했다. 걸 프전에서는 '현장'이라고 할 장소가 없었던 것이다.

현대의 전쟁에서 게임과 실제 상황, 시뮬레이션과 현실을 구분하기는 어렵다. 그러나 '시뮬레이션'이라는 단어가 1980년대 초 전투학 분석에서 '게임'이라는 말을 대체했다는 것만큼은 확실하다. 시뮬레이션의 엄청난 중요성은 우주비행을 준비하는 과정에서 최초로 대중의 의식에 각인되었다. 철학자 한스 블루멘베르크Hans Blumenberg가 당시 했던 언급은 정당한 것이었다. "신뢰도 높은 계획, 비행사들이 보여주는 대단한 침착함은 거의 모든 것을 시뮬레이터에서 이미 시험해 보았기 때문에 가능한 것이다."

오늘날 군사 훈련 비행은 착륙하고 난 뒤 바로 대형 화면으로 다시 반복할 수 있다. 지상의 통제 기기는 비행기, 훈련, 무기에 대한 정보를 비행기에서 자동으로 전달받아 기록한다. 훈련 시 진짜 미사일은 발사되지 않는다. 조종사가 발사 단추를 누르면 컴퓨터는 즉시 진짜 미사일이 목표물에 명중할 수 있는지 계산한다. 군사 연습과 훈련 시에는 레이저 시스템이 이용된다. 모든 군인은 헬멧과 가슴에 검전기를 장착한다. 짧은 소리가 두 번 들리면 이는 누군가 그를 향해 총을 쐈으나 살짝 빗나갔음을 의미한다. 지속적인 톤으로 소리가 울리면 '총에 맞아 죽었음'을 의미한다. 총에 맞은 군인은 무기 발신기에서 열쇠를 뽑아 검전기에 꽂음으로써 이후의 훈련에서 스스로 열외한다. 이렇게 해서 무기는 사용할 수 없게 되고 검전기는 꺼진다. 대중역사학자 토머스 B. 앨런Thomas B. Allen은 전쟁 게임을 다룬 환상적인 책에서 바로 이것을 묘사했다.

전투기, 잠수함, 항공모함에서도 결정권자는 외부 세계에 대한 정보를 나타내는 전자 화면만을 볼 수 있다. 이런 사실을 보면 사람이 어떤 결정을 내리는 순간에 실제적 전투 행위와 시뮬레이션의 차이를 찾으려는 것은 별 의미가 없어 보인다. 현재 모든 군사적 결정의 80퍼센트는 컴퓨터에 의해 내려진다고 볼 수 있다. 인간은 판단을 내리기 위해 컴퓨터로 지원되는 모델과 데이터로부터 지속적으로 정보를 제공받는다. 계속해서 업데이트되는 시뮬레이션 도서관은 전투 게이머들에게 과거의 전투 게임과 현실 세계의 상태에 대해 정보를 제공한다.

원칙적으로, 가장 중요한 것은 현실과 시뮬레이션을 연결하는 교류회로다. 이 기술은 18세기 말 프로이센의 발명가들이 새로운 전쟁 게임을 개발하면서 길을 닦아 놓았다. 이를 증명해 주는 것이 납으로 만든 군인 모형이다. 당시 프로이센의 모든 연대는 엄격한 전쟁 게임을 하도록 명령받았다. 이 게임을 하기 위해서는 학구적 설명서와 규칙 교본에 더해 지도와 표로 넘쳐나는 자료 또한 공부해야 했다. 그리고 이것은 아직도 독일의 훈훈한 전통으로 남아 있다. 전격전을 개발한 참모총장 하인츠 구데리안Heinz Guderian은 1940년에 프랑스 침공을 계획했다. 이때 그는 이미 이에 대한 모의 전쟁 게임을 시험한 뒤였기에 실전에서는 데이터와 시간을 바꾸기만 하면 되었다. 그러나 실시간 시뮬레이션이 나오게 된 것은 좀 더 시간이 흐른 1944년 11월, 아르덴에서였다. 이때 제5기갑부대의 지휘장교는 미국의 예상 공격에 대응하는 방어 전술을 연습하고 있었다. 그런데 연습 도중 휘르트겐 게메터 지역에서 진짜로 미국의 공격이 있다는 보고가 들어왔다. 우연히도 전쟁 게임을 연습하고 있었던 바로 그곳에 진짜 적들이 나타났던 것이다. 총사령관 발터 모델Walter Model은 계속해서 군인들에게 이 게임을 하게 했고, 이때 현실의 전투 지역 데이터를 게임의 인풋 데이터로 사용했다. 이 전쟁 게임 속에는 진짜 현실의 위험이 존재하고 있었기 때문에 장교들이 명령을 내릴 때 이들의 명령은 게임 속의 명령이자 진짜 전투 지역에서 내리는 명령이 되었다. 이렇게 해서 응급 상황에서 벌어진 이 전투 형태는 오늘날 전 세계의 군대에서 하는 전쟁 게임의 중요한 부분이 되었다. 요컨대 그것은 현실과 나란히 진행된 게임이었다. 진짜 위기 상황과 시뮬레이션 위기 상황이 겹쳐졌던 이 전투가 실시간 시뮬레이션의 원조였던 것이다.

제2차 세계대전 전투게임이 아직 본격 실시간 시뮬레이션과 차이를 보이는 지점은 당시에는 아직 아이콘이 남아 있었다는 사실이다. 컴퓨터 시대가 도래하기까지 군사 시뮬레이션은 모래 상자와 납으로 만든 군인 인형이라는 원초적 형태에 머물러 있었다. 현실 세계의 도상적 표현을 가지고 시뮬레이션을 만들었던 것이다. 구식 전투 게임의 데이터 처리와 현대식 지휘본부의 데이터 처리 사이의 차이는 컴퓨터 전자기술의 도움을 받고 나서야 없어졌다. 그러나 구식 전투 게임과의 차이는 가정용 컴퓨터에서도 없어졌다. 1983년 존 배덤John Badham이 만든 영화 〈위험한 게임War Games〉은 최소한 미국에서만큼은 매우 일상적이었던 비디오 전쟁 게임이 상업적이면서 동시에 군사적으로 이용될 때 일어날 수 있는 일을 스펙터클하게 보여주었다. 배우 매슈 브로더릭Matthew Broderick은 컴퓨터 게임을 열성적으로 좋아하는 소년을 연기했다. 이 소년은 새롭고 환상적인 게임을 찾다가 아주 우연하게 USA 전략 공군 시스템을 해킹한다. 그는 이 게임으로 핵전쟁 발발 직전까지 가기에 이른다. 군사 프로그램과 컴퓨터 게임이 구분되지 않을 만큼 비슷했기 때문이다. 달리 말하면, 오늘날 게임에서의 명령과 실제 전투 명령 사이에는 아무런 차이가 없다는 것이다.

제8장

11번째 계명

십계명 중 대부분은 이 계명을 신이 계시했다고 믿지 않는 사람들도 지킨다. 십계명의 핵심은 알다시피 금지에 있다. 다른 사람을 죽여서는 안 된다, 도둑질해서는 안 된다, 간통해서는 안 된다, "거짓된 증언을 해서는 안 된다." 사회생활을 어떻게 해야 할지 조금이라도 생각해 본 사람이라면 이렇게 하지 않으면 안 된다는 것을 쉽게 수긍할 것이다. 프로이트가 우리 문화는 무엇보다 충동의 포기와 단념이라는 기초 위에 성립한다고 한 말은 옳다. 이 계명과 금지가 신이 명해서 모세가 돌판에 새겨 넣은 것인지, 아니면 수천 년간 이어진 진화 과정의 결과인지에 답하는 것은 사실 전혀 중요하지 않다. '계몽된' 인간으로서 신의 계명을 따르는 신앙인들을 비웃는 사람이라면 윤리적인 것은 진화에 부합하는 것이라고 말할 것이다. 즉 그 둘이 갖는 효과는 같다. 그러나 진화이론적 관점은 금지의 수를 10가지에 국한하지 않는다는 장점이 있다. 나는 앞에서 진화에는 또 다른 계명, '놀지어다!'라는 계명이 있다는 것을 보여주려고 노력했다. 이 11번째 계명은 우리를 완전히 다른 문화의 원천, 즉 놀이의 즐거움으로 데리고 갔다.

디오니소스에 열광적인 프리드리히 니체의 철학을 제외하면 중요한 사상가 중에서 지금까지 긍정적 감정에 대해 즐거운 학문을 하려고 시도했던 사상가는 거의 전무하다. 이 긍정적 감정들로 말하자면 오르가슴, 소망을 충족해 주는 꿈, 마약과 도취가 가져다주는 효과, 승리의 엑스터시에서 절정을 이루는 열정과 헌신이 주는 고양감이 있다. 그리고 이런 것들보다 더 우리의 흥미를 일깨우는 것은 없다. 우리 학자들이 황홀, 환희, 매혹에 대해 또는 즐거움, 재미, 행복에 대해 거의 할 말이 없다는 것은 얼마나 놀라운 일인가! 나는 이 책에서 게임이론이 우리를 좀 더 나은 길로 안내할 수 있다는 주장을 펼쳤다. 이 주장은 에이브러햄 매슬로Abraham Maslow의 욕구 피라미드 모델과도 매우 잘 들어맞는다. 심리학이나 마케팅과 관련된 일을 하는 사람이라면 단순한 원리에 따라 만들어진 이 욕구의 피라미드를 알고 있을 것이다. 식량과 안전 같은 사람들의 근본적 욕구가 지속적으로 충족되면 사람들은 곧바로 사랑과 인정 같은 더 높은 욕구를 가지게 된다. 이 피라미드의 정점에 있는 것은 자기실현의 가치다. 이 가치는 오늘날까지 서구의 윤택한 사회에서는 많은 사람들에게 의심할 바 없이 최고의 가치로 이해되고 있다.

나는 여기에 다만 아주 작은 수정을 가하고자 한다. 소비를 통한 만족이 행복으로 가는 길이 아니라는 것은 확실하다. 인간의 생활환경이 편해질수록 행복의 경험에 대한 주관적 기준 또한 높아진다. 예전에 느꼈던 정도의 즐거운 느낌을 얻기 위해서는 계속해서 새로운 차원의 경험을 해야 한다. 미국 사회학자 필립 브릭먼Philip Brickman과 도널드 T. 캠벨Donald T. Campbell은 이를 욕구의 쳇바퀴라 불렀고, 오스트리아의 경제 전문가 프레드 히르슈Fred Hirsch는 소비주의의 절망 기계라 불렀다. 많은 사람들이 사회적 인정을 위한 싸움을 통해 이 쳇바퀴로부터 해방될 것으로 기대한다. 요즘 이 싸움을 하고 있는 사람들은 남녀평등 의식을 가진 여성들이다. 이 여성들은 행복을 찾아 나섰고, 모든 것을 '커리어'라는 카드에 걸었다. 이 여성들, 더 나아가 다른 '차별받는 자들'이 자신들의 싸움에서 승리하리라는 것을 예측하기 위해 예언자가 되거나 트렌드 연구자가 될 필요는 없다. 그러나 이들은 이 싸움으로는 한 발도 행복에 더 가까이 다가갈 수 없다. 우리 사회가 진화하기 위해서는 지금까지와는 다른 한 걸음을 내딛어야 한다. 요컨대 욕구의 충족과 사회적 지위의 인정 다음에는 삶에 대한 즐거움이 와야 한다. 이것이 바로 호모 루덴스의 메시지다. 놀이의 진화는 삶의 즐거움의 진화다. 또는 달리 표현해서 놀이하는 인간은 진화라는 복권 게임에서 이긴 일등 당첨자다.

행복을 위한 노력은 진화적으로 우리 속에 깊이 뿌리박혀 있다. 그래서 미국의 인류학자 멜빈 코너Melvin Konner는 삶을 놀이라고 불렀다. 이 놀이를 통해 우리는 재미없는 세상에서 재미를 찾아 항해한다. 이렇게 해서 우리는 우리 문화가 우리에게 부과한 충동의 포기에 맞서 혁명을 일으킨다. 달리 표현하면, 우리가 여전히 삶의 즐거움을 가지고 있는 것은 우리 인간 본성이 재미에 적대적인 문화의 무리한 요구에 맞서 스스로를 끈질기게 지켜 낸 덕분이다. 그리고 나는 인간은 놀이와 스포츠 속에서 자신의 본성을 실현할 수 있다는 것을 보여주었다. 인간은 놀이 규칙을 통해 자신을 효과적으로 통제할 수 있기 때문이다.

그런데 우리가 문화라고 부르는 것은 충동의 억제일 뿐 아니라 자연선택을 배제하는 것이기도 하다. 인간은 생물학적으로 더는 진화될 수 없다. 이 반反다윈의 세계에게 우리는 자연처럼 인간을 보호할 필요가 있다. 무엇인가에 흥미를 느끼는 감정은 우리 존재의 가장 오래된 층위에서 나오는 것이다. 우리는 더는 현존을 위해 싸워야 할 필요가 없기 때문에 우리에게 상속된 저 고대의 유산을 놀이 형태로 즐길 수 있다. 이렇게 놀이가 우리 고유의 본성이라는 점을 인식하면 놀이를 왜 하는지 근거를 대고 이를 정당화할 필요조차 없어진다. 호모 루덴스에게는 유용성, 적응, 학습 효과 또는 사회화가 아니라 삶의 즐거움이 중요하다. 이 때문에 우리는 11번째 계명을 명령으로조차 느끼지 않는다.

문명이 성취한 훌륭한 성과는 오늘날 생존을 위한 싸움에서 우리를 안전하게 지켜 준다. 하지만 우리의 성(性)은 예나 지금이나 유전자의 유희적인 조합을 통해 위험하고도 생존 가능성이 높은 생명을 만들어 낸다. 생물학적으로 봤을 때 성은 진화의 놀이다. 하지만 우리가 에로틱이라고 부르는 성의 문화적 형태에서는 유희적인 것 또한 그만큼 중요하다. 오르가슴이 행복의 원형적 형태라는 것을 의심할 사람은 아무도 없다. 하지만 에로틱 놀이에서 중요한 것은 본 게임이 시작되기 전의 즐거움, 그러니까 그 커다란 행복의 느낌을 예감하는 서로 간의 유혹의 순간이다.

나는 앞서 놀이를 한다는 것에 대해 캐나다의 철학자 버나드 슈츠가 정의한 말을 인용한 바 있다. 그는 놀이를 한다는 것은 일부러 만든 장애를 극복하고 스스로 만들어 낸 불확실성을 정복하려고 자발적으로 노력하는 것이라고 했다. 이 정의는 유혹의 순간을 설명하는 데도 유효하다. 유혹의 과정은 자기가 스스로 만들어 놓은 장애물과 벌이는 사랑놀이다. 매력적인 여성의 교태스러운 행동을 잘 살펴보면 행운에 의지하는 게임에서 우리가 받으려고 하는 상이 무엇인지 그 본질을 잘 알 수 있다. 교태는 밀고 당기기, 허락과 거절을 동시에 하는 데에서 성립한다. 이때 남자에게는 '네와 아니오 사이의 이 밀고 당기는 놀이'가 목표하는 것이 손에 들어왔다 나갔다를 반복할 때의 상황과 비슷하게 느껴진다.

이미 다른 맥락에서 인용된 바 있는 철학자 게오르크 지멜은 교태라는 이 현상에 대해 한마디도 더 보탤 것이 없을 정도로 훌륭한 논문을 한 편 쓴 적이 있다. 지멜은 놀이의 유혹의 힘과 매력적인 여성의 교태가 공유하는 중요한 특징을 잘 꿰뚫어 보았다. 그것은 얻을 수 있음과 얻을 수 없음 사이에서 이리저리 동요하게 만드는 것이다. 그리고 바로 이것이 재미를 주는 요소가 된다. 사행성 게임에서와 마찬가지로 남녀의 희롱에서도 받을 '상'의 가치는 '위험이 주는 자극성'을 통해 크게 상승한다. 매력적인 여성은 교태스러운 행동을 통해 말 그대로 우연의 여신으로 화한다. 룰렛 게임이나 슬롯머신에서와 마찬가지로 여기에서도 우리를 매혹하는 게임의 힘은 '예측 불허의 마력이 베푸는 은총의 유혹'이다. 이 게임들은 이길 것이라는 희망을 통해서뿐만 아니라 불확실성의 매력, '어쩌면 될지

도 모른다는' 기대감을 통해서도 우리를 꼼짝 못하게 만든다. 보통
의 경우 서로 간의 유혹의 과정은 여기서 그친다. 이때 이 예비적 즐
거움은 바로 즐거움 그 자체가 된다. 남녀가 서로 유혹하는 과정 그
자체가 기쁨을 만끽하는 순간인 것이다. 이렇게 남녀 간의 유혹의
순간은 사랑을 순수한 놀이로 변화시킨다. 그리고 이 놀이는 축구
와 마찬가지로 일상과 분리되어 있다.

"어쩌면 기회가 주어질지도 모른다." 이 말은 호모 루덴스를 집약
적으로 잘 표현하고 있다. 기회는 희망과 체념 사이에 차이를 만들
어 준다. 윌리엄 제임스는 다음과 같이 말했다. "한 번의 기회를 위
해 살 용의가 있다는 것보다 인간의 특성을 더 특징적으로 묘사한
말은 없다." 인간이 희망을 품는 것은 당연하다. 그것은 모든 동기
부여의 원천이다. 희망은 사회적 마약과 같은 것으로, 사회적 호르
몬인 페로몬과 작용하는 방식이 비슷하다. 인간, 더 나아가 사회에
도 희망이 결핍되면 오늘날 서구 사회의 경우에서 잘 볼 수 있듯이,
희망의 적이 활동을 개시한다. 이 희망의 적에 우리는 정확한 이름
을 붙일 수 있다. 미디어의 불안 산업, 재해 소비, 분노의 비관주의
가 그것이다. 나쁜 뉴스만 주로 전하는 대중 매체, 원한에 찬 정치가
들, 니체가 현안으로 헤아렸던 '위기에 중독된' 사람들, 이들도 여기
에 한몫 거드는 사람들이다.

우리는 황금의 시대에 살면서도 이 사실을 인식하지 못한다. 제
2차 세계대전 이후 서구의 삶의 수준은 3배 높아졌다. 우리는 그 어
느 때보다 건강하고 오래 살고 최장기간의 평화를 누리고 있으며,
세계 어디든 갈 수 있고 꿈같은 교육의 기회를 갖고 있다. 그러나 이

런 사실에 대해 기뻐하는 것은 대단히 어려운 일인 듯하다. 수십 년 전부터 언론의 대부분을 차지하는 것은 불만의 목소리다. 사회적 불평등, 가치의 타락에 대한 불평. 최근에는 다시 자본주의의 종말을 예언하는 목소리도 들을 수 있다.

비관주의는 더 이상 진보를 믿을 용기를 내지 못하는 시대의 질병이다. 점점 더 많은 사람들이 한 치 앞도 보이지 않는 깜깜한 와중에 병에 걸리면 받을 수 있는 혜택이라도 건지려고 하는 것처럼 보인다. 절망은 아주 잘 팔린다. 그것이 거대한 불안 산업이 발달하게 된 이유다. 수십 년 동안 우리는 핵발전소에 대한 불안감을 가지고 있었다. 기후변화로 말미암은 재해가 일어날까봐 무서워한 지가 20년도 더 되었다. 현재 에너지 대란에 대한 두려움이 커지고 있다. 우리가 텔레비전이나 영화관에서 볼 수 있는 것은 스캔들과 재해로 얼룩진 세계다. 특히 텔레비전 뉴스는 절망의 드라마를 연출해 보여준다. 사람들은 텔레비전에서 자연재해처럼 통제 불가능한 사건을 겪는 사람들을 보면서 무력감을 느끼는 법을 배운다. 날마다 일어나는 이 재해의 소비는 수억대의 불안 산업에 이용된다. 대중매체는 이 불안감을 이용해 감정의 시장에서 돈을 번다.

경고와 주의로 점철된 세계에서 세계 종말론은 상품이 된다. 미디어에 비치는 세상은 극지방의 빙하가 녹아내리든 아니면 핵 원자로의 노심이 녹아내리든, 재해가 일어나는 세상이다. 따라서 환경문제는 대중매체 최고의 이상적인 화제가 된다. 바로 세계 전체가 문제가 되기 때문이다. 모든 사람들이 당사자가 될 수 있기 때문이다. 방사능 누출, 환경오염, 지구온난화는 한계를 모르고 계속된다. 이와 함께 이를 구제하기 위한 산업도 엄청난 규모로 존재한다. 오늘날 윤택한 서구 사회에서 생태, 유기농, 친환경보다 잘 팔리는 것은 없다. 할리우드는 오래전부터 이 새로운 형태의 세뇌, 다시 말해 '그린워시Green wash'를 당연하게 받아들였다. 할리우드의 크고 작은 스타들은 세계를 지킨다는 주제를 좋은 오락거리로 선보인다. 이 불안의 종교는 교육을 받은 중산층의 새로운 신앙이다. 기술에 대한 적대감, 반反자본주의, 현실적 노력 없이 말과 제스처만 앞서는 정치인들도 이에 해당한다. 베이비붐 세대의 혁명적인 질풍의 찬가가 끝난 뒤 이제 전 세계에서는 친환경론자들의 설교가 울려 퍼진다. 환경보호를 설파하는 존재의 포스트모던한 목동들의 설교가.

그러나 비관주의를 체득한 자들만 있는 것은 아니다. 낙관주의를 체득한 사람들도 있다. 반밖에 차 있지 않은 물컵을 반이나 차 있는 것이라고 보아야 한다는 고전적 예는 아마도 모두가 알고 있을 것이다. 심리신경면역학이라는 신생 학문이 있다. 이 학문은 희망이 사람을 치료한다는 것을 보여준다. 사실 한 번이라도 플라시보 효과를 경험해 본 사람이라면 별로 놀랄 만한 이야기는 아니다. 플라시보 현상에서는 실제 약 성분이 들어 있지 않은데도 약이 듣는다. 이는 믿음의 힘이다. 심지어 플라시보인 줄 알아도 플라시보 효과가 나타날 수 있다고 주장하는 의사들도 있다.

우리는 모두 성공적이고 싶어 한다. 우리는 오늘날 성공을 위한 가장 중요한 심리적 전제 조건이 '스스로 잘해 낼 것이라는 확신을 갖는 것'이라는 사실을 알고 있다. 내가 하는 행동이 긍정적 반응을 낳는다. 나는 스스로 내 행복을 손에 넣을 수 있다. 이렇게 생각하는 사람은 닥치는 모든 우연을 신속하고 재빠르게 자신에게 최고로 유리한 조건으로 전환할 수 있다고 믿는다. 그렇기 때문에 그는 기회를 모색한다. 게임에서 기꺼이 위험을 감수하는 행동을 현실 세계에서는 개방성이라고 부른다. 그러니까 호모 루덴스는 파스칼이 신을 놓고 했던 내기를 더 세련된 형태로 하고 있는 셈이다. 게임은 이미 오래전에 시작되었고 판돈은 걸렸다. 이제 당신은 무한한 기회가 있음을 알아야 한다.

희망은 놀이를 함으로써 훈련할 수 있다. 니체는 늘 모든 성공적 행위는 닫힌 수평선을 전제한다는 것을 강조했다. 따라서 그는 요구한다. "당신들 주변에 크고 넓은 희망의 울타리를 쳐라." 이것은 멋진 비유 이상의 의미를 가진다. 독일어에는 '희망을 품다hegen'라는 표현이 있다. 알다시피 'hegen'은 울타리로 품어진 구역을 살피고 돌보는 것을 뜻한다. 게임은 이중적 의미에서 희망의 울타리다. 게임은 희망을 키우고 우리 삶의 주변에 희망의 울타리를 친다. 이렇게 게임은 성공을 위한 심리적 조건을 만들어 낸다. 성공하는 사람들은 모두 놀이를 하는 사람이다.

희망은 제한된 지식이라는 보호 공간을 만든다. 새로운 생각들이 이 보호 공간 안에서 자란다. 모든 좋은 생각은 이를 가지고 놀고 싶은 욕구를 일깨운다. 먼저 모델을 계획하고, 그러고 나서 1차 모형을 제작한다. 그리고 이를 테스트하고, 이런 과정을 처음부터 다시 시작한다. 디자인-제작-시험-반복. 이 과정은 비전과 리비전(그 비전의 수정)이 거의 구분되지 않는 창조의 연속 과정이다. 낙관론자는 문제를 표현하고 답이 어떻게 될지 추정한다. 그는 오류를 저지르면서 그가 할 수 있는 한에서 열심히 답을 찾아 탐색한다. 이렇게 해서 문제가 해결되지 않으면 다시 제자리로 돌아가 새로운 것을 다시 시험해 볼 수 있을 때까지 학습을 시작한다. 낙관론자는 기회주의적이며 흥미로운 것에 유혹될 수 있는 사람이다. 여기에는 뜻밖의 일에 대한 기대, 문제해결 태도, 새로운 것이 주는 자극에 대한 갈증이 함께 결합되어 있다.

놀이는 성공적이며 기분을 쾌활하게 만들 뿐 아니라 똑똑하게도 만든다. 인간의 미적 교육에 관한 실러의 계획에도 이미 놀이와 지능이 함께 발전한다는 테제가 들어 있지 않은가. 그러나 이때 자라나는 것은 우리의 합리적 능력만이 아니다. 환상을 만들어 내는 능력 또한 배가된다. 놀이는 모든 감각을 동원해 이루어지는 활동이기 때문이다. 인간은 이야기를 지어내는 것을 좋아하며 이야기에 매료된다. 좋은 경영서가 한결같이 스토리텔링이라는 방법론을 애용하는 이유가 여기에 있다. 그러나 이야기의 창작이 전문 작가들만의 전유물이라고 누가 그랬던가? 나는 앞에서 오늘날 점점 더 많은 놀이가 이야기를 대신하고 있다는 것을 보여주었다. 스토리텔링 대신 게이미피케이션이 일어나는 것이다. 고전적 이야기는 복잡성과 우연을 막아 주는 방패 역할을 한다. 이에 반해 미래의 놀이는 복잡성을 탐색하는 수단으로 사람들을 매혹할 것이다. 이때 우연은 재미로 느껴질 것이다. 달리 말하면 우리는 오늘날 이야기를 들려주었던 시대에서 이야기를 가지고 노는 시대로 이행하고 있다.

'놀지어다!'라는 이 11번째 계명은 우리에게 낙관적으로 생각할 것을 요구한다. 이것이 바로 호모 루덴스가 '교육적으로 가치 있는'

놀이를 통해서만 주목을 받지 않아야 한다고 내가 특별히 강조하는 이유다. 놀이에서 중요한 것이 무엇인지는 사행성 게임이라고 폄하되는 형태의 놀이를 즐기는 사람들을 보면 잘 알 수 있다. 이들은 모두 희망의 천재들이다. 나는 앞에서 복권의 여섯 개 숫자를 가지고 '기적'은 희망의 한계치라는 것을 보여주었다. 무한한 기회를 향해 놀이를 하는 것은 낙관주의의 가장 순수한 형태다. 놀이를 한다는 것은 삶에 대한 긍정이다. 세계에 대한 동의다. 승리한 뒤 기뻐서 환호하는 선수들과 팬들보다 대중매체의 유행성 비관주의자들의 불안 논리에 대조되는 것은 없다. 그렇다, 놀이는 민중의 아편이다. 놀이는 우리를 낙관적으로 만든다.

제 9 장

당신이 마음 놓고
잊어도 되는 것

정치학자 찰스 린드블롬 Charles Lindblom 은 정치학을 임기응변으로
헤쳐 나가는 기술에 관한 학문이라고 정의했다. 정치학은 계획적
이성보다는 즉석에서 대응하고 행동을 취하는 것과 더 관련이 깊
다. 그러니 정치인들이 진실을 말해야 한다는 생각은 그냥 잊어버
려라. 그들은 우리가 그들이 하는 정치 말고는 다른 대안이 없다고
믿게 만들려고 하고, 심각한 표정으로 우리를 겁먹게 하려고 한다.
그들은 모두 연극을 하고 있다. 정치가들은 어차피 늘 자기를 과시
하는 사람들이긴 했다. 오늘날 이들은 사실상 일종의 영화배우다.
이들은 의회에서는 물론이고 특히 언론에서도 자기를 과시한다. 이
렇게 해서 전자공학적 이미지가 정치적 행동을 대신한다. 성공한 정
치가들은 기본적으로 더 이상 공직을 수행하는 사람이 아니라 연예
산업의 스타와 같다. 그래서 이들은 폴리테이너라고 불린다. 정치적
인 것이 뉴스, 광고, 오락이 합쳐진 형태를 띠고 있는 것이다.

　이제 이 현상을 조금 더 자세히 살펴보자. 현대의 정치는 의회가

아니라 카메라 앞에서 이루어진다. 달리 말해 TV가 의회를 대체한 것이다. 정치적 대표성 대신에 언론의 미적 연출이 자리를 차지한다. 오늘날 정치가가 취할 수 있는 가장 빠른 수단은 인터뷰와 공식 성명이다. 문화철학자 발터 베냐민Walter Benjamin은 1930년대에 이미 이를 다음과 같이 요약했다. "그 결과 새로운 인물들이 선택된다. 이들은 스타와 독재자가 승리자로 만들어지는 장치를 통해 선택된 인물들이다." 당연히 오늘날 이 미디어의 다원주의적 경쟁에서 승리하는 자는 옛날과는 달리 독재자가 아니라 정치가다. 이 메커니즘이 어떻게 돌아가는지는 우위를 점하는 방식이 재생산되는 과정을 한번 살펴보면 이해할 수 있다. 우위를 점하는 자는 정력적으로 행동한다는 인상을 줄 수 있다. 정력적으로 행동한다는 인상을 주는 사람은 사람들을 매료한다. 사람들을 매료하는 사람은 우위를 확보한다.

언론 민주주의는 언론 다위니즘(Darwinism, 자연선택과 적자생존 논리─옮긴이)을 뜻하기도 한다. 모든 것이 스타와 중심을 향해 움직인다. 정치가의 운명은 이때부터 언론 디자이너의 손에 달린다. 이들은 정치가를 시장의 상품처럼 포장한다. 보통 사람을 미디어 스타로 변신시키는 것이 성공적인 정당정치의 비법이 된다.

정치권의 이처럼 철저한 언론 연출은 매우 심각한 결과를 불러온다. 한 가지 예를 들면, 이제 토론 프로그램의 시청자는 정치의 방향성에 대한 설명을 기대하는 것이 아니라 퍼포먼스를 기대한다. 이것이 미디어 컨설턴트, 마케팅 전문가, 언론플레이 컨설턴트가 더 중요해지고 있는 이유다. 이들은 히트 상품으로 고객을 사로잡으려는 기업처럼 정치가를 대한다.

이를 위해 연예오락 매체와 정치광고 에이전시는 누군가의 말은 그 사람의 영향력에 아무런 영향도 미치지 않는다는 사회심리학적 지식을 이용한다. 중요한 건 오직 '어떻게'다. 이런 식으로 메시지 없는 정치가 펼쳐진다. 이런 프로그램은 의례적인 진행만으로 이루어질 뿐 논증이나 토론까지 나아가지 않는다. 경험 있는 시청자라면 누구나 싸움과 논쟁이 보여주기일 뿐이라는 것을 안다. 카메라가 꺼지면 패널들은 서로 어깨를 두드리지 않던가.

의회는 이러한 연출에는 부적합한 곳으로 여겨진다. 정치적 디자인에는 잡음이 덜 발생하는 포맷이 필요하다. 특정 정치인과의 대담 프로그램, 정당 대표들이 벌이는 TV 토론회, 토크쇼가 그런 포맷이다. 슈퍼스타인 배우나 운동선수가 토크쇼와 토론 프로그램에 나오듯이, 이런 프로그램에 나오는 정치가들도 슈퍼스타다. 여기에 미디어 연구소가 정치가들의 인기도뿐 아니라 유명도도 발표하는 이유가 있다. 고대에는 신탁이 우연을 만들어 내는 제조기로 작용했고, 정치가들의 영리함은 신탁의 예측 불허한 전언을 자기에게 유리한 방향으로 능숙하게 이용할 수 있는 능력으로 발휘되었다. 현대에도 이러한 신탁의 전언이 존재한다. 바로 여론조사와 선거 결과다.

오늘날 정치적 대립은 이제 사실상 좌파와 우파가 아니라 규제주의자들과 자유주자들 사이에서 일어난다. 그러나 우리에게 게임 중독의 위험을 경고하고 사행성 게임을 규제하는 그 사람들도 위험과 우연의 미디어 속에서 움직이기는 마찬가지다. 이런 관점에서 보면 우리가 놀이를 망치는 사람이라고 알고 있었던 정치가들도 놀이에 참여하고 있다. 정치가들의 약속을 속임수로 보지 않으려면 그들이 한 약속을 게임에 건 판돈이라고밖에 이해할 도리가 없지 않은가. 나는 지금도 전 노동부 장관 노르베르트 블림Norbert Blüm이 한 말을 기억한다. 그는 1986년 4월에 대형 포스터를 만들었는데, 이 포스터에는 다음과 같이 쓰여 있었다. "한 가지만큼은 확실하다. 연금." 그러나 그 공약은 지켜지지 못했다. 2008년 10월 5일 세계 금융위기가 정점에 이르렀을 때 독일 연방 총리 앙겔라 메르켈Angela Merkel과 경제부 장관 페어 슈타인브뤼크Peer Steinbrück는 카메라 앞에 나와 독일인의 예금은 안전하다고 발표했다. 그러나 이것이야말로 정치가 요행성 게임이라는 것을 보여주는 사례였다. 사실 여부와는 상관없이 그럴 것이라는 믿음이 대거 예금 인출 사태를 막았기 때문이다.

여러분이 우리의 주제인 호모 루덴스와 관련해 마음 놓고 잊어도 되는 것이 또 하나 있다. 바로 중독 문제다. 알코올 중독자, 기름진 음식 중독자, 쇼핑 중독자, 일 중독자, 정보 중독자들이 존재하는 것처럼 물론 게임 중독자도 존재한다. 그러나 경보음을 울리는 이 중독이라는 개념은 또 다른 결정적 사실에 주목하게 만든다. 요컨대 진정으로 놀이하는 사람은 열정적이라는 것이다. 중독이라는 비난은 달리 표현하면 좋은 놀이들이 갖고 있는 유혹의 힘이라고 할 수 있다. 좋은 게임은 사람들을 매혹하고, 오직 사랑의 열정에 비교할 수 있는 그런 힘으로 사람들을 유혹한다.

게임 중독에 대한 뜨거운 논쟁은 아주 간단한 질문만 던져도 금방 가라앉을 것이다. 인구의 반은 사행성 게임을 한다. 이 중에서 중독인 사람은 몇 명이나 되는가? 또 전체 중독자 가운데 게임 중독자가 차지하는 비율은 얼마나 되는가? 나는 전문가는 아니지만 여러분에게 위키피디아에서 '중독'과 '사행성 게임'에 대한 글을 읽어 보라고 권한다. 병리적 게임 때문에 발생하는 이른바 사회비용은 다른 중독의 종류들과 비교해 볼 때 놀랍도록 적다. 이에 비해 사행성 게임의 유용성은 그것이 삶의 기쁨의 형태로 나타나든 소박하게 경제 분야에서 일자리를 창출하는 형태로 나타나든, 아니면 이익을 분배한 뒤 거둬들이는 세금과 납부금의 형태로 나타나든 몇 배는 더 높다.

독일 중독 문제 센터에서 1년에 한 번 발간하는 책자인《중독》을 봐도 이 문제에 대해서는 걱정할 것이 없다는 걸 알 수 있다. 이 책자에 따르면 독일 성인의 약 0.5퍼센트가 병리적 수준에서 게임을 한다. 그런데 이 수치는 10년 넘게 똑같다. 쓸데없이 걱정을 일삼는 사람들이 아무리 아니라고 해도 게임 중독은 감염 위험이 높은 전염병으로 발전될 소지가 없다는 것이 확실해 보인다.

간단한 질문을 또 하나 던져 보자. 중독이란 무엇을 뜻하는가? 의료인들 사이에서조차 이 단어는 논란이 매우 분분하다. 평범한 소비 습관, '나쁜' 소비 습관, 소비 중독 사이의 경계는 모호하다. 사람들이 '폐인'이라고 말하는 아이는 중독이다. 필요하지 않은 것을 사서 경제를 촉진하는 소비자는 중독이다. 나는 책 중독이다. 독서는 나의 마약이다. 리탈린과 프로작은 허가된 마약이다. 미디어학자로서 나는 다음과 같이 분명히 말할 수 있다. 사람들은 오늘날 이전 세대에 소설을 읽는 것, 그다음에는 텔레비전을 시청하는 것에 대해 경고할 때 사용했던 '논거'를 가지고 그대로 우리에게 게임의 위험성에 대해 경고한다.

그러나 이러한 통찰과 경고 해제 알림은 사행성 게임으로 스스로 괴로워하는 사람들에게는 소용이 없다. 또 예를 들어 패가망신으로 가는 노름을 하는 사람의 배우자나 자녀들에게도 도움이 되지 못한다. 이런 사행성 게임 때문에 괴로움을 겪는 사람들은 자신들이 저 수백만 명의 사람들 중 작은 일부에 불과하다는 것을 알게 된다고 해도 도움이 되지 않는다. 이들은 게임에서 우연에 당하는 수백만의 사람들, 투기 거품이 꺼지는데 증시에 빠져 이를 너무 늦게 아는 그 수백만의 사람들 가운데 한 명이다. 자기 능력을 넘어서는 집을 짓고는 이자가 '영원히' 0 근처에 머물 것이라고 믿는 사람들도 이에 속한다. 언젠가 이들은 나심 탈레브의 저 뛰어난 예에 나오는 칠면조처럼 크게 낭패를 보게 될 것이다. 이 칠면조는 자기 인생은 결코 칠면조구이로 끝나지 않을 것이라고 믿었다. 이렇게 믿은 이유는 단 하나, 추수감사절에 여러 번 살아남았기 때문이다. 이런 사람들 중에는 자신들의 소비 습관 수위가 자의로 통제 가능한 행동 범위에서 강박적인 충동 반응으로 가는 위험 수위를 넘어섰다는 것을 자각할 수 있는 사람도 있다. 그러나 이런 자각도 소용이 없다. 게임에서 자기 자신을 잊어버리는 것은 축복일 수 있지만 저주일 수도 있는 것이다. 재미있었던 놀이의 세계에서 다시 일상의 현실로, 현실 속으로 들어오는 것이 지속적으로 불가능한 사람에게는 그가 놀이 속에서 찾았던 자유는 더 이상 존재하지 않게 된다. 우리는 마치 물에 빠진 사람을 건져 내듯 그런 사람을 강박적 놀이에서 다시 자유로 끌고 오기 위해 할 수 있는 모든 것을 해야 할 의무가 있다. 그러나 반대로 우리는 독일에서 2014년 7월 한 주말에만 250명 이상이 물에 빠져 죽었다는 이유만으로 물놀이를 좋아하는 수백만의 사람들에게 모든 강과 호수의 이용을 금지할 도덕적 의무는 없다. 그 누구도, 모든 금지를 열심히 지키는 모범 생활인이라고 하더라도 그런 생각은 하지 않을 것이다. 이들 또한 학교 수영 수업을 개선하고 경고 표지판을 더 많이 세우자고 요구하는 데 그칠 것이다. 그러나 사행성 게임의 경우는 완전히 다르다. 여기서는 망설임이 없다. 반드시 금지가 이루어져야 하고, 가능한 한 완전히 금지되어야 한다. 이 금지론자들은 그들의 도덕적 탁월함에 경도되어 그들이 놀이 수단과 놀이의 기회를 금지할 수는 있어도 우연과의 놀이에서 느끼는 즐거움을 금지할 수는 없다는 사실을 간과한다. 우연과 함께 재미있게 노는 사람들이여, 놀이의 즐거움을 망가뜨리게 두지 말라. 늦어도 당신이 이 책을 다 읽었을 때 당신은 11번째 계명을 갖고 더 진화할 수 있음을 알게 될 것이다. 당신은 놀아야 한다!

　언론 매체에서 경고를 일삼는 사람들은 토론 쇼에 없어서는 안 될 요소이긴 하지만 지식을 늘리는 데는 아무런 기여도 하지 못한다. 아니, 이들은 심지어 방해가 된다. 주의할 점은 경고하기 좋아하는 사람들이 사기를 치는 것은 아니라는 사실이다. 아니, 오히려 이들은 더 많은 지식과 양심에 따라 일을 한다. 그러나 바로 그렇기 때문에 이들은 마크 트웨인Mark Twain이 말한 모범 생활인이라는 말을 떠올리게 한다. 이들은 나쁜 종류의 좋은 사람들이다. 나는 이들을 놀이를 망치는 사람들이라고 부른다. 여러분은 특히 매체에 나와 경고하고 주의를 주는 학자들을 안심하고 잊어도 좋다. 이것은 그들이 해야 할 일이 아니다. 여기서 나는 나 자신이 학자이면서 경고하기를 좋아하는 사람들을 경계하라고 하는 모순을 감수하겠다! 여기서 내가 염두에 두고 있는 것은 물론 특히 기상 연구가와 그들의 세계 종말론이다. 더 나아가 교육학자들과 그들의 시나리오, 요컨대 청소년들이 알코올과 게임에 중독될 위험이 있다는 예상도 귀담아듣지 말기를 부탁한다.

게임 중독은 개별적 사례로 소개될 경우 과장되어 표현된다. 이것이야말로 불안의 논리가 쓰는 중요한 트릭이다. 경고하기를 좋아하는 사람들은 이 논리를 가지고 대중에게 무엇이든 부정적으로 보는 그들의 태도를 전파한다. 2014년 4월 2일, 오스트리아 일간지 《쿠리어Kurier》에는 다음과 같은 기사가 실렸다. "게임 중독자인 50세 여성이 자신이 일하던 패스트푸드 체인점에서 8만 유로를 사취하여 슬롯머신에 그 돈을 모두 탕진했다." 미디어가 좋아하는 멋진 사례. 피의자가 동시에 희생자이며, 잘못은 당연히 사람들을 게임 중독으로부터 막지 못한 '사회'에 있다는 것이다. 이와 유사한 구조의 미디어 게임을 미국인들은 '남 탓하기 놀이The Blame Game'라고 부른다. 세계의 모든 문제가 가해자와 피해자로 축소된다. 극적인 개별 사례는 논리적 논거를 모조리 거꾸러뜨린다. 이는 물론 대중 언론이 만드는 작품인 스캔들에도 해당한다. 이런 예를 잘 보여주었던 것이 전 기상 캐스터 외르크 카헬만Jörg Kachelmann과 전 독일 대통령 불프Christian Wulff가 받았던 여론 재판이다.

왜 우리는 이런 것을 계속해서 읽으려고 하는가? 우리는 왜 그런

TV 프로그램을 계속해서 보는가? 왜 부정적 태도는 언론에서 그렇게 성공적인가? 여러분은 내가 롤러코스터와 번지점프에 대해 말했던 것을 기억할 것이다. 이런 현기증 나는 놀이를 할 때 사람들은 위험 없는 위험을 경험하며 통제된 무기력을 즐긴다. 언론을 소비하는 것도 매우 비슷하다. 영화관에서나 TV 앞에서 사람들은 다른 사람들이 위험에 처해 있는 모습을 간접 경험한다. 사람들은 통제할 수 없는 사건을 겪어야 하는 다른 사람들을 보면서 어떻게 무기력함을 느껴야 하는지 배운다. 재해에 관한 이런 뉴스에서 중요한 건 정보가 아니라 재해와 나 사이에 놓인 거리를 즐기는 것이다. 재해 또는 스캔들을 보는 시청자들이 즐기는 것은 타인의 고통이 아니라 그것과 떨어져 있다는 안도감이다. 우리는 일상의 처참함을 보여주는 이미지와 통계를 소비한다. 그러면서 겁을 먹고 그와 동시에 그것들에 매료된다. 재미있는 게임이 그렇듯, 재미있는 영화와 재해 뉴스도 공포의 즐거움을 이용한다.

니체는 이미 우리가 위기 중독자들의 사회에서 살게 되리라는 것을 예측했다. 쓰나미와 이슬람 테러 같은 위기와 가시적 불행보다 우리에게 더 필요한 것은 없다. 바깥의 고통이 내게 해당되지 않는다는 기분 좋은 이 사실은 이에 대한 보상으로 '경악'이라는 태도를 취할 것을 요구한다. 대중매체의 진짜 메시지는 사건들은 바뀌어도 방송의 틀은 변하지 않는다는 것이다. 다음 월요일에도 또《슈피겔》이 나온다. 그리고 내일 저녁 8시에는 또 〈8시 뉴스〉를 한다. 이렇게 사람들은 조용히 예상치 못한 것을 기대할 수 있다. 대중매체는 매일매일 우리를 위해 세계 속의 나쁜 일들을 찾아 헤매고, 우리는 두려워하는 자세를 익힌다. 대중매체는 일상화된 불안함을 위한 안정된 틀을 제공한다.

이렇게 해서 대중매체는 중요한 사회적 기능을 수행한다. 현대 세계에서도 두려움을 느낄 수 있다는 것과 찜찜함을 느낄 수 있다는 것은 중요한 생존 전략이기 때문이다. 우리는 진화적으로 항상 가장 안 좋은 일이 일어나리라고 생각하는 경향을 발달시켰다. 대중매체는 우리에게 두려워하라고 가르친다. 오늘날에는 두려움을 배우기 위해 세상에 나가 돌아다닐 필요가 없다. 텔레비전만 틀면 된다. 이는 '계몽'하고는 아무런 상관이 없다. 그러니 여러분은 대중매체의 계몽적 역할, 더 나아가 '문화에 대한 공헌'은 그냥 잊어도 좋다.

대중매체는 계몽이 아니라 오락을 제공한다. 그리고 오락은 놀이의 관점에서만 이해할 수 있다. 놀이의 세계가 그렇듯, 펼쳐진 신문이나 켜진 TV 화면은 일상으로부터 우리를 분리한다. 매체의 놀이는 인포테인먼트라고 불린다. 그러나 놀이처럼 오락적 형태를 띠는 것은 방송 내용의 전달 방식에만 국한되지 않는다. 리모콘이라는 존재가 나타나면서 TV 프로그램을 계속해서 바꾸며 보게 되었다. 다시 말해, 프로그램들을 가지고 놀게 되었다. 이것은 컴퓨터에서 더욱 제대로 들어맞는다. 사람들은 마치 스키를 타듯이 인터넷에서 서핑을 한다. 한 목표점에 도달하려고 한 사이트에서 다른 사이트로 이동하는 것이 아니라 타는 것 자체를 즐기려고 그렇게 한다. 이런 점에서 인터넷 서핑은 잘 들어맞는 은유다. 우리는 매체 속에 우리의 감각을 쏟아 넣고 거기서 즐거움을 느낀다. 사람들이 인터넷에서 서핑을 할 때 그들에게 일차적으로 중요한 것은 정보를 수집하거나 교환하는 것이 아니다. 이들이 원하는 것은 다만 파도 위에 머물러 있는 것이다. 정보나 소통이 중요한 것이 아니라 매혹이 중요한 것이다.

여러분은 놀이하는 사회는 현실감각을 잃어버릴 위험이 있다고 하는 문화비판적 우려 또한 그냥 잊어버려도 좋다. 열심히 놀이하는 사람에게 현실감을 잃어버렸다고 비난하는 사람은 그 자신이 현실감의 상실을 겪고 있다고 봐도 좋다. 시뮬레이션과 가상현실의 시대에 정말로 '현실적인 것'은 무엇인가? 이 질문에 대해서는 이미 수십 년 전 레모네이드 스프라이트 광고의 한 장면이 답을 내놓았다. 광고에서는 한 청년이 집 앞에 서 있고 이 청년 위로 그에게 키스하려는 젊은 여성이 몸을 숙이고 있다. 그는 그녀에게 이렇게 말한다. "나는 사실은 네 남자친구가 아니야. 나는 영화배우야. 그리고 이 집도 진짜가 아니고 필름 세트야." 그러고는 집을 쳐서 집의 앞부분을 쓰러뜨리고 그 젊은 여성을 위로하기 위해 스프라이트를 내민다. "가짜가 아닌 것은 오직 너, 나 그리고 스프라이트." 하지만 이때 그 여성은 디지털 모핑을 통해 시뮬레이션으로 변한다. 가상 놀이에서 유일하게 현실의 흔적으로 남는 것은 스프라이트뿐이다.

사람들이 새로운 미디어의 세계에 살기 시작하면서 가상현실과 '진짜' 현실을 구분하는 것은 더 이상 아무런 의미가 없어졌다. 여러분이 전자 통신으로든 가상적 사건의 경험을 소비하는 것으로든 화면 앞에서 얼마나 많은 시간을 보내는지 한번 생각해 보라. 이 모든 것을 현실로부터의 도피라고만 치부할 수 있을까? 성공적인 일이라는 진지한 놀이 또한 도피주의와 연결하여 생각해서는 안 된다. 학문적 정신조차 놀이를 현실성 연구를 위한 탐측기로 이용한다. 가상은 본질을 탐구한다. 현실적인 것은 그것의 이미지와 하나로 어우러져 있다. 이것을 이해할 수 있는 사람만이 현실에 맞게 살 수 있다.

마지막으로, 여러분은 놀이를 하는 것은 유치하고 원시적이라고 믿게 하려고 하는 자칭 고급문화의 대변인들을 잊어도 좋다. 오늘날 고급문화, 대중문화, 연예오락은 문화 산업에 의해 나란히 함께 움직인다. 고급문화는 우리 양심의 가책을 교묘히 착취하여 존속한다. 우리가 통속성이라는 죄에 대한 일종의 면죄부로 세금을 지불하면 실러 극장과 괴테 문화원은 이 돈을 가지고 조직을 운영한다. 지원금을 받지 못하면 운영조차 힘든 고급문화가 사람들이 대중문화를 재미있어 하는 것은 멍청하기 때문이라고 본다면 그것은 고급문화의 오만이다. 당연히 대부분의 놀이는 시시하다. 그러나 이를 놀이에 대한 부정으로 생각하는 사람은 삶을 이해하지 못하는 사람이다. 삶을 살 가치가 있게 만드는 것에는 오스카 와일드Oscar Wilde가 사소함의 지복이라고 아름답게 표현했던 바로 그 측면 또한 포함되기 때문이다. 놀이의 기쁨이라는 거부할 수 없는 사실 앞에서 '계몽된 사람들의' 모든 비판은 빛을 잃는다. 이것이 좋은 놀이와 나쁜 놀이를 구분하는 것이 의미가 없는 이유다. 삶의 즐거움만이 중요한 것이다.

더 읽어야 할 책

한 권의 책을 읽는다는 것은 곧 시간을 들인다는 것이다. 그것도 아주 많은 시간을 투자하는 일이다. 그런데도 이 테마에 계속 천착하기 위해 더 읽어야 할 책이 있다면, 지금까지 우리가 이 책에서 읽은 내용을 이해하는 데 도움이 되는 책을 읽어야 할 것이다. 필자가 이 작은 책으로써 진정 의도한 바가 바로 이것이다. 우리가 시간적·경제적 이유 때문에 지금까지 읽은 것을 헛수고라고 생각하지 않기 위해 그 내용에 동의한다면, 책들은 오늘날 엄청나게 중요한 필터 기능을 수행한다. 아마도 우리는 미래에 지금보다는 확실히 책을 덜 읽을 것이다. 그러나 앞으로도 여전히 읽힐 바로 그 적지 않은 책에 맞춰 계속 우리의 정신적 좌표를 설정해야 할 것이다.

통상적인 관례에 따라 나는 이 책에 문헌 목록을 첨가하고 마치려 한다. 여기서 언급된 책은 모두 읽을 만한 가치가 있지만, 지금까지 다룬 테마에 대해 특별히 중요한 책 몇 권만 부각하고자 한다. 이 책들의 출간 연도를 주목해 봤으면 좋겠다. 모두 오래된 책이다.

지그문트 프로이트, 《문화에서의 불안》, 1930
Sigmund Freud, *Das Unbehagen in der Kultur*

프로이트를 읽지 않은 사람들은 그의 이론이 '너무 낡았다'고 확신한다. 나는 이런 견해에 동의하지 않는다. 우리 문화에서 불행한 것이 무엇인지를 알고자 하는 사람이라면 프로이트의 저작물을 빼놓아서는 안 된다. 《문화에서의 불안》이라는 프로이트의 위대한 논문은 그의 심리분석 이론을 잘 모르더라도 쉽게 이해할 수 있다.

프로이트의 기본 테제는 아주 간단하다. 우리 문화는 충동의 포기를 바탕으로 구축되었다. 우리에게 부과된 금기 사항을 참으려면, 그에 맞는 보상물이 필요하다. 더 간단히 말해, 삶은 우리에게 너무 힘들고 그것을 견뎌 내기 위해 우리는 기분 전환, 대리 만족 그리고 도취제(수단)—마약(마법의 수단들), 놀이, 오락—가 필요하다. 다시 말해, 마약과 마찬가지로 놀이들이 하나의 '독특한 세계를 더 나은 감성 조건'으로써 창조한다.

비록 프로이트를 읽어도 삶의 기쁨의 비밀에 대해 알 수 없고 프로이트가 놀이를 단지 병리학적 맥락에서만 논의했지만, 우리의 관심에 결정적인 맥락이 매우 분명하게 드러난다. 프로이트는 우리 고통의 세 근원을 병든 육체, 위협적인 외부 세계, 적대적인 타인들이라고 언급했다. 놀이는 이 세 고통으로부터 우리를 구원한다. 스포츠의 싱싱함은 육체를 정화하고, 운동장은 외부 세계와 경계를 지으며, 나쁜 타인이 놀이 파트너로 변신한다. 물론 이것이 지속되지는 않는다. 행복은 단지 삽화로서 존재할 뿐이다.

도널드 W. 위니콧, 《놀이와 현실》, 1971

Donald W. Winnicott, *Playing and Reality*

위니콧은 놀이가 중간 대상이라는 매우 중요한 개념에 대한 심리 분석적 논의를 풍성하게 하는 데 기여했다. 이 개념은 실제보다 더 복잡한 것처럼 보인다. 예컨대 아기들에게 쥐여 주는 노리개(이를테면 동물인형)가 그런 중간 대상이다(통상 생후 6~12개월 영아와 어머니 사이의 매개체를 '중간 대상'이라고 지칭한다―옮긴이). 노리개는 어떤 기능을 하는가? 위니콧은 아기가 배워야만 하는 첫 번째 구별이 '내부'와 '외부'의 구별이라는 전제에서 출발했다. 실제 현실을 받아들이는 것, 즉 자기 스스로 지각하는 내부 세계와 결코 영향력을 행사할 수 없는 외부 세계 사이의 경계를 짓는 것은 아기에게는 힘들고 고통스러운 일이다. 객관적 세계의 인정은 박탈, 좌절 그리고 탈환상화 등을 매개로 진행된다. 그래서 그에 대한 보상으로 의문시될 수 없는 제3의 영역이 존재해야만 한다. 이것은 예컨대 테디 베어Teddybear가 실존하고 있다는 환상적 경험의 퇴각 영역이다. 테디 베어는 죽은 것도 아니고 살아 있는 것도 아니다. 그것은 외부 세계에도 내부 세계에도 속하지 않는다. 테디 베어는 심리적 현실과 외적 현실 사이의 놀이적 중간 영역에서 존재한다. 그리고 아기는 놀이 속에서 스스로를 잃어버림으로써, '외부'와 '내부'의 구별이 초래한 스트레스에서 해방된다.

중간 대상에서 놀이의 세계가 정형화되며, 놀이로부터 문화가 생긴다. 놀이 행위는 모든 창의성, 그리고 그와 동시에 삶의 기쁨의 근원이다. 중간 대상이라는 개념에서 우리가 분명히 할 수 있는 것은 삶의 기쁨이 순수하게 내적으로 생성되지 않고, 그렇다고 순수하게 외적으로 생성되지도 않는다는 점, 다시 말해 꿈이나 환각 또는 신화적 경험에서도, 아니면 노동, 권력 행위 그리고 자연 지배에서도 생성되지 않는다는 점이다. 삶의 기쁨은 우리가 어떤 것을 읽거나 음악을 듣거나 놀이를 할 때 우리가 개척하는 중간 영역에서만 존재한다. 실러는 이것을 '놀이의 제3의 즐거운 제국das dritte, fröhliche Reich' 이라고 불렀다.

　이 책의 독일어 번역서는 '놀이에서 창조성으로Vom Spiel zur Kreativität' 라는 제목을 달고 있다. '중간 대상'을 이해하는 데는 이 책의 첫 장 (1951년 집필)만 읽어 보아도 충분하다.

요한 하위징아, 《호모 루덴스》, 1938
Johan Huizinga, *Homo Ludens*

　하위징아는 우리의 전체 문화를 놀이로부터 연역하고 있다. 놀이로부터 컬트(숭배)가 생기고, 숭배로부터 문화가 생긴다고 한다. 놀이는 절대적 질서의 마법 세계를 제공하고, 일상 세계는 그 밖에 존재한다. 이 경우 두 번의 경계가 중요하다. 하나는 놀이와 진지함 사이의 경계다. 진지함이 놀이를 단순히 배제하기만 하는 반면에, 놀이는 진지함도 포괄한다. 다시 말해, 우리는 놀이를 진지하게 대한다. 그리고 거기에는 다른 한편으로 유희적인 것과 유용한 것 사이의 경계가 있다. 놀이 세계는 공리주의의 반대 세계다. 놀이하는 사람은 모든 물질적인 것에 무덤덤하다. 그런데 이것은 의미 있는 것이 결코 유용한 것은 아니라는 것을 의미한다.

놀이는 쓸모없고 초이성적이며, 즐겁고 아무 근심이 없다. 하위징아는 놀이의 교육적 계기에 악센트를 둔 것이 아니라 즐거움, 승리 그리고 가상에 대한 기쁨에 악센트를 두었다. 놀이에서 '재미fun'라고 하는 것은 넘치는 힘과 능력에 대한 의식을 표현하는 말이다. 그것은 순수한 승리의 체험을 가능케 한다. 무엇인가가 맞아떨어지고 이겼다는 것, 요컨대 자기 스스로 자랑스럽다는 의식을 경험한다. 황홀한 순간에 놀이는 마치 환상적인 순간에 감동적인 것이 연출되듯이 '멋지게 해내는 능력'을 보인다. 그리고 여기에서도 하위징아는 널리 알려진 오해에 대해 해명한다. 놀이의 환상은 다시 말해 결코 악의적인 기만이 아니라 스스로 원하는 소원 성취라는 것이다. '환상Illusion'이라는 단어는 라틴어 '일루도illudo'에서 유래했는데, 이것은 단순히 '속인다'라는 의미만이 아니라 '놀리다' '끌어들이다'라는 의미도 있다. 이와 관련하여 하위징아의 핵심적인 문장은 다음과 같다. "사람들은 속임수를 당하고 싶어 한다."

이 책의 중요한 테제는 첫 세 장에서 제시되며, 아주 잘 쓰여진 문장들이다.

로제 카이와, 《놀이와 인간》, 1958

Roger Caillois, *Les jeux et les hommes*

요한 하위징아가 우리 문화의 유래를 놀이로부터 연역한 반면에, 카이와는 우리 문화의 미래를 인간을 매혹하는 일종의 놀이를 매개로 관찰했다. 철학자 루트비히 비트겐슈타인Ludwig Wittgenstein이 놀이가 무엇인지 우리는 그것을 명확히 정의할 수 없다고 했던 반면에, 카이와는 놀이의 분류법을 과감히 제시했다. 그는 아곤(경쟁, 대항전), 알레아(행운의 놀이, 우연 놀이), 미미크리(연기, 시뮬레이션) 그리고 일링크스(도취, 무아지경, 현기증)를 구분한다. 만약 여기서 니체의 유명한 구분을 적용한다면, 아곤과 알레아는 아폴론적인 것이고 미미크리와 일링크스는 디오니소스적인 것이라고 할 수 있다. 문명화 과정은 아곤과 알레아를 위해 미미크리와 일링크스를 추방한다. 우연 놀이의 명예를 복권한 것이야말로 카이와의 특별한 공적이라고 할 수 있다. 교육학자들의 고상한 척하는 손가락질에 반대하면서 그는 로봇에 대항하는 놀이에 있는 매력을 강조했다. 바로 행운의 놀이가 카이와에게는 특별히 인간적이다. 그 놀이에는 능력이나 공적, 경험이 행복을 위해서는 아무 역할도 하지 못한다는 도발적 생각이 잠재되어 있다.

이 책의 독일어 번역본 제목은 '놀이와 인간Die Spiele und die Menschen'이며 영어 번역본 제목은 '인간, 놀이, 그리고 게임Man, Play and Games'이다. 첫 두 장만 읽어도 충분하며, 특히 각주 15번을 주목해서 읽기 바란다.

미하이 칙센트미하이, 《몰입의 기술》, 1975

Mihaly Csikszentmihalyi, *Beyond Boredom and Anxiety*

이 책에서는 사람들의 입에 늘상 오르내리는 유명한 개념인 '몰입Flow'을 소개한다. 놀이가 하위징아에게는 문화의 근원이었듯, 칙센트미하이한테는 몰입 체험의 근원이다. 그는 고맙게도 어른들의 놀이에 집중했다. 그는 진화생물학자와 인류학자가 즐겨 그러하듯 놀이하는 동물과 아이들을 관찰하지 않았다. 그가 철학자들은 지금까지 좋은 삶이라는 철학 고유의 위대한 테마를 소홀히 다루었다는 전제에서 출발한 것은 옳은 일이다. 그는 자신의 저서를 삶의 즐거움에 대한 학문적 연구의 신호탄으로 이해했다. 이런 의미에서 그는 자체적으로 보상받는 행동과 자체적으로 만족되는 체험을 연구했다. 그런 것들이 바로 놀이 행위에서 생긴다.

우리를 최고조 단계의 자극으로 이끄는 놀이가 즐거움을 선사한다. 우리는 그것에 완전히 몰입하고 집중한다. 이것이 바로 칙센트미하이가 자신의 핵심 개념인 '몰입'이라는 말로 의미한 것이다. 그는 과도한 요구(불안)와 과소한 요구(지루함) 사이에 있는 삶의 즐거움을 지칭하는 좁은 중간 지대를 제시했다. 이런 맥락에서 이제 두 가지 구분이 중요하다. 칙센트미하이는 한편으로 노동과 놀이의 고전적 구분을 몰입 체험과 불안/지루함의 구분으로 대체했다. 다른한편으로 그는 쾌락과 삶의 즐거움을 구분했다. 쾌락은 섹스나 마약, 로큰롤 음악과 같은 것으로도 얻을 수 있다. 그에 반해 삶의 즐거움은 집중과 능력의 담보를 전제로 한다. 이것은 결국 놀이의 가치 위계로 이어진다. 복잡하면 복잡할수록 더 가치 있다는 것이다. 물론 저자는 이처럼 위계를 짓는 것이 틀리다고 생각한다.

독일어판 제목은 '몰입 체험Das Flow-Erlebnis'이다. 첫 네 장만 읽어도 충분하다.

티보르 스키토프스키, 《기쁨 없는 경제》, 1976
Tibor Scitovsky, *The Joyless Economy*

티보르 스키토프스키는 칙센트미하이와 아주 유사한 문제를 푸는 데 골몰했다. 우리가 기쁨 없는 경제에 지배되는 세상에 살고 있다는 사실을 이미 제목에서부터 강조하며, 스키토프스키 역시 지루함의 저편에 있는 삶을 추구한다. 그의 출발점은 다음과 같다. 서구 복지국가의 개선되는 생활수준은 인간들을 기만한다. 안전성과 편리성은 쾌락을 죽이는 것이기 때문이다. 편안함은 청교도적이다. 우리는 여기에서 거대한 '이것 아니면 저것Entweder-oder'을 앞에 두고 있다. 우리는 편안함을 위해 쾌락을 희생시키든지, 아니면 쾌락을 위해 편안함을 희생시킨다. 프로이트가 '문화에서의 불안'이라고 언급했던 문제의 해결은 스키토프스키에게는 소비 능력 즉 놀이 능력의 발전에 달렸다.

만약 그것이 불편해지면 우리는 곧 알아차린다. 반대로 쾌락의 상실은 하나의 은밀한 침식 과정이다. 편안함과 유용함은 쾌락과 즐거움과는 아무 관련이 없고, 심지어 적이기까지 하다. 그 때문에 스키토프스키는 욕구 만족과 자극 제공을 날카롭게 구분한다. 지루함에 대한 투쟁에서 우리는 자극제를 추구하고 있고, 그것을 변화(예컨대 유행!)와 놀라운 일들 속에서 발견한다. 물론 변화의 과잉이 급격하게 불안을 야기하고 잉여의 과잉은 지루함을 가져온다. 만약 자극이 놀이에서 기대하지 않은 것의 기대로서 통제될 수 있다면, 그 자극은 쾌락적이다. 그리고 쾌락적이라 하는 것은, 영화관에서의 '참을 수 없는 긴장'도 그것이 시한부이기 때문에 쾌락적이다.

이 책의 독일어 번역본 제목은 '복지의 심리학Psychologie des Wohlstandes'인데, 제4장 〈편안함 대 쾌락Comfort versus Pleasure〉을 읽어 보기 바란다.

라이어널 타이거, 《집단 속의 남성들》, 1969
Lionel Tiger, *Men in Groups*

라이어널 타이거는 특이한 학자다. 인류학자로서 그는 유인원의 행동과 그것이 현재 우리 문화에 남긴 영향(Urmensch und Spätkultur, 철학자 아르놀트 겔렌의 논문 제목이다─옮긴이)을 동시에 사고하고 연구했다. 그는 상아탑에 안주한 학자가 아니다. 현실 정치적 논쟁에 기꺼이 참여했다. 그가 연구한 원숭이는 예를 들면 인간으로 채워진 뉴욕이라는 동물원 도시에 사는 현재의 인간들이다. 타이거가 다른 전문학자들을 훨씬 능가한 것은 건강한 인간 이성을 번득이는 위트가 넘치는 스타일로 옹호했다는 점에 있다. 이것은 특히 중독Sucht과 성Sex이라는 테마에서 확연히 드러난다.

먼저 중독에 관하여 살펴보자. 오늘날에도 우리는 여전히 사냥꾼이자 채집꾼이다. 우리가 맛을 느끼는 미감은 변한 것이 없다. 그렇지만 세계는 근본적으로 다르다. 맛이 좋은 것은 과거에는 살아남는 데 중요한 것이었지만, 오늘날에는 대개 더 이상 건강하지 않은 것으로 간주된다. 그래서 건강과 식도락은 대립하곤 한다. 이런 대립은 현대 문화에서의 불안에 대한 가장 중요한 근거 가운데 하나다. 우리의 미감은 수천년 동안이나 거의 변하지 않았다. 이것을 가장 잘 이용한 것이 맥도날드다! 그래서 예나 지금이나 석기시대의 마법의 수단들(Drogen, 마약)이 생산되고 있다. '마약'이라는 단어에서 우리는 약간 움찔거린다. 이 단어에서 헤로인이나 그 비슷한 것을 생각하기 때문이다. 그러나 알코올과 니코틴, 지방과 설탕 역시 마법의 수단이다. 우리는 모든 육체가 마법의 수단에 의존적이라고 말할 수 있다.

두 번째 테마는 성이다. 오늘날 소년들의 행태는 소녀들과 유사하며, 여성이나 남성의 행태도 유사하다. 그래서 현재와 같이 불임여성, 그리고 여성화된 남성으로 특징지어지는 문화가 생기고 있다. 마치 현대 세계에는 남성성이 더는 필요하지 않은 것처럼 보인다. 사냥꾼은 오늘날 실직자인 것처럼 보인다. 그러나 아직도 물론 추방된 남성성이 아주 스펙터클한 형태로 복귀한 모습도 존재하는데, 폭력·마약·포르노그래피 그리고 스포츠가 그것이다. 라이어널 타이거가 우리에게 보여주는 남성은 포획된 사냥꾼의 모습이다. 남성이 살아야 하는 사회적 체계는 그 논리상 인간의 중앙신경체계에 정확히 대립한다. 인간의 본성을 구하라! 문명화의 과정 속에서 우리는 우리 스스로를 유순한 애완동물로 만들었다. 인간이 인간의 애완동물이 되어 버린 것이다! 그리고 동시에 그 동물의 수의사이기도 하다.

정치적 공평성the political correctness은 이런 현실에 대해 알고 싶어 하지도 않고 사회학자들도 이것을 이해할 수 없다. 라이어널 타이거는 정확히 현대 사회의 사회학이 그 한계에 부딪히는 바로 그 지점에서 자신의 인간학의 터를 닦았다. 다시 말해서 사회적 체계와 기술적 설치물뿐만 아니라 불변의 인간학적 상수Konstanten도 존재한다는 것이다. 사회학자들은 사회적 통제의 메커니즘에 고정되어 있다. 단지 인간학자들만이 우리 실존의 제3의 차원—인간의 약력Biogramm, 즉 인간의 태고적 행태 프로그램—을 개척할 수 있다. 인간의 유전적 코드는 석기시대부터 오늘날까지 여전히 작용하는 프로그램이다.

타이거에 따르면, 현대의 사회학은 첫 단추부터 잘못 끼워졌다. 사회학은 그 자신을 비자연과학으로 이해했기 때문이다. 사회학은 자연의 전체적 의미 체계, 이를테면 자연적 욕구, 지배 그리고 자연법과 결별해 왔다. 타이거는 사회학이 바로 그 때문에 인간의 자연(본성)을 자기기만하는 보조 수단으로 전락했다고 비판했다. 타이거의 도발적 테제 중에서 가장 핵심적인 주장은 현대 세계가 인간의 본질에 대해 전혀 영향력을 행사하지 못하고 있다는 것이다. 다른 말로 표현하면, 우리의 본성은 현대적 인간이라기보다는 오히려 사냥꾼이자 채집꾼이라는 것이다. 우리의 진화적 고향은 어디에 있는가? 그 해답은 역사학자나 사회과학자가 아니라 신화, 동화, 놀이가 제공할 수 있다고 그는 주장한다.

이 책의 독일어 번역본의 제목은 '왜 남성들이 실제로 지배하는
가Warum die Manner wirklich herrschen'다.

옮긴이 후기

노르베르트 볼츠 교수(독일 베를린 공대 미디어학과)의 책은 비록 쉽지 않은 철학적 주제를 다루지만 생생하고 구체적인 예를 들어 설명하기 때문에 우선 재미있고 쉽게 읽힌다. 만약 재미가 없고 쉽게 읽히지 않았다면 지금까지 한국어로 그리 많이 번역되지는 않았을 것이다. 역자(윤종석)가 15년 전 처음으로 볼츠 교수의 주저인《구텐베르크—은하계의 끝에서 Am Ende der Gutenberg-Galaxis》,《컨트롤된 카오스 Das Kontrollierte chaos》,《세계를 만드는 커뮤니케이션 Weltkommunikation》등을 소개한 이래《발터 벤야민 Walter Benjamin》,《컬트 마케팅 Kult-Marketing》,《보이지 않는 것의 경제 Die Wirtschaft des Unsichtbaren》,《미디어란 무엇인가 Das ABC der Medien》등도 다른 역자들에 의해 출간되어, 그의 미디어 이론과 철학적 비평이 현재 세계를 다른 시선으로 관찰하려는 한국 내 시도들에 큰 보탬이 되었다고 생각한다.

여기 번역한《놀이하는 인간》(원제는 '놀지 않는 사람은 병든 사람

Wer nicht spielt, der ist krank'이다)은 지금까지 소개된 볼츠 교수의 책 중에서도 가장 도발적이고 재미있는 책이라고 생각한다. 가벼운 제목과 적은 분량에도 불구하고, 이 책은—실러(의《인간의 미적 교육에 관한 편지》)를 인용하면 '물리적 세계', '도덕적 세계'와 더불어 인간 삶을 이루는 중요한 세 부분 중 하나인—제3의 영역인 '놀이의 세계'를 다루면서 놀이의 '즐거운 학문'을 표방한다.

우리 사회와 현대 세계가 놀이와 즐거움(쾌락)에 대해 적대적이라는 그의 주장에 우리는 우선 공감한다. 이른바 퓨리터니즘(청교도주의)이 오늘날 자본주의의 근간을 이루는 바탕으로서, 우리의 노동과 삶에 대한 진지하고 헌신적인 자세를 요구하는 현재의 문명화 과정을 이끌었기 때문에, 우리의 현재적 삶에서는 노동이나 성취와 관련이 없는 열정과 쾌락(즐거움) 등 삶의 충동적 측면은 배제되고 놀이와 쾌락에 대해 적대적일 수밖에 없다. 이런 상황에서 저자는 이른바 '좋은 삶'에서 추방된 놀이와 쾌락을 안락하기는 하지만 재미가 없는 이 세상으로부터 도피하는 위대한 감정들의 피난처로서 복권시키려고 한다. 현실의 복잡한 문제를 규칙에 입각한 놀이로 변형함으로써 해결할 수 있다고 주장하고 있다. 저자에게 놀이란 위험하지 않게 위험을 즐기는 것이기도 하다.

한 발 나아가 저자는 19세기까지는 생산자(만들기)의 시대였고 20세기가 소비자의 시대였다면, 21세기는 '놀이하는 사람의 시대'라고 파악한다. 오늘날 우리 문화에서 가장 창의적인 것, 이른바 '보이지 않는 것의 경제'를 만드는 애플의 스티브 잡스나 마이크로소프트의 빌 게이츠 같은 사람을 보자. 그들의 전기적 삶을 들여다보면 만들기에 집중한 진정한 워커홀릭이면서도 이것을 놀이와 연결시킨 진정으로 행복한 사람들이다. 놀이를 통해서 우리 세계와 문화가 더 창의적으로 발전하는 것은 아닐까?

결국 우리 사회를 제대로 이해하려면 적어도 '놀이에 대한 이론'도 필요하다는 생각에서 역자는 이 책을 번역했다. 물론 이 책에서 제시하는 사례가 현재 우리 사회에서 통용되는 놀이에 대한 관념과 차이를 보이고 있다는 것도 사실이다. 예컨대 평등주의적 입장에서 경쟁이 백안시되거나 성평등주의적인 관점을 피상적으로만 이해했을 때 발생할 수도 있는 맹점을 지적하는 저자의 도발적인 문제 제기를 오해하지 않으려면, 저자가 염두에 두었던 서구 문명(특히 독일)의 내적 불만에 대해서도 어느 정도 사전 이해가 선행되어야 한다. 그럼에도 불구하고, 역자들이 이 책을 번역한 이유는 놀고 싶으면서도 못 놀았던 우리 세대가 자신을 반추하고, 놀이에 빠진 현재의 세대가 스스로를 변호하는 데 도움을 주기 위해서다. 이 책을 힘들게 읽으려는 사람은 읽지 말아라! 놀이라고 생각하고 읽어야 즐거움이 배가될 것이다. 책 읽기가 즐거운 놀이가 되기를 바라며······.

옮긴이 **윤종석·나유신·이진**

윤종석 서울대학교와 독일 베를린 자유대학교에서 독문학, 미학, 미디어학을 전공하고
주독일 한국문화원장을 거쳐, 현재 문화체육관광부에서 근무하고 있다. 그동
안 노르베르트 볼츠와 빌렘 플루서 등 독일 미학과 철학, 미디어 이론, 국제정
치 관련 도서를 20여 권 번역했다.

나유신 이화여자대학교에서 영어교육을 전공하고 서울대학교 미학과에서 석사학위를
취득한 후 베를린 자유대학교 철학과에서 키치 연구로 박사학위를 취득했다.
베를린에서 언어교육 강사로 근무하며, 통번역 프리랜서로 활동하고 있다.

이 진 고려대학교에서 법학을 전공하고, 서울대학교 미학과에서 석사학위를 취득한
후 독일 베를린 훔볼트대학교 문화학과에서 민주주의와 갈등에 대한 연구로
박사학위를 취득했다. 바이마르 니체 학술원 펠로우를 거쳐 현재 베를린 자유
대학교 한국학연구소 연구원으로 재직 중이다.

놀이하는 인간
놀지 못해 아픈 이들을 위한 인문학

1판 1쇄 발행 2017년 2월 10일
1판 2쇄 발행 2018년 6월 20일

지은이 노르베르트 볼츠 | 옮긴이 윤종석·나유신·이진
펴낸곳 (주)문예출판사 | 펴낸이 전준배
출판등록 1966. 12. 2. 제1-134호
주소 03992 서울시 마포구 월드컵북로 6길 30
전화 393-5681 | 팩스 393-5685
홈페이지 www.moonye.com | 블로그 blog.naver.com/imoonye
페이스북 www.facebook.com/moonyepublishing | 이메일 info@moonye.com

ISBN 978-89-310-1032-9 03300

이 도서의 국립중앙도서관 출판시도서목록(CIP)은 서지정보유통지원시스템
(http://seoji.nl.go.kr)과 국가자료공동목록시스템(http://www.nl.go.kr/kolisnet)에서
이용하실 수 있습니다. (CIP제어번호 CIP2017001222)